Th Breitter, Joseph Rainer

Greek and English exercises, arranged according to the Greek gammar of Fr. Spiess, and the Greek syntax of M. Seyffert

Th Breitter, Joseph Rainer

Greek and English exercises, arranged according to the Greek gammar of Fr. Spiess, and the Greek syntax of M. Seyffert

ISBN/EAN: 9783741166372

Manufactured in Europe, USA, Canada, Australia, Japa

Cover: Foto ©Andreas Hilbeck / pixelio.de

Manufactured and distributed by brebook publishing software (www.brebook.com)

Th Breitter, Joseph Rainer

Greek and English exercises, arranged according to the Greek gammar of Fr. Spiess, and the Greek syntax of M. Seyffert

GREEK AND ENGLISH

EXERCISES,

ARRANGED ACCORDING

TO THE GREEK GRAMMAR OF FR. SPIESS, AND THE GREEK SYNTAX OF M. SEYFFERT,

BY

Dr. TH. BREITTER.

TRANSLATED FROM THE ELEVENTH GERMAN EDITION,

WITH A SUPPLEMENT

CONTAINING GREEK AND ENGLISH EXERCISES IN SYNTAX,

BY

Rev. JOSEPH RAINER,

PROFESSOR IN THE SEMINARY OF ST. FRANCIS OF SALES, NEAR MILWAUKEE, WIS.

FR. PUSTET,
NEW YORK AND CINCINNATI.
1879.

COPYRIGHT,
ERWIN STEINBACK,
OF THE FIRM FR. PUSTET,
1879.

SMITH & McDOUGAL, ELECTROTYPERS,
82 Beekman St., N. Y.

COURSE I.

CHAPTER I.

FIRST DECLENSION.

1. ἡ ἀγορά, market-place.
2. ἡ ἀδελφή, sister.
3. ἡ ἀδικία, injustice.
4. ἡ Ἀθηνᾶ, ᾶς, Athene, Minerva.
5. αἱ Ἀθῆναι, ῶν, Athens.
6. ἡ αἰσχύνη, shame, disgrace.
7. ἡ ἀλήθεια, truth.
8. ἡ ἀμαθία, ignorance.
9. ἡ ἀνάγκη, necessity.
10. ἡ ἀνδρεία, bravery.
11. ἡ ἀπ-οικία, colony.
12. ἡ ἀρετή, virtue.
13. ἡ ἀρχή, beginning, magistracy, command.
14. ἡ ἀ-σφάλεια, safety.
15. ἡ ἀ-τυχία, misfortune.
16. ἡ ἀ-φροσύνη, imprudence, foolishness.
17. ἡ βασιλεία, royal power, kingdom.
18. ἡ βία, violence.
19. ἡ βλάβη, damage.
20. ἡ βουλή, advice, counsel, council.
21. ἡ γῆ, earth.
22. ἡ γλῶσσα, tongue.
23. ἡ γνώμη, intelligence, opinion.
24. ὁ δεσπότης, master.
25. ἡ δια-βολή, calumny.
26. ἡ διά-νοια, thought.
27. ἡ δικαιοσύνη, justice.
28. ὁ δικαστής, judge.
29. ἡ δίκη, justice, law-suit.
30. ἡ δόξα, opinion, fame, reputation.
31. ἡ δουλεία, slavery.
32. ἡ εἰρήνη, peace.
33. ἡ ἐλευθερία, freedom.
34. ἡ ἐπι-θυμία, desire.
35. ἡ ἐπι-μέλεια, care, diligence.
36. ἡ ἐπιστολή, letter.
37. ἡ ἑσπέρα, evening.
38. ὁ εὐεργέτης, benefactor.
39. ἡ εὔνοια, benevolence.
40. ἡ ἔχθρα, enmity.
41. ἡ ζημία, punishment, damage.
42. ἡ ἡδονή, joy, pleasure, delight.
43. ἡ ἡμέρα, day.
44. ἡ θάλασσα, sea.
45. ἡ θεά, goddess.
46. ἡ θύρα, door.
47. ἡ κολακεία, flattery.
48. ὁ κριτής, judge.

FIRST DECLENSION.

49. ἡ λύπη, grief, sorrow.
50. ὁ μαθητής, pupil.
51. ἡ μανία, madness.
52. ἡ μάχη, battle.
53. ἡ μέθη, drunkenness.
54. ὁ νεανίας, young man.
55. ἡ νίκη, victory.
56. ὁ νομο-θέτης, lawgiver.
57. ἡ ὁμιλία, intercourse, company.
58. ὁ ὁπλίτης, heavy-armed man.
59. ἡ ὀργή, anger.
60. ἡ ὁρμή, attack.
61. ἡ παιδεία, education.
62. ἡ παρα-σκευή, preparation, armament.
63. ὁ Πέρσης, Persian.
64. ἡ πηγή, fountain, source.
65. ὁ ποιητής, poet.
66. ἡ πολιτεία, constitution, state.
67. ὁ πολίτης, citizen.
68. ὁ προ-δότης, traitor.
69. ἡ ῥίζα, root.
70. ἡ ῥώμη, strength.
71. ἡ σελήνη, moon.
72. ἡ σιωπή, silence.
73. ὁ Σκύθης, Scythian.
74. ἡ σοφία, wisdom.
75. ὁ Σπαρτιάτης, Spartan.
76. ἡ σπουδή, zeal.
77. ἡ στήλη, column, pillar, support.
78. ἡ στρατιά, army.
79. ὁ στρατιώτης, soldier.
80. ἡ συμ-φορά, accident.
81. ἡ σωτηρία, safety, salvation.
82. ἡ σωφροσύνη, modesty, discretion.
83. ἡ τελευτή, end.
84. ἡ τέχνη, art.
85. ὁ τεχνίτης, artist.
86. ἡ τιμή, honor.
87. ἡ τροφή, nourishment, race.
88. ἡ τύχη, fortune.
89. ἡ ὑγίεια, health.
90. ἡ φιλία, friendship.
91. ἡ φυγή, flight, exile.
92. ἡ φωνή, voice.
93. ἡ χώρα, country.
94. ἡ ψυχή, soul.
95. ἡ ᾠδή, song.
96. ἡ ὠφέλεια, advantage.

ἐστί(ν), is — εἰσί(ν), are — ἔχομεν, we have — φέρει, brings, bears — καί, and, also — ἐν, in (= in c. abl.).

A. Ἡ ἀρετή ἐστι φιλίας στήλη. — Πηγὴ καὶ ῥίζα σοφίας ἐστὶν ἡ παιδεία. — Ἡ μέθη τῆς μανίας ἀρχή ἐστιν. — Οἱ δικασταὶ εἰσιν ἐν τῇ ἀγορᾷ. — Ἡ δικαιοσύνη ἀρετή ἐστιν. — Ῥώμη ψυχῆς ἡ σωπφροσύνη.[1] — Κολακεία ἐστὶν ἀδελφὴ τῆς διαβολῆς. — Τῆς ὑγιείας ἐπιμέλειαν ἔχομεν. — Ἡ ἀνδρεία σωτηρίαν φέρει.

---

[1] The auxiliary verb ἐστίν (εἰσίν) is often omitted.

— Παιδεία τροφὴ ψυχῆς ἐστιν. — Ἡ ἡμέρα φέρει ἡδονὴν καὶ λύπην.

B. The victory of the heavy-armed (soldiers) brings safety. — (The)[1] Young men are the strength of the country. — Justice is the judges' renown. — Bravery brings safety. — (The) Flattery and (the) calumny are sisters. — (The) Virtue brings renown. — (The) Pleasure brings sorrow.

C. (The) Victory is the end of (the) slavery. — (The) Truth is the sister of (the) justice. — (The) Virtue is a source of (the) pleasure. — The young men are in the market-places. — We have care for the education (genitive) of the pupils. — The bravery of the citizens is the support of the royal power.

CHAPTER II.

SECOND DECLENSION.

1. ὁ ἄγγελος, messenger.
2. ὁ ἀδελφός, brother.
3. ὁ αἰχμάλωτος, captive, prisoner.
4. ἡ ἄμπελος, vine.
5. ὁ ἄνθρωπος, man.
6. τὸ ἀργύριον, silver, money.
7. ὁ ἀριθμός, number.
8. τὸ βαλανεῖον, bath.
9. ὁ βάρβαρος, barbarian, foreigner.
10. ὁ βίος, life.
11. ὁ βωμός, altar.
12. τὸ δάκρυον, tear.
13. τὸ δεῖπνον, meal, banquet.
14. τὸ δένδρον, tree.
15. ὁ δεσμός, bond.
16. ὁ δῆμος, common people, commonwealth.
17. ὁ διδάσκαλος, teacher.
18. ὁ δοῦλος, slave.
19. τὸ δῶρον, gift.
20. τὸ εἴδωλον, image.
21. ὁ ἔπαινος, praise.
22. τὸ ἔργον, work.
23. ὁ ἑταῖρος, comrade.
24. ὁ ἥλιος, sun.
25. ὁ θάνατος, death.
26. ὁ θεός, god; ἡ θεός, goddess.
27. τὸ θηρίον, beast, wild animal.
28. ὁ θησαυρός, treasure.
29. ὁ θυμός, courage, anger, mind.

---

[1] The article in parenthesis should be expressed in Greek.

SECOND DECLENSION.

30. ὁ ἰατρός, physician.
31. τὸ ἱερόν, sanctuary, temple; τὰ ἱερά, sacrifice.
32. ὁ ἵππος, horse.
33. ὁ καιρός, fit time.
34. ὁ κάπρος, wild boar.
35. ὁ καρπός, fruit.
36. τὸ κάτ-οπτρον, mirror.
37. ὁ κίνδυνος, danger.
38. ὁ κόσμος, ornament, order, world.
39. ὁ λογισμός, reflection, calculation.
40. ὁ λόγος, word, speech, reason.
41. τὸ μαντεῖον, oracle.
42. τὸ μέτρον, measure.
43. ὁ μισθός, wages.
44. ὁ μῦθος, discourse.
45. ὁ νεκρός, dead person.
46. ἡ νῆσος, island.
47. ὁ νόμος, law.
48. ὁ νόος (contracted νοῦς), mind, understanding.
49. ἡ νόσος, disease.
50. ἡ ὁδός, way.
51. ὁ οἶκος, house.
52. ὁ οἶνος, wine.
53. τὸ ὅπλον, weapon.
54. ὁ ὅρκος, oath.
55. ὁ οὐρανός, heaven.
56. ὁ ὀφθαλμός, eye.
57. ὁ ὄχλος, mob, crowd.
58. τὸ ὄψον, anything eaten with bread, by-meat, seasoning.
59. ὁ πλοῦτος, wealth, riches.
60. ὁ πόλεμος, war.
61. ὁ πόνος, toil, trouble, work.
62. ὁ ποταμός, river.
63. ὁ σίδηρος, iron.
64. ὁ σῖτος, corn, food.
65. ὁ στέφανος, garland, crown.
66. ὁ στρατηγός, general.
67. ὁ σύμβουλος, adviser.
68. ὁ σύμμαχος, ally.
69. τὸ συμπόσιον, banquet.
70. τὸ τάλαντον, talent (a sum of about $1200).
71. τὸ ταμιεῖον, treasury.
72. ὁ τάφος, grave, tomb.
73. τὸ τέκνον, child.
74. ὁ τρόπος, manner, custom.
75. ὁ τύραννος, tyrant.
76. ὁ υἱός, son.
77. ὁ ὕπνος, sleep.
78. τὸ φάρμακον, remedy.
79. ὁ φθόνος, envy.
80. ὁ φίλος, friend.
81. ὁ φιλόσοφος, philosopher.
82. ὁ φόβος, fear.
83. ὁ φόρος, tribute.
84. ὁ χαλινός, bridle.
85. ὁ χαλκός, brass.
86. ὁ χρησμός, response of an oracle.
87. ὁ χρόνος, time.
88. ὁ χρυσός, gold.
89. ὁ ψόγος, blame.

ἦν, he (she, it) was. — ἦσαν, they were. — φέρουσι(ν), they

bring, give. — οὐ, οὐκ, οὐχ, not. — ἀλλά (ἀλλ'), but. — μέν, indeed. — δέ, but.

A. Ὁ ὕπνος ἐστὶν ἀδελφὸς τοῦ θανάτου. — Ὅπλα ὁ τῶν Σκυθῶν πλοῦτός ἐστιν. — Ἐν οἴνῳ ἀλήθεια. — Λύπης ἰατρός ἐστιν ἀνθρώποις λόγος. — Ἀρχὴ φιλίας μὲν ἔπαινος, ἔχθρας δὲ ψόγος. — Κόσμος ἡ σωφροσύνη ἐστίν. — Ἡ Αἴγυπτος[1] δῶρόν ἐστι τοῦ Νείλου.

B. Ἡ λύπη ἀνθρώποις φέρει νόσους. — Ὁ θάνατος τοῦ βίου ἐστὶ τελευτή. — Ὕπνος ἐστὶν ἀνθρώποις σωτηρία. — Ὁ χρόνος ὀργῆς ἐστι φάρμακον. — Ὁ οἶνος δῶρόν ἐστι τῶν θεῶν. — Ὁ χρόνος διδάσκαλός ἐστι τῶν ἀνθρώπων.

C. (The) Friendship is a gift of the gods. — Traitors are the allies of the barbarians. — Not gold, but virtue, is the[2] riches of the Spartans. — The vines bring fruits. — The barbarians are slaves of the tyrants. — Not riches, but virtue, brings honor.

D. (The) Modesty is the[2] ornament of (the) young men. — (The) Death is the end of (the) joys and troubles. — Reason and reflection are gifts of (the) God. — The laws are the soul of the state. — (The) Poets and (the) artists are benefactors of (the) men. — (The) Toil is the[2] seasoning of the banquet.

CHAPTER III.

ADJECTIVES IN ος, η, ον AND ος, α, ον.

1. ἀγαθός, ή, όν, good.
2. ἄθλιος, ία, ιον, unhappy, wretched.
3. αἰσχρός, ά, όν, base, disgraceful.
4. αἴτιος, ία, ιον, the cause of anything, culpable.
5. ἀληθινός, ή, όν, true.
6. ἀνδρεῖος, εία, εῖον, brave.
7. ἄξιος, ία, ιον, worthy, worth (with the genit.).
8. ἀρχαῖος, αία, αῖον, ancient.
9. βέβαιος, αία, αιον, safe, steady, sure.
10. βλαβερός, ά, όν, hurtful.
11. γενναῖος, αία, αῖον, noble.

---

[1] The proper names are to be found in the vocabulary.
[2] Omit the article.

ADJECTIVES.

12. γεραιός, ά, όν, old.
13. δεξιός, ά, όν, right (on the right hand).
14. δῆλος, η, ον, plain, evident, clear.
15. δίκαιος, αία, αιον, just.
16. δυνατός, ή, όν, mighty, possible.
17. ἐλεύθερος, έρα, ερον, free.
18. ἐμός, ή, όν, my.
19. ἐσθλός, ή, όν, good, virtuous.
20. ἐχθρός, ά, όν, hateful.
21. ἡμέτερος, έρα, ερον, our.
22. θαυμαστός, ή, όν, wonderful, admirable.
23. θεῖος, εία, εῖον, divine.
24. θνητός, ή, όν, mortal, perishable.
25. ἴδιος, ία, ιον, own, peculiar.
26. ἱερός, ά, όν, holy, sacred.
27. ἴσος, η, ον, equal.
28. ἰσχυρός, ά, όν, strong.
29. καθαρός, ά, όν, pure.
30. καίριος, ία, ιον, timely, fit.
31. κακός, ή, όν, bad, evil, cowardly.
32. καλός, ή, όν, beautiful, good.
33. κενός, ή, όν, empty, vain.
34. κοινός, ή, όν, common.
35. λαμπρός, ά, όν, brilliant.
36. λευκός, ή, όν, white.
37. λοιπός, ή, όν, remaining.
38. λυπερός, ά, όν, troublesome.
39. μακρός, ά, όν, long.
40. μικρός, ά, όν, small, little.
41. μόνος, η, ον, alone; adj. μόνον, only.
42. μωρός, ά, όν, foolish.
43. νέος, α, ον, young.
44. ξένος, η, ον, strange; ὁ —, the stranger.
45. οἰκεῖος, εία, εῖον, domestic, own.
46. ὀλίγος, η, ον, little, few.
47. ὅμοιος, οία, οιον, similar.
48. ὀνομαστός, ή, όν, celebrated, renowned.
49. ὀρθός, ή, όν, right, correct.
50. ὅσος, η, ον, as great as.
51. παλαιός, ά, όν, old, ancient.
52. πάτριος, ία, ιον, belonging to the country, national.
53. πικρός, ά, όν, bitter.
54. πιστός, ή, όν, reliable, faithful.
55. πλούσιος, ία, ιον, rich.
56. πολέμιος, ία, ιον, hostile; ὁ —, the enemy.
57. πολιτικός, ή, όν, belonging to the state, political.
58. πολλοί, αί, ά, many.
59. πονηρός, ά, όν, wicked.
60. πρῶτος, η, ον, the first.
61. ῥᾴδιος, ία, ιον, easy.
62. σεμνός, ή, όν, venerable, showy, haughty.
63. σκληρός, ά, όν, rough.
64. σπουδαῖος, αία, αῖον, serious, diligent.
65. σός, σή, σόν, thy.
66. σοφός, ή, όν, wise.
67. τίμιος, ία, ιον, honorable.
68. τυφλός, ή, όν, blind.

69. ὑψηλός, ή, όν, high, haughty.
70. φανερός, ά, όν, apparent, evident.
71. φαῦλος, η, ον, bad.
72. φίλος, η, ον, dear.
73. φοβερός, ά, όν, terrible.
74. χαλεπός, ή, όν, difficult, troublesome.
75. χρήσιμος, ίμη, ιμον, useful.
76. χρηστός, ή, όν, useful, honest.
77. χωλός, ή, όν, lame.
78. ψυχρός, ά, όν, cold.
79. ὠφέλιμος, ίμη, ιμον, useful.

The indicative present active of the regular verb is inflected as follows:

Sing.
{ γράφω, I write.
{ γράφεις, thou writest.
{ γράφει, he writes.

Dual
{ γράφετον, ye two write.
{ γράφετον, both of them write.

Plural
{ γράφομεν, we write.
{ γράφετε, you write.
{ γράφουσι, they write.

In the same manner the following verbs are conjugated:

1. ἄγω, I lead.
2. βαδίζω, I walk.
3. βλάπτω, I injure (with accus.); passive: I suffer injury.
4. βλέπω, I see.
5. θαυμάζω, I admire.
6. λέγω, I say, call.
7. νομίζω, I think, consider.
8. πέμπω, I send.
9. πιστεύω, I trust, believe.
10. σώζω, I save, preserve.
11. φέρω, I bring, carry, bear.

A. Λόγος ἐστὶ μόνος λύπης φάρμακον. — Φοβερά ἐστι τοῖς φαύλοις ἡ τοῦ βίου τελευτή. — Τῆς ἐσθλῆς γνώμης τὰ ἔργα χρηστά.[1] — Αἱ τέχναι πηγαί εἰσι τῶν καλῶν.[2] — Οἱ πόνοι ὄψον τοῖς ἀγαθοῖς. — Οἱ Πέρσαι δίκαιοι ἦσαν. — Ὀλίγοι τῶν ἀνθρώ-

---

[1] An adjective, added to a substantive as an attribute, is either placed between the article and the corresponding substantive, or after the substantive, with the article repeated. An adjective before the article, or after the substantive without the article, has the nature of a predicate.

[2] By prefixing the article the adjective becomes a substantive.

πων σοφοί εἰσιν. — Οἱ Αἰγύπτιοι τὸν ἥλιον καὶ τὴν σελήνην θεοὺς νομίζουσιν.

B. Τὰ ἔργα τὰ θεοῦ[1] θαυμαστά ἐστιν.[2] — Κακὸν καρπὸν φέρουσιν οἱ κακοὶ φίλοι. — Μωρὰ μωρὸς λέγει. — Ὁ ἐσθλὸς λόγος φάρμακον φόβου ἀνθρώποις ἐστίν. — Κοινὰ τὰ τῶν φίλων. — Οἱ ἐλεύθεροι οὐκ ἔχουσι δούλων γνώμην. — Ὁ Συρακούσιος πολέμιός ἐστι τῷ Ἀθηναίῳ. — Ἡ ψυχή ἐστι ταμιεῖον, ἀγαθὴ μὲν ἀγαθοῦ, κακὴ δὲ κακοῦ.

C. Beautiful are the songs of the Muses (Μοῦσα). — We admire the wise words of the poets. — Even (the) bitter remedies bring relief. — (The) True friends are worthy of (the) praise. — (The) Fortune is blind. — The allies of the Athenians were unhappy. — (The) Virtue alone is a safe treasure. — Few (of the) friends are reliable in (the) dangers. — A good reputation we consider as (much as) honor and riches (*accus.*).

D. Worthy of praise are the ancient customs. — Slavery is disgraceful. — The judges of the Persians were admirable for (*dative*) justice. — We consider (the) good words a nourishment of the soul. — The work of the artist is beautiful. — Small is the source of the river. — (The) Shameful words bring disgrace to (the) men. — The temples of the gods at Athens were admirable. — The company of bad men is hurtful to young men.

CHAPTER IV.

THIRD DECLENSION.

1. τὸ ἄγαλμα, τος, ornament, image of the gods, statue.
2. ὁ ἀγών, ῶνος, contest.
3. τὸ ἀδίκημα, τος, injury, wrong.
4. ἡ ἀηδών, όνος, nightingale.

---

[1] The genitive of possession (possessive case) can be placed between the article and its substantive, or after the substantive, with the article repeated.

[2] A subject in the neuter plural takes the verb in the singular.

THIRD DECLENSION.

5. ὁ αἰθήρ, ἑρος, ether.
6. τὸ αἷμα, τος, blood.
7. ἡ αἴξ, αἰγός, goat.
8. ἡ ἀλώπηξ, εκος, fox.
9. τὸ ἁμάρτημα, τος, error, fault.
10. ὁ ἀνήρ, ἀνδρός, man.
11. Ἀπόλλων, ωνος, Apollo.
12. τὸ ἅρμα, τος, chariot.
13. ὁ ἄρχων, οντος, ruler.
14. ἡ ἀσπίς, ίδος, shield.
15. τὸ βούλευμα, τος, decree, resolution, plan, deliberation.
16. ὁ γέλως, ωτος, laughter.
17. ὁ γέρων, οντος, old man.
18. τὸ γράμμα, τος, letter; *plural*, learning.
19. ὁ δαίμων, ονος, deity.
20. τὸ δόρυ, ατος, spear, lance.
21. ὁ δράκων, οντος, dragon.
22. τὸ δρᾶμα, τος, action, drama.
23. τὸ ἔαρ, ἔαρος or ἦρος, spring.
24. ἡ εἰκών, όνος, image.
25. ὁ ἐλέφας, αντος, elephant.
26. ἡ Ἑλλάς, άδος, Greece, Hellas.
27. ὁ Ἕλλην, ηνος, Grecian.
28. ἡ ἐλπίς, ίδος, hope.
29. ὁ ἔρως, ωτος, love.
30. ἡ ἐσθής, ῆτος, dress, clothing.
31. ὁ ἡγεμών, όνος, commander, leader.
32. ὁ ἥρως, ωος, hero.
33. ὁ θεράπων, οντος, servant.
34. ὁ Θρᾷξ, ᾳκός, Thracian.
35. ἡ θυγάτηρ, τρός, daughter.
36. ὁ θώραξ, ακος, breastplate.
37. ὁ κόλαξ, κος, flatterer.
38. ὁ κόραξ, κος, raven.
39. τὸ κτῆμα, τος, possession, property.
40. ὁ, ἡ κύων, κυνός, dog.
41. ὁ λέων, οντος, lion.
42. ὁ λιμήν, ένος, harbor.
43. ἡ μήτηρ, τρός, mother.
44. ἡ νεότης, ητος, youth.
45. ἡ νύξ, νυκτός, night.
46. ὁ ὀδούς, όντος, tooth.
47. τὸ ὄνομα, τος, name.
48. τὸ οὖς, ὠτός, ear.
49. ὁ παῖς, παιδός, boy, son; ἡ παῖς, daughter.
50. ὁ πατήρ, τρός, father.
51. ἡ πατρίς, ίδος, native country.
52. τὸ ποίημα, τος, poem.
53. ὁ πούς, ποδός, foot.
54. τὸ πρᾶγμα, τος, thing, affair.
55. τὸ πῦρ, ρός, fire.
56. ὁ ῥήτωρ, ορος, orator.
57. ἡ σάλπιγξ, ιγγος, trumpet.
58. τὸ στόμα, τος, mouth.
59. τὸ στράτευμα, τος, army.
60. τὸ σῶμα, τος, body.
61. ὁ σωτήρ, ῆρος, preserver.
62. ἡ τυραννίς, ίδος, tyranny.

63. τὸ ὕδωρ, ὕδατος, water.
64. ἡ φροντίς, ίδος, care, thought.
65. ὁ φύλαξ, κος, guardian.
66. τὸ φῶς, φωτός, light.
67. ἡ χάρις, ιτος, thanks, favor.
68. ὁ χειμών, ῶνος, winter, storm.
69. ἡ χείρ, χειρός, hand.
70. ἡ χελιδών, όνος, swallow.
71. τὸ χρῆμα, τος, thing; *plural*, money.
72. ἡ χρηστότης, ητος, usefulness.

ὡς, ὥσπερ, as. — πρός, *with accus.*, to, towards.

A. Οἱ σπουδαῖοι τὴν ἀρετὴν ὡς πατρίδα ἔχουσιν. — Πρὸς υἱὸν ὀργὴν οὐκ ἔχει χρηστὸς πατήρ. — Ἄγει πρὸς φῶς τὴν ἀλήθειαν χρόνος. — Ὁ λόγος εἰκὼν διανοίας. — Οἱ τύραννοι τῶν σωμάτων φύλακας ἔχουσιν. — Ἡ Ἑλλὰς πολλοὺς ἔχει λιμένας. — Ἡ τῶν Ἰνδῶν χώρα πολλοὺς ἔχει ἐλέφαντας. — Μακραὶ εἰσιν αἱ τοῦ χειμῶνος νύκτες. — Ἥφαιστος τὼ πόδε[1] χωλὸς ἦν.

B. In (the) contests a crown is the reward. — We admire the voice of the nightingale. — Holy are the images of the gods. — In Greece (there) are many temples of Apollo. — Free men do not bear (the) slavery. — The breast-plates are troublesome to the Greeks. — The Athenians were the preservers of Greece. — The rulers are the guardians of the laws.

C. Ἡ τέχνη λιμὴν ἀτυχίας ἐστὶν ἀνθρώποις. — Πολλοὶ ἐν εἰρήνῃ μέν εἰσι λέοντες, ἐν μάχῃ δὲ ἀλώπεκες. — Ἡ σωφροσύνη καὶ ἡ δικαιοσύνη ἴδια κτήματα τῶν καλῶν καὶ ἀγαθῶν. — Χάρις χάριν φέρει. — Φαῦλος καλοῦ πράγματος κριτὴς ὁ ὄχλος ἐστίν. — Ἀνὴρ ὁπλίτης δοῦλός ἐστι τῶν ὅπλων. — Καθαράς, ὦ παῖ, αἵματος[2] χεῖρας ἔχεις. — Ὦ πλοῦτε καὶ τυραννί, ὅσα τοὺς ἀνθρώπους βλάπτετε. — Ἀσκληπιὸς Ἀπόλλωνος παῖς ἦν καὶ Κορωνίδος.

D. (The) Wise men bear (the) accidents. — Ornament and wealth are to (the) mothers virtuous sons, to (the) men the works of (the) war. — To (the) boys (the) silence brings honor (κόσμος). — The servant brings the shield and the lance.[3] — They call (the) tyranny the mother[3] of (the) injustice. — The

---

[1] As to his feet; accusative of synecdoche (limitation).   [2] From b.
[3] Omit the article.

sun brings light to the earth. — The Persians consider (the) fire a deity. — The teeth of the elephants are white. — (The) Bad resolutions cause (bring) damage.

E. We admire Hellas, the mother of many noble men. — The traitors send presents to the leaders of the enemies. — The vain hopes of the citizens injure the native country. — The island (of) Delos is sacred to Apollo (*genit.*). — The strangers are sacred to the gods. — (The) Flatterers are troublesome to (the) wise (men). — (The) Orators are the cause (αἴτιος, *an adjective*) of many accidents. — The teeth are weapons for the lions.

CHAPTER V.
CONTRACTED NOUNS OF THE THIRD DECLENSION.

1. ἡ ἀκρόπολις, εως, Acropolis, citadel.
2. τὸ ἄνθος, εος, flower, blossom.
3. τὸ ἄλσος, εος, sacred grove.
4. Ἀχιλλεύς, έως, Achilles.
5. τὸ βάρος, εος, burden.
6. ὁ βασιλεύς, έως, king.
7. τὸ βέλος, εος, arrow.
8. ὁ, ἡ βοῦς, βοός, ox, cow.
9. τὸ γένος, εος, race, tribe.
10. τὸ γέρας, αος, gift (of honor).
11. τὸ γῆρας, αος, old age.
12. ὁ γονεύς, έως, father; *plural*, parents.
13. τὸ δέπας, αος, cup.
14. ἡ δύναμις, εως, power, strength.
15. τὸ ἔθνος, εος, nation.
16. τὸ εἶδος, εος, shape, appearance.
17. τὸ ἔπος, εος, word; *plural*, epic poem.
18. τὸ ἔτος, εος, year.
19. Ζεύς, Διός, Zeus.
20. τὸ ἦθος, εος, mind, character.
21. τὸ θράσος, εος, boldness.
22. ὁ ἱερεύς, έως, priest.
23. ὁ ἱππεύς, έως, horseman.
24. ἡ ἰσχύς, ύος, strength.
25. ὁ ἰχθύς, ύος, fish.
26. τὸ κάλλος, εος, beauty.

14 CONTRACTED NOUNS, THIRD DECLENSION.

27. τὸ κέρας, ατος, horn, wing (of an army).
28. τὸ κέρδος, εος, gain.
29. τὸ κράτος, εος, strength.
30. ἡ κτῆσις, εως, possession.
31. ὁ μάντις, εως, soothsayer.
32. τὸ μέγεθος, εος, greatness (size).
33. τὸ μέρος, εος, part.
34. ἡ ναῦς, νεώς, ship.
35. τὸ ξίφος, εος, sword.
36. Ὀδυσσεύς, έως, Odysseus.
37. τὸ ὄρος, εος, mountain.
38. τὸ πάθος, εος, suffering, passion.
39. τὸ πέλαγος, εος, ocean.
40. ἡ πίστις, εως, confidence.
41. τὸ πλῆθος, εος, multitude, number.
42. ἡ ποίησις, εως, poetry.
43. ἡ πόλις, εως, city.
44. ἡ πρᾶξις, εως, action.
45. οἱ πρέσβεις, εων, ambassadors.
46. Σαπφώ, οῦς, Sappho.
47. ἡ στάσις, εως, discord, rebellion.
48. ἡ τάξις, εως, order, battle-array.
49. τὸ τεῖχος, εος, wall.
50. τὸ τέλος, εος, the end.
51. τὸ τέρας, ατος, miracle, wonder.
52. ἡ τέρψις, εως, delight, pleasure.
53. ἡ τριήρης, εος, trireme.
54. ἡ ὕβρις, εως, insolence.
55. τὸ ὕψος, εος, height.
56. ἡ φρόνησις, εως, prudence, understanding.
57. ἡ φύσις, εως, nature.
58. ἡ χρῆσις, εως, the use.
59. τὸ ψεῦδος, εος, lie.

γίγνεται, becomes; frequently used for the copula "is."

A. Κάτοπτρον εἴδους χαλκός ἐστιν, οἴνος δὲ νοῦ. — Ἀνὴρ ἄνδρα καὶ πόλις πόλιν σώζει. — Βίου δικαίου γίγνεται τέλος καλόν. — Τὰ πονηρὰ κέρδη ζημίαν φέρει. — Χαλεπὸν βάρος ἀνθρώποις τὸ γῆράς ἐστιν. — Οἱ Λέσβιοι πέμπουσι τριήρη καὶ πρέσβεις. — Τοῦ βίου ὥσπερ δράματος πρῶτον μέρος ἐστὶν ἡ νεότης. — Ὕβριν οὐκ ἔχει χρηστὸς ἀνήρ. — Τὰ τοῦ θεοῦ ἄλση ἱερά ἐστιν. — Κολωνός ἐστιν ἱερὸν Ποσειδῶνος ἔξω (outside of) τῆς πόλεως. — Ἐν (at) τῷ Εὐξείνῳ Πόντῳ ἐστὶ Τραπεζοῦς, πόλις Ἑλληνική, Σινωπέων ἀποικία, ἐν τῇ Κόλχων χώρᾳ.

B. Good citizens observe the customs of the country (πάτριος, adjective) and the laws of the city. — We have power by (dat.) good manners. — The horsemen were on (ἐν) the right wing of the army. — On[1] (the) youth we look, as on the first part of a drama. — (The) Splendid deeds bring honor to (the) men, (the) good words to (the) old men. — We admire the poems of Sappho. — The strength of the elephant is not little. — Dost thou admire, O boy, the wisdom of (the) old age?

C. Not the height of the walls, but the bravery of the citizens, saves the cities. — In the cities of the Greeks (there) were many baths. — The mountains of Greece are high. — The swords of the Romans were not long. — We do not trust in the strength and beauty (*dat., without preposition*) of the body. — (The) Lies are not worthy of a free man. — Insolence and boldness injure (bring injury to) many men. — The big crowd is a bad judge of noble deeds. — The allies send many (and) beautiful triremes (galleys). — Bad company (*plur.*) causes (brings) bad manners.

D. In the sea (there) are many kinds of fishes. — The leader of the right wing was brave. — The nations of the barbarians have chariots in (the) war. — The earth affords (brings) many gifts to mankind (the race of men). — Good children are a treasure for (*dat.*) the parents. — A wise general does not confide in (*dat.*) the number of (the) soldiers. — (The) Discord (*plural*) brings many dangers to the cities. — We admire the wise words of the soothsayer. — The poets call Apollo a son of Zeus. — (The) Good kings we consider as benefactors of (the) men.

E. Τὸ τῶν Ἑλλήνων ὄνομα οὐ τοῦ γένους ἀλλὰ τῆς διανοίας ἦν. — Πικρὰν τέρψιν νομίζω ἡδονὴν κακήν. — Ἐν ταῖς ναυσὶν αἱ ἐλπίδες τῶν Ἑλλήνων ἦσαν.[2] — Τριήρεις, ὁπλίτας, ἱππέας καὶ πρέσβεις οἱ σύμμαχοι πέμπουσιν. — Δικασταὶ τῶν Αἰγυπτίων οἱ ἱερεῖς ἦσαν. — Ὁ θάνατος τῶν ἐν τῷ γήρᾳ κακῶν φάρμακόν ἐστιν. — Μικρὰν πίστιν ἔχει φαύλου ἀνδρὸς ὅρκος. — Τῆς πόλεως ψυχὴ οἱ νόμοι εἰσίν. — Ἀρχὴ καὶ τέλος τὸ θεῖον.

---

[1] εἰς, with accus.   [2] Rested on.

CHAPTER VI.

ADJECTIVES OF DIFFERENT ENDINGS.

1. ἄδικος, ον, unjust.
2. ἀ-θάνατος, ον, immortal, lasting.
3. ἀληθής, ές, true.
4. ἄλλος, η, ο, another.
5. ἄλυπος, ον (υ long), free from grief.
6. ἀμαθής, ές, ignorant.
7. ἄμφω, οῖν, both.
8. ἀν-άξιος, ον, unworthy.
9. ἄ-πειρος, ον, unskilled, inexperienced.
10. ἁπλόος, όη, όον, contr.; ἁπλοῦς, ἁπλῆ, ἁπλοῦν, simple.
11. ἀργύρεος, έα, εον, contr.; ἀργυροῦς, ρᾶ, ροῦν, of silver.
12. ἀσθενής, ές, weak.
13. ἀσφαλής, ές, safe.
14. ἄφρων, ἄφρον, imprudent, foolish.
15. ἀ-ψευδής, ές, not deceitful.
16. βραδύς, εῖα, ύ, slow.
17. βραχύς, εῖα, ύ, short.
18. γλυκύς, εῖα, ύ, sweet.
19. δυστυχής, ές, unhappy.
20. ἐκπρεπής, ές, excellent, distinguished.
21. ἔμφρων, ον, sensible, wise.
22. ἔμψυχος, ον, animated, alive.
23. ἔνδοξος, ον, renowned.
24. εὐγενής, ές, noble.
25. εὐκλεής, ές, glorious.
26. εὐρύς, εῖα, ύ, broad.
27. εὐτυχής, ές, happy.
28. ἡδύς, εῖα, ύ, agreeable, sweet.
29. θρασύς, εῖα, ύ, bold, daring.
30. λυσιτελής, ές, useful.
31. μέγας, μεγάλη, μέγα; genit. μεγάλου, great.
32. μηδείς, μηδεμία, μηδέν; genit. μηδενός, μηδεμιᾶς, no one.
33. ὀξύς, εῖα, ύ, sharp, bitter.
34. οὐδείς, οὐδεμία, οὐδέν (like μηδείς), no one.
35. πᾶς, πᾶσα, πᾶν; genit. παντός, all, whole, every (additional form, ἅπας, ασα, αν).
36. πένης, ητος, poor.
37. πολυμαθής, ές, learned.
38. πολύς, πολλή, πολύ; genit. πολλοῦ, much, many.
39. πρᾶος, πραεῖα, πρᾶον, meek.
40. πρέσβυς, old; ὁ—, the old man (comp. ch. V., No. 45).
41. σιδήρεος, έα, εον; contr. σιδηροῦς, ᾶ, οῦν, of iron.
42. συγγενής, ές, kindred.
43. σώφρων, ον, of sound mind, sensible, prudent.

ADJECTIVES OF DIFFERENT ENDINGS. 17

44. ταχύς, εῖα, ύ, quick.
45. τραχύς, εῖα, ύ, rough, stubborn.
46. φιλομαθής, ές, fond of learning.
47. χαρίεις, ίεσσα, ίεν; genit. ίεντος, lovely.
48. χρύσεος, έα, εον; contr. χρυσοῦς, ῆ, οῦν, of gold.
49. ψευδής, ές, deceitful.

γάρ, for (is never the first word in a sentence or clause).

RULE.—Adverbs derived from adjectives usually take the ending ως. They are formed from the genitive plural of the adjective, by changing ν into ς. The accent remains unchanged.

A. Λόγος ἀληθὴς καὶ δίκαιος ψυχῆς ἀγαθῆς καὶ πιστῆς εἴδωλόν ἐστιν. — Βραχεῖα τέρψις ἐστὶν ἡδονῆς κακῆς. — Ἡ μὲν ῥίζα τῆς παιδείας πικρά, οἱ δὲ καρποὶ γλυκεῖς. — Ἀγαθοὶ ἄνδρες οἱ σώφρονές εἰσιν. — Ὁ τῆς ἀληθείας μῦθος ἁπλοῦς ἐστιν. — Ἀψευδές ἐστι τοῖς γενναίοις τὸ στόμα. — Πολλοὶ δείπνου, οὐκ ἀληθείας φίλοι εἰσίν. — Τὸ νέον ἅπαν ὑψηλόν ἐστι καὶ θρασύ. — Ἡ γλῶσσα πολλῶν κακῶν αἰτία ἐστίν.

B. Ψυχῆς μέγας χαλινὸς ἀνθρώποις ὁ νοῦς ἐστιν. — Αἱ μὲν ἡδοναὶ θνηταί, αἱ δὲ ἀρεταὶ ἀθάνατοί εἰσιν. — Ψευδές ἐστι πᾶν τὸ τῶν κολάκων γένος. — Οἱ Σπαρτιᾶται οὐκ ἦσαν πολυμαθεῖς. — Ἔχομεν φιλομαθεῖς μαθητάς. — Τῶν ἀγαθῶν γονέων παῖδας νομίζουσιν εὐγενεῖς. — Καὶ τῶν παλαιῶν πολλὰ ἔπη καλῶς[1] ἔχει. — Ἀθάνατον χρῆμα ἡ ἀλήθειά ἐστιν. — Ἡ παιδεία ὁμοία ἐστὶ χρυσῷ στεφάνῳ· καὶ γὰρ τιμὴν ἔχει καὶ τὸ λυσιτελές.

C. (The) Wealth is perishable, but (the) renown (is) lasting. — (The) Time is a remedy (ἰατρός) for every suffering. — Every one has great hope of victory. — The messenger brings agreeable news (λόγος). — The pleasure derived from the flowers (*gen.*) is short. — Unhappy are the nations of the barbarians. — The beauty of the young man was extraordinary. — The weapons of the hero were of silver. — All the unhappy are akin (kindred). — Unjust gain (*plur.*) brings disgrace. — (The) Virtue, the gift of the gods, is divine and immortal.

D. The statue of the goddess has a golden dress. — Not (the) splendid speeches, but (the) excellent deeds, are worthy of

---

[1] ἔχει with an adverb is translated like ἐστί with an adjective.

honor. — The cold nights of (the) winter are hurtful to the flowers. — (The) Life is short, (the) art is long. — The chariot of the king was of gold. — O soothsayer of ill (bad things, κακά), thou sayest nothing agreeable. — The heavy-armed wear broad shields. — The voice of the nightingale is sweet. — Not (the) cups of gold and silver, but (the) wise words, are the [1] ornament and condiment of the banquet.

CHAPTER VII.

COMPARISON OF ADJECTIVES.

RULE.—Instead of the particle ἤ (than), the genitive can be used after the comparative.

οὐδέ, nor, not even. — παρά, *with the dat.*, with. — μάλα, very. — μᾶλλον, more. — μάλιστα, most.

A. Τῆς ἀρετῆς οὐδὲν κτῆμα σεμνότερον, οὐδὲ βεβαιότερόν ἐστιν. — Οὐδὲν σιωπῆς ἐστι χρησιμώτερον. — Ἀγησίλαος φίλοις μὲν πραότατος, ἐχθροῖς δὲ φοβερώτατος ἦν. — Ὀλίγοι ἔμφρονες πολλῶν ἀφρόνων φοβερώτεροί εἰσιν. — Βουλῆς μὲν ὀρθῆς οὐδὲν ἀσφαλέστερον, κενῆς δὲ δόξης οὐδὲν ἀθλιώτερόν ἐστιν. — Τὸ γῆρας σοφώτερόν ἐστι τῶν νέων. — Πάντων τῶν ἐν τῷ βίῳ κτημάτων ἡ ψυχὴ θειότατόν ἐστιν. — Ἐν ταῖς πόλεσι τιμιώτεροί εἰσιν οἱ πλούσιοι τῶν πενεστέρων.

B. Ἀρχὴ παντὸς ἔργου μέγιστόν ἐστιν. — Μέγιστόν ἐστιν ἐν ἐλαχίστῳ· νοῦς ἀγαθὸς ἐν ἀνθρώπου σώματι. — Ἡ τῶν Ἀθηναίων πόλις ἀρχαιοτάτη ἦν καὶ μεγίστη καὶ παρὰ πᾶσιν ἀνθρώποις ὀνομαστοτάτη. — Ἡ τῶν Ἰνδῶν χώρα πλείστους ἔχει ἐλέφαντας. — Μεγίστη τῶν ἐν ἀνθρώποις νόσων πασῶν ἐστιν ἡ μανία. — Τὰ μικρὰ κέρδη μείζονας βλάβας φέρει. — Σύμβουλος οὐδείς ἐστι βελτίων χρόνου. — Οὐκ ἔστιν οὐδὲν κάλλιον φίλου. — Ἀρετὴ μέγιστον τῶν ἐν ἀνθρώποις καλῶν ἐστιν.

C. To (the) men praise is most agreeable, blame, most troublesome. — The city of the Athenians has the greatest fame among (ἐν) all men. — (The) Old men are more sensible than (the) boys. — (The) Virtue is the most honorable

---

[1] Without the article.

possession. — The nation of the Indians is very great. — The nights of (the) winter are very long. — Sicily (Σικελία) is larger than all the islands of Greece. — Their native country was to the Greeks the sweetest possession.

D. There is no greater good than (the) virtue. — The earth is smaller than the sun. — Intelligence is for (the) men the greatest good. — Nothing is more hostile than a bad advice. — The child is the dearest (thing) to the father. — (There is) No better gain for (the) men (*dat.*) than a wise mind. — Good morals are the most honorable possession. — The oracle of Apollo is very renowned

CHAPTER VIII.

THE CONJUGATION OF VERBS IN GENERAL.

1. ἀκούω, I hear; *c. gen.*, I obey.
2. βασιλεύω, I am a king; rule, *c. gen.*
3. βουλεύω, I give advice, resolve, plot; *mid.*, I deliberate.
4. δουλεύω, I am a slave, serve.
5. θεραπεύω, I serve; tend, *c. acc.*
6. θηρεύω, I hunt, catch.
7. θύω, I sacrifice.
8. ἱδρύω, I place, found, erect; *pass.*, I sit (idle).
9. ἱκετεύω, I beseech.
10. κελεύω, I command, order (*with the acc. c. inf.*).
11. κινδυνεύω, I am in danger, risk.
12. κολακεύω, I flatter.
13. κωλύω, I prevent.
14. λούω, I wash; *mid.*, I bathe.
15. λύω, I solve, loosen.
16. παιδεύω, I instruct, educate, train.
17. παύω, I cause to cease; *pass. and mid.*, I cease, give up (*c. gen.*).
18. πορεύομαι, I travel, march.
19. στρατεύω, I make an expedition; *mid.*, I march against the enemy.
20. τοξεύω, I shoot with a bow.
21. φονεύω, I murder, kill.
22. φυγαδεύω, I banish, exile.
23. φυτεύω, I plant.
24. φύω, I bring forth; *perf.* πέφυκα, *intrans,*, I am born, descend (*c. gen.*), am by nature.
25. χρίω, I anoint.

εἰ, if. — εὖ, well. — ἀεί, always. — τέ-καί, both-and. — ὤν, οὖσα, ὄν, ὄντος, being (*partic. of* εἰμί). — μετά, *c. gen.*, with; *c. acc.*, after. — εἰς (ἐς), *c. acc.*, to, into. — ἐπί, *c. acc.*, to, against; *c. dat.*, on. — περί, *c. acc.*, about.

The personal pronouns and αὐτός are to be explained here.

THE ACTIVE.
Present and Imperfect.

A. Καλὸν καρπὸν φύουσιν οἱ σεμνοὶ τρόποι. — Ὀδυσσέως ὡς θεοῦ ἤκουον οἱ Ἰθακήσιοι. — Τῶν ἡδονῶν θηρεύετε τὰς καλάς. — Ἄκουε τῶν σοφῶν τοὺς λόγους. — Μηδεμιᾷ[1] τῶν ἡδονῶν ὁ νεανίας δουλευέτω. — Τὸν γέροντα θεραπεύετε. — Οἱ μάντεις τοῖς δαίμοσι θύειν ἐκέλευον. — Οἱ Λακεδαιμόνιοι εἰς τὴν Ἀττικὴν ἐστράτευον. — Ἐν Λακεδαίμονι ὁ νόμος υἱὸν βασιλέως βασιλεύειν κελεύει· εἰ δὲ υἱὸς οὐκ ἔστιν, ὁ ἀδελφὸς βασιλεύει. — Πολλοὶ δουλεύουσι τὴν χαλεπωτάτην δουλείαν. — Τοὺς παῖδας εὖ παιδεύειν οὐ μικρὸν πρᾶγμά ἐστιν. — Δουλεύειν πάθεσι χαλεπώτερόν ἐστιν ἢ τυράννοις.

The Other Tenses.

B. Δαρεῖος μετὰ Καμβύσην Περσῶν ἐβασίλευσεν. — Μόνος Ἑλλήνων Ἀγαμέμνων τὴν παῖδα θεοῖς ἔθυσεν. — Οἱ Ἀθηναῖοι Νικίαν οὐκ ἔπαυσαν[2] τῆς ἀρχῆς. — Ὁ κοινὸς ἰατρός σε θεραπεύσει, χρόνος. — Ἐν τῇ περὶ Σαλαμῖνα μάχῃ ἤκουσαν ἄριστα[3] οἱ Αἰγινῆται. — Ἕλληνες ὄντες βαρβάροις δουλεύσομεν; — Τοὺς γονέας, πατέρας τε καὶ μητέρας τῶν παίδων οἱ ἀγαθοὶ θεραπεύσουσιν. — Ὅμηρος ὁ ποιητὴς τὴν Ἑλλάδα πεπαίδευκεν. — Οὐκ ἔστι παισὶ κάλλιον γέρας, ἢ πατρὸς ἐσθλοῦ καὶ ἀγαθοῦ πεφυκέναι. — Ἄλλοι πρὸς ἄλλα πεφύκασιν.

Present and Imperfect.

C. Odysseus was king of the island of Ithaca (Ἰθάκη). — We heard the sweet voice of the nightingales. — Apollo was a slave in the house of King Admetus (Ἄδμητος). — We command you to care (θεραπεύω, *acc. c. inf.*) for the holy (things).

---

[1] In prohibitive sentences μή (not) is used for οὐ, μηδείς for οὐδείς; the verb is in the imp. pres. or in the aor. subj.

[2] Deposed. [3] ἀκούω καλῶς (κακῶς), I am of a good (bad) reputation.

— O friends, trust the word of the wise soothsayer. — It is (the office) of the priests to sacrifice to the gods. — Loosen the bonds of the captives. — The Athenians banished many (and) noble men. — The Spartans washed the children with (*dat.*) the cold water of the river. — Those that shoot with the bow (*participle*) kill many enemies. — When the country is in danger,[1] the virtue of the citizens becomes manifest.

FUTURE AND AORIST.

D. Chiron educated Achilles. — The Spartans divested (παύω) Pausanias of the command. — You heard from me (*gen.*) the whole truth. — After the death of his (*art.*) father, Alexander (Ἀλέξανδρος) became King of the Macedonians (Μακεδών, όνος). — Aiax (Αἴας, αντος) plotted death against (*dat.*) the generals of the army. — The servants washed and anointed the stranger. — Trust my[2] words (*dat.*). — We shall trust the oracles of the gods. — Xerxes (Ξέρξης) marched against (ἐπί, *with acc.*) Greece with (ἔχω, *partic.*) the greatest forces (δύναμις, *sing.*). — Dionysius (Διόνυσος) planted the vine for men. — We shall make you cease (παύω) your insolence (*gen.*).

PERFECT AND PLUPERFECT.

E. The best (men) are born to rule over (*gen.*) the rest. — The worst citizens are those that have flattered (θεραπεύω, *part. perf.*) the people (*accus.*). — The traitors have plotted bad things against (*dat.*) the city. — The priests have sacrificed a bull to Jupiter. — We have planted many trees. — The songs of the poets have educated the Greeks. — We have given orders to loosen the bonds of the captives. — The Spartans have violated (λύω) the peace. — The Athenians had marched with great forces (*dat.*) against Thebes. — (The) Envy has brought forth (φυτεύω) evil things..

THE PASSIVE.

RULE.—The person or thing from which an action proceeds is usually expressed by ὑπό with the genitive; sometimes, though rarely, by the simple dative.

---

[1] Genitive absolute, corresponding to the abl. abs. in Latin.
[2] ἐμός, with the article.

F. Οἱ γέροντες θεραπεύονται ὑπὸ τῶν παίδων. — Λέγουσι καὶ τοῖς θεοὺς ὑπὸ τοῦ Διὸς βασιλεύεσθαι. — Ξενοφῶντος υἱῷ Γρύλλος καὶ Διόδωρος ἐπεπαιδεύσθην ἐν Σπάρτῃ. — Ἡ τοῦ Πεισιστράτου τυραννὶς ὑπὸ τῶν Λακεδαιμονίων ἐλύθη. — Ἐν τῇ Σπάρτῃ ἐπαιδεύθησαν οἱ νεώτεροι ὑπὸ τῆς τῶν γεραιτέρων σοφίας. — Ἱκετεύομεν τοὺς ἥρωας τοὺς ἐν τῇ πόλει καὶ τῇ χώρᾳ ἱδρυμένους. — Ἀνὴρ ἄφρων ταῖς ἡδοναῖς θηρεύεται. — Τῷ πολέμῳ πάντα τὰ τῆς πόλεως κεκινδύνευται. — Οἱ πολέμιοι τῆς ὁρμῆς ἐκωλύθησαν.

G. Κῦρος ἐπαιδεύθη ἐν Περσῶν νόμοις. — Πᾶν βέλος ἡμῖν τετόξευται. — Ἦν ἡ χώρα καλῶς πεφυτευμένη. — Θαυμάζομεν τὰ πρὸς ἀρετὴν πεπαιδευμένα ἤθη. — Ἐν τῇ Σπάρτῃ οἱ νεανίαι πάντων μάλιστα πρὸς ἀρετὴν ἐπεπαίδευντο. — Τὰ ἱερὰ τεθυμένα καλὰ ἦν. — Τῶν καλῶς βουλευθέντων καλὸν τὸ τέλος. — Θεμιστοκλῆς ὑπὸ τῶν Ἀθηναίων ἐφυγαδεύθη. — Ἐν τοῖς κινδύνοις οὐχ ἱδρυτέον.

H. The quickest animals are caught by the dogs. — The enemies will be prevented from the attack by the bravery of the citizens. — The country of the Persians was always ruled by kings. — The horses were removed from (λύω ἐκ, *c. gen.*) the chariot. — The bonds of the slaves have been loosened. — We have been educated by wise men. — By the arts we are exempted from (παύω, *c. gen.*) many troubles. — Ill-considered things[1] have a bad end. — Many of the warriors have been killed in the battle. — In the city a temple has been built to Athene.

THE MIDDLE.

I. Ἐπὶ τὰ τῶν φίλων δεῖπνα βραδέως πορεύου. — Οὐδεὶς μετ' ὀργῆς ἀσφαλῶς βουλεύεται. — Οὐ βουλεύεσθαι καιρός, ἀλλὰ βεβουλεῦσθαι. — Οἱ λουσόμενοι βαδίζουσιν εἰς τὰ βαλανεῖα. — Τοῖς ἡγεμόσι θυσαμένοις οὐ καλὰ ἦν τὰ ἱερά. — Φίλιππος εἰς Φωκέας ὡς πρὸς συμμάχους ἐπορεύετο. — Βωμούς τε ἱδρυσάμεθα καὶ ἀγάλματα τῶν θεῶν. — Πολλῶν φονευθέντων οἱ Θηβαῖοι ἐπαύσαντο τῆς μάχης. — Ἐπορεύοντο οἱ Ἕλληνες ἐν δεξιᾷ ἔχοντες τὸν ἥλιον.

K. In the city the allies erected a statue of Zeus. — O boy,

---
[1] Neut. plur. part. perf. pass.

give up (*imp. perf. mid.*) vain hopes. — The generals, having sacrificed, marched to the war. — To those who have well deliberated, all things are well (ἔχω, *c. adv.*). — Let us give up the war (*aor. subj.*)! — Traveling in the hostile country is beset by (ἔχω) many dangers. — Advising others well (*act.*), you are ill-advised yourself (*mid.*) — The Spartans bathed in the river of Eurotas (Εὐρώτας, 1*st decl.*).

CHAPTER IX.

TENSES OF THE VERBA PURA IN αω, εω, οω.

1. ἀγαπάω, I love.
2. ἀδικέω, I injure; *pass.*, I am injured, offended.
3. ἀξιόω, I deign, think worthy, I entreat.
4. ἀπατάω, I deceive, cheat.
5. ἀσκέω, I practise, exercise, equip.
6. ἀτυχέω, I am unhappy.
7. βεβαιόω, I confirm; *mid.*, I make sure for myself.
8. βοηθέω, I help.
9. γεννάω, I beget.
10. δουλόω, I enslave.
11. δράω, I do.
12. δυστυχέω, I am unhappy.
13. ἐάω, I allow.
14. ἐλεέω, I pity.
15. ἐλευθερόω, I deliver.
16. ἐρωτάω, I ask.
17. εὐδοκιμέω, I am renowned.
18. εὐεργετέω, I benefit.
19. εὐπορέω, I have a supply, abundance (*c. gen.*).
20. εὐτυχέω, I am happy.
21. ζηλόω, I emulate, admire.
22. ζημιόω, I punish, chastise.
23. ἡγέομαι, I lead (*c. gen.*), consider.
24. ἰάομαι, I cure.
25. κοσμέω, I adorn, dispose.
26. κρατέω, I rule (*c. gen.*), I conquer (*c. accus.*).
27. κτάομαι, I acquire, obtain.
28. λαλέω, I talk.
29. μαστιγόω, I chastise, scourge.
30. μιμέομαι, I imitate.
31. μισέω, I hate.
32. νικάω, I conquer.
33. νοσέω, I am sick.
34. οἰκέω, I inhabit, dwell.
35. ὁμολογέω, I grant.
36. ὀρθόω, I set upright, erect, raise.
37. ὁρμάω, I impel, set in motion; *mid.*, I set out (of an army); *aor.*, ὡρμήθην.
38. πειράω, I try.
39. πληρόω, I fill.
40. ποιέω, I do, perform, make.

41. πολεμέω, I wage war.
42. σιωπάω, I am silent.
43. στεφανόω, I crown.
44. στυγέω, I hate.
45. συλάω, I plunder.
46. τελευτάω, I finish, die.
47. τιμάω, I honor.
48. τιμωρέω, I help (c. dat.); mid., I punish, avenge (c. accus.).
49. τυφλόω, I make blind.
50. φθονέω, I envy (with dat. of the person and gen. of the thing).
51. φιλέω, I love.
52. φοβέομαι, I fear (perf., I am in fear; aor., ἐφοβήθην).
53. φρονέω, I think, meditate.
54. χράομαι, I use (c. dat.).
55. ὠφελέω, I am useful (c. accus.).

διά, c. gen., through; c. acc., on account of. — ἀπό, c. gen., from.

Here the pronouns οὗτος, τίς, ὅστις, ἐκεῖνος should be explained.

THE ACTIVE.

A. Ὦ φίλοι, βοηθήσατέ μοι ταχέως. — Ἀλέξανδρος τὸν Ἀχιλλέως τάφον ἐστεφάνωσεν. — Πρῶτοι Ἑλλήνων οἱ Ἀρκάδες ᾤκησαν Ἰταλίαν. — Κόνων ἠλευθέρωσε τοὺς Ἀθηναίων συμμάχους. — Θυμοῦ καὶ ὀργῆς κρατῆσαι καλόν ἐστιν. — Ἱερὰ τὰ πάτρια τιμήσω. — Οἱ χρηστοὶ παῖδες τοὺς γονέας ἀγαπήσουσιν. — Τύχη τέχνην ὤρθωσεν, οὐ τέχνη τύχην. — Εὐρώπη, ἡ Ἀγήνορος,[1] ἐγέννησε Μίνωα, Σαρπηδόνα, Ῥαδάμανθυν.

B. Ὅσα ἡμᾶς[2] ἀγαθὰ δέδρακας εἰρήνην ποιήσας. — Διὰ τὴν ἀρετήν, οὐ διὰ τὴν τύχην ἐνίκησαν οἱ Ἀθηναῖοι ἐν Μαραθῶνι. — Αἱ πόλεις ἐπὶ τοῖς μεγίστοις ἀδικήμασι θάνατον ζημίαν πεποιήκασιν. — Οἱ Μεθυμναῖοι μόνοι τῶν Λεσβίων τοῖς Ἀθηναίοις ἐβεβοηθήκεσαν. — Τὰς καλὰς πράξεις ἁπάσας ἀγαθὰς ὡμολογήκαμεν. — Τέρας ἐστίν, εἴ τις εὐτύχηκε διὰ παντὸς τοῦ βίου. — Οἱ Ἀθηναῖοι πρῶτοι τῶν ἄλλων ὡς θεὸν τετιμήκασι τὸν Ἡρακλέα. — Μιλτιάδῃ τελευτήσαντι οἱ Χερσονησῖται θύουσιν. — Τοὺς τῆς πόλεως εὐεργέτας χρυσῷ στεφάνῳ ἐστεφάνωσαν. — Διονύσιος ἐξ ἁπάντων τῶν ἐν Συρακούσαις ἱερῶν ἐσύλησε τὰ χρήματα. — Οἱ Λυκούργου νόμοι οὐχ ὡς ἀνθρώπους ἀλλ' ὡς ἥρωας τοὺς Λακεδαιμονίων βασιλέας τετιμήκασιν.

---

[1] Supply θυγάτηρ.

[2] Verbs signifying *to act or speak well or ill of a person, to benefit or injure*, govern the accusative.

C. We shall punish the guilty (δράω, *part. perf.*). — The Greeks thought Hercules worthy of the greatest honors as (ὡς) a benefactor of (the) men. — We did not do anything unjust when we punished (*partic. aor.*) the traitor. — Good rulers will govern (κοσμέω) the country with justice (*adv.*). — Conquer (the) anger (*imper. aor.*). — He who practises (the) wisdom and virtue (ἀσκέω, *c. accus., partic. aor.*) is dear to the gods. — The virtues of the citizens adorned Athens more than (the) great power and (the) admirable wealth. — By the victory at (ἐν) Marathon (Μαραθών, ῶνος) Miltiades liberated Greece.

THE PASSIVE.

D. Ἡ πόλις τῶν Συρακουσίων λιμέσιν ἐκεκόσμητο μεγίστοις. — Οἱ τῶν ἀνθρώπων εὐεργέται ἀθανάτων τιμῶν ἠξιώθησαν. — Λέγουσι τὸν Ἀναξαγόραν ὑπ' Ἀθηναίων ἀργυρίῳ ζημιωθῆναι καὶ φονευθῆναι. — Ἐστράτευσαν οἱ Ἕλληνες ἐς Τροίαν ναυσὶ καὶ ἀσπίσι καὶ ἵπποις πολλοῖς καὶ ἅρμασιν ἠσκημένοι. — Βέλτιόν ἐστιν ἤθεσι χρηστοῖς ἢ χρυσῷ στεφάνῳ ἐστεφανῶσθαι. — Τοὺς μὲν θεοὺς θεραπευτέον, τοὺς δὲ φίλους εὐεργετητέον.[1] — Κῦρος ἐνόμιζεν, ὅ τι καλὸν καὶ ἀγαθὸν τὸ στράτευμα ἔχοι, τούτοις ἅπασιν αὐτὸς[2] κεκοσμῆσθαι. — Ὠφελητέα σοι ἡ πόλις.

E. The grave of Achilles was crowned by Alexander. — Theseus was considered by the Athenians worthy of great honors, as a benefactor of the city. — At Sparta the old men were most honored by the younger. — He who has practised (the) virtue is enviable (ζηλόω, *verb. adj.*). — Those that do not wish to punish (*part. fut.*) the wicked, will themselves (αὐτοί) be injured by them (ἀδικέω, *pass.*). — The children of the Lacedemonians were scourged at the altars of the gods. — All that is born (γεννάω, *part. perf. pass.*) is transient (θνητός). — Many who wish to deceive others have been deceived themselves. — The traitors of the country will be exiled. —

---

[1] The verbal adjective in τέος is used either impersonally (in the neuter), and governs the case of its verb, or personally, like the Latin partic. fut. pass.

[2] If the subject of the infinitive is the same as that of the leading sentence, it is either omitted or stands in the nominative.

Those that had conquered at Olympia (νικάω 'Ολύμπια) were crowned and honored in Greece. — At Sparta the mothers were adorned, not with a golden dress (Ch. IV., 30), but with the virtues of their sons.

THE MIDDLE.

F. Μᾶλλον πεφόβημαι τὰ οἰκεῖα ἡμῶν ἁμαρτήματα, ἢ τὰς τῶν πολεμίων διανοίας. — Οὐδεὶς ἔπαινον ἡδοναῖς ἐκτήσατο. — Δικαιοσύνῃ τοὺς συμμάχους μᾶλλον βεβαιωσόμεθα, ἢ τῷ σκληρῷ τῶν τρόπων. — Οἱ Ἀθηναῖοι πολλῇ στρατιᾷ ὥρμηνται Σικελίας ἐπιθυμίᾳ. — Ξέρξης μεγάλῃ δυνάμει ἐστράτευσεν ὡς[1] δουλωσόμενος Ἑλλάδα. — Οἱ δοῦλοι ἠλευθερωμένοι ἐστεφανώσαντο. — Κῦρος ἐλευθερώσας Πέρσας τοὺς αὑτοῦ πολίτας καὶ τοὺς δεσπότας Μήδους ἐδουλώσατο καὶ τῆς ἄλλης Ἀσίας ἐκράτησεν.

G. We consider him rich who has acquired many (and) virtuous friends. — Odysseus avenged (*mid.*) the death of his companions, when he blinded the Cyclops (Κύκλωψ, ωπος). — The Greeks crowned themselves when they were about to sacrifice (*part. fut.*). — Xerxes, having marched against Greece, made (*mid.*) the Thebans (Θηβαῖοι) his allies. — But when Xerxes had been conquered, the other Greeks punished the Thebans as betrayers of the common liberty. — The Spartans helped the injured (*part. perf.*), and acquired great fame as liberators (*part. aor.*) of the Greeks. — Do not (μή) make (*subj. aor. mid.*) a bad man your friend. — Nothing is sweeter than to rest (παύομαι, *aor.*) from toil. — The mothers are in fear (*perf.*) when their sons have marched to the war (*mid. gen. absol.*). — At Sparta the king offered sacrifice to Zeus and Athene.

CHAPER X.

TENSES OF THE VERBA MUTA.

1. ἀναγκάζω, I compel.
2. ἁρπάζω, I rob.
3. ἄρχω, I rule; *mid.*, I commence (*c. gen.*).

---

[1] ὡς with the participle of the future means: to, in order to.

4. βάπτω, I dip, moisten.
5. *βούλομαι,[1] I wish.
6. γυμνάζω, I practise, exercise.
7. δικάζω, I judge.
8. διώκω, I pursue.
9. ἐλπίζω, I hope.
10. *ἔχω, I have, consider as; παρ-έχω, I offer, cause.
11. θάπτω, I bury.
12. κλέπτω, I steal.
13. κολάζω, I chastise, punish.
14. κόπτω, I strike.
15. κρύπτω, I conceal.
16. κτίζω, I found.
17. λείπω, I let, leave, abandon.
18. λογίζομαι, I consider, calculate.
19. *μάχομαι, I fight.
20. οἰμώζω, I lament.
21. ὀνομάζω, I call.
22. πείθω, I convince, persuade; *pass.*, I obey.
23. πορίζω, I offer, provide for; *mid.*, I procure for myself, obtain.
24. πράττω (πράσσω), I act, do, effect.
25. *σέβομαι, I worship.
26. σπουδάζω, I endeavor, hasten.
27. στασιάζω, I am seditious, revolt.
28. στενάζω, I sigh.
29. σφάττω, I kill.
30. ταράσσω, I disturb, put in disorder.
31. τάσσω, I arrange, set in array, appoint.
32. τρέπω, I turn; *mid.*, I put to flight.
33. τρέφω (θρεφ-), I nourish, train.
34. φεύγω, I flee.
35. φράζω, I say, advise.
36. φράσσω, I enclose, fortify.
37. φροντίζω, I meditate.
38. φυλάσσω, I guard, preserve; *mid.*, to be aware (*c. accus.*).
39. ψηφίζομαι, I decree.

ὅτι, that. — ἔτι, yet. — εἴην, opt. of εἰμί.

THE ACTIVE.
Present and Imperfect.

A. Ἄγει τὸ θεῖον τοὺς κακοὺς πρὸς τὴν δίκην. — Τῶν φίλων τὰς συμφορὰς ἰδίας νόμιζε. — Ὁ γραμμάτων ἄπειρος οὐ βλέπει βλέπων. — Ἐλευθέρου ἐστὶν ἀνδρὸς ἀλήθειαν λέγειν. — Φεύγωμεν τὰ αἰσχρά, διώκωμεν τὰ καλά. — Τοῦ λόγου μέτρον

---
[1] The verbs marked with * should be used, in the mean time, in the present and imperfect only.

οὐχ ὁ λέγων ἐστὶν ἀλλ' ὁ ἀκούων. — Φίλους ἔχων νόμιζε θησαυροὺς ἔχειν. — Οἱ σύμμαχοι ἔθαπτον Βρασίδαν ἐν Ἀμφιπόλει. — Θεμιστοκλῆς καὶ Ἀριστείδης ἐστασιαζέτην ἔτι παῖδε ὄντε. — Ἦθος πονηρὸν φεῦγε καὶ κέρδος κακόν. — Πάντων τῶν Ἑλλήνων οἱ Λακεδαιμόνιοι ἦρχον μετὰ τὸν τῶν Πελοποννησίων καὶ Ἀθηναίων πόλεμον. — Ἦν Περικλῆς ἀνὴρ πρῶτος Ἀθηναίων, λέγειν καὶ πράσσειν[1] δυνατώτατος.

FUTURE AND AORIST.

B. Μέγιστον καὶ σεμνότατον οἱ Ἕλληνες ἡγήσαντο ἐκ κινδύνων σῶσαι τὴν πατρίδα. — Ὁ σπουδαῖος οὐδὲν ἄδικον πράξει. — Γύμναζε παῖδας, ἄνδρα γὰρ οὐ γυμνάσεις. — Ἔλπιζε σεβόμενος τοὺς γονέας πράξειν καλῶς.[2] — Ἠλέκτρα τὸν ἀδελφὸν Ὀρέστην κλέψασα ἔσωσεν. — Οἱ Συρακούσιοι νικηθέντες τοὺς νεκροὺς ἔθαψαν. — Δημοσθένης τοὺς Ἀθηναίους ἐκέλευσε τὰς πόλεις τοῖς Ὀλυνθίοις σώζειν. — Τὰς μετὰ φόβου παρασκευὰς ἀσφαλεστάτας νομίσατε. — Κολάσουσιν οἱ χρηστοὶ τοὺς πονηροὺς καὶ οὐκ ἐάσουσι βουλεύειν οὐδὲ ἄρχειν. — Οὐκ ἔστι τῆς θρεψάσης ἡδίων χώρα. — Ἀθηναῖοι Ἕλληνες ὄντες πλείστων Ἑλλήνων ἦρξαν.

PERFECT AND PLUPERFECT.

C. Τῶν ποιητῶν Ὅμηρον μάλιστα τεθαυμάκαμεν. — Πεισίστρατος τοὺς πλείστους Σόλωνος νόμους πεφύλαχεν. — Οἱ στρατιῶται τῶν πολεμίων πολλὰ χρήματα ἔχουσιν ἡρπακότες. — Διογένης ἐθαύμαζε τοὺς ῥήτορας τὰ δίκαια μὲν ἐσπουδακέναι λέγειν, πράττειν δ' οὐδαμῶς.[3] — Ἀριστείδην τὸν Λυσιμάχου νενόμικα ἄριστον ἄνδρα ἐν Ἀθήναις καὶ δικαιότατον. — Οἱ θεοὶ πολλὰ κεκρύφασιν. — Λέγουσι τὸν Φιλάδελφον περὶ πάσας τὰς ἀρετὰς ἐσπουδακέναι. — Οὐκ ἄξια πολλῆς σπουδῆς ἐσπούδακας.

PRESENT AND IMPERFECT.

D. Consider (the) true friends as brothers. — Bad men strive after (διώκω, c. acc.) the unjust. — The laws of Lycurgus compelled every one to practise (inf. aor.) every (πᾶς)

---

[1] In word and deed.
[2] πράττω καλῶς, κακῶς, I am well, ill; happy, unhappy.
[3] Not at all.

virtue. — The Athenians founded many cities. — They considered Timotheus a successful (happy) general. — The oath of a bad man I write on (εἰς) (the) water. — A wise man considers the whole earth as his[1] native country. — (The) Wise fathers keep their sons from bad company. — A hot temper (mind) greatly (πολύς, *neut. plur.*) injured Kleomenes, King of Sparta. — The general of the Spartans led the army of the allies into (εἰς) Attica. — Xerxes ordered the body of Leonidas to be buried.

Future and Aorist.

E. Convince me by (the) speech, the wisest remedy. — When Atossa, the mother of Xerxes, had heard of (*part. aor.*) the disasters of her son, she sighed and lamented. — Pericles induced (πείθω) the Athenians to bear more easily the death of the dearest (ones). — Antigone secretly (κλέπτω, *part. aor.*) buried the body of her brother. — If you consider all actions well, you will be prosperous. — A city in discord (στασιάζω, *part. aor.*) is similar to a sick (νοσέω, *part. aor.*) body. — The orators, by their speeches, have injured the city more than the enemies by their arms. — Ajax, rendered insane and deceived by Athene, moistened his lance with the blood of (the) heifers. — Those that were about to swear (ὅρκους ποιέομαι, *part. fut.*) slew a wild boar; the Greeks moistened their sword, the barbarians their lance, with (the) blood. — Lycurgus fortified Sparta, not by walls, but by the virtue of the citizens.

Perfect and Pluperfect.

F. We, Athenians, have saved all Greece by the battle at (περί, *c. acc.*) Salamis. — The legates of the Syracusans had not effected (πράττω) anything. — The generals have drawn up the army for (εἰς) the battle. — We have written on (εἰς) a column the names of those who saved the country. — They have buried Euripides in Macedonia. — Dionysius has robbed the temples of the Syracusans of all the statues. — We have admired the firmness (τὸ βέβαιον) of thy[2] mind. — Those who

---

[1] If there is no particular stress on the possessive pronoun, it is not translated, but expressed by the article.

[2] σοῦ τῆς γνώμης or τῆς γνώμης σου.

do not care (φροντίζω, c. gen., part. perf.) for the gods will be unhappy. — The Persians have considered the fire as a deity. — While young men and adults (ἀνήρ) marched to the field (gen. absol.), old men and boys guarded the walls of the city. — Those that have applied themselves to virtue (σπουδάζω περί τ. ἀ., part.) will do everything well.

THE PASSIVE.

G. Νικήσαιμί τ' ἐγὼ καὶ νομιζοίμην σοφός. — Κακοῖς βουλεύμασι πολλὰ βλάπτονται θνητοί. — Διονύσιος, ὁ τῶν Συρακουσίων τύραννος, τῷ φόβῳ ἠναγκάσθη φέρειν σιδηροῦν θώρακα. — Οἱ μὲν τραχεῖς ἵπποι τοῖς χαλινοῖς, οἱ δ' ὀξεῖς θυμοὶ τοῖς λογισμοῖς ἄγονται. — Χαλεπὸν ἄρχεσθαι ὑπὸ χείρονος. — Πυθαγόρας πρῶτος ἑαυτὸν φιλόσοφον ὠνόμασεν, οἱ δὲ παλαιότεροι σοφοὶ ὠνομάσθησαν. — Καὶ σύ, ὦ φίλε, πείσθητι, τὸ γὰρ πείθεσθαι ἄμεινον. — Εὐριπίδης ἐν Μακεδονίᾳ, τέθαπται. — Οἱ ἀγαθοὶ τεταγμένοι οὐ λείψουσι τὰς τάξεις. — Τοῖς μὲν ἐν οἴκῳ χρήμασι λελείμμεθα, τὸ δὲ γενναῖον σέσωσται.

H. Οὐχ ὁ πολλά, ἀλλ' ὁ μικρὰ μέν, χρήσιμα δέ, λέγων θαυμασθήσεται. — Καλῶς λεχθέντες λόγοι μετ' ἀσθενοῦς στρατεύματος ὀλίγον τὸν φόβον τοῖς πολεμίοις παρέχουσιν. — Οἱ Ἀθηναῖοι ἐνόμιζον, πάντα ὑπὸ τοῦ Ἀλκιβιάδου ἐπὶ[1] τυραννίδι πεπρᾶχθαι. — Κάλλιστον τοῦτο καὶ λέγεται καὶ λελέξεται, ὅτι τὸ μὲν ὠφέλιμον καλόν, τὸ δὲ βλαβερὸν αἰσχρόν. — Πολλοὶ τῶν Ἀθηναίων στρατηγοὶ φυγαδευθέντες ἐπὶ ξένης[2] τεθαμμένοι εἰσίν. — Ἡ κτῆσις πάντων πᾶσα γεγράφθω ἐν φανερῷ.[3] — Χάριν σοι τῶν πεπραγμένων ἔχω. — Φανεροὶ ἢ κεκρυμμένοι τοὺς ἐχθροὺς γέλωτος παύσομεν. — Αἰγυπτίοις νενόμισται τὸ πῦρ θηρίον ἔμψυχον. — Νόμῳ πειστέον.

I. Obey the law. — All wish to rule, few to be ruled. — This (τοῦτο) is most admired in the Spartans (gen.), that all rule the ruling and obey the obeying. — When the citizens do not (μή) wish to obey (gen. absol.), the city is injured. — By the Athenians a tribute was imposed (τάσσω) on the allies. — Those that are convinced (part.), convince others also. — The fleeing enemies were not pursued to a great distance (ἐπὶ

---

[1] On account of. [2] Supply χώρας. [3] For every one's inspection.

πολύ). — The names of Hippias and Hipparchus were written (*pluperf.*) on a column in the Acropolis of the Athenians. — Induced (πείθω) by vain hopes, Xerxes left (*imp.*) a great part of his army in Greece.

K. Life is hateful to me, since I am forsaken (*dat. part. perf.*) by thee (*gen.*). — Anaxagoras was not disturbed by the death of his child. — The judge was ordered by the king to decide (δικάζω) the law-suit. — Antiope was robbed by Theseus. — One should practise prudence and flee from folly (*adj. verb.*). — At Sparta the boys were educated in a well-devised (φροντίζω) discipline. — (The) Boys must be trained (γυμνάζω), for men will not be trained. — The sky (heaven) was called ether by the poets. — (The) Fire was considered a deity by the Persians. — The traitors have been put to death. — Miltiades was called the liberator of Greece.

THE MIDDLE.

L. Οἱ Λακεδαιμόνιοι μάχονται ἐστεφανωμένοι. — Βίον πορίζου ἐκ τῶν καλῶν. — Τὴν κοινὴν ὠφέλειαν τῇ πατρίδι φύλαξαι. — Τοὺς Ἀθηναίους ἔπεισαν οἱ γραψάμενοι[1] Σωκράτην, ὡς ἄξιος εἴη τοῦ θανάτου. — Αἱ πόλεις πλείστην ἡδονὴν ἔχουσιν ἐν τῷ τρέψασθαι τοὺς πολεμίους. — Οἱ Ἀθηναῖοι ἐψηφίσαντο ναῦς καὶ στρατηγοὺς εἰς Σικελίαν πέμπειν. — Ἐπὶ τὴν Σικελίαν μεγάλην τε οὖσαν καὶ πολλὰ ἔθνη ἔχουσαν οἱ Ἀθηναῖοι στρατεύειν ὥρμηντο. — Τὰ φθόνον ἔχοντα πεφύλαξο πράττειν. — Πείσομαι τῷ ἄρχοντι. — Οἱ Αἰθίοπες τήν τε Ἶσιν καὶ τὸν Πᾶνα, πρὸς[2] δὲ τούτοις Ἡρακλέα καὶ Δία σέβονται.

M. We have put the enemies to flight. — (The) Long time conceals many known things, and makes known the things concealed. — (The) Great riches we have acquired easily, but the small with trouble (*adverb*). — The allies imposed a tribute on themselves. — To be well aware of the enemy (*acc.*) brings (the) victory in (the) war. — O friends! having considered well (*aor.*), let us commence the work. — We will nourish the soul (*plur.*) with wise words, as we nourish the body (*plur.*) with

---

[1] The middle of γράφω means to accuse.   [2] Besides.

food. — Those that have begun the war will also make the beginning (ἄρχομαι) of peace. — (The) Brave men beware more of (the) blame than of (the) dangers.

CHAPTER XI.
CONTRACTION OF THE VERBA PURA.

1. * αἰδέομαι, I revere, reverence.
2. * αἰνέω and ἐπαινέω, I praise.
3. * αἱρέω, I take; mid., I choose.
4. βιόω, I live.
5. * δέω, I bind.
6. * δοκέω, I believe, seem.
7. * ζάω, I live.
8. * καλέω, I call.
9. * ὁράω, I see; imp., ἑώρων.
10. * πλέω, I sail.
11. * τελέω, I accomplish.

κατά, c. accus., according to. — εἶναι, infinitive of εἰμί.

A. Δοκεῖ τις ἀμαθεῖ σοφὰ λέγων οὐκ εὖ φρονεῖν. — Μίσει τοὺς κολακεύοντας, ὥσπερ τοὺς ἀπατῶντας· πιστευθέντες γὰρ τοὺς πιστεύσαντας ἀδικοῦσιν. — Τίς κίνδυνος μείζων ἀνθρώποις ἢ χειμῶνος[1] πλεῖν τὴν θάλασσαν; — Ἄκουε πολλά, λάλει καίρια. — Μὴ φθόνει τοῖς εὐτυχοῦσι, μὴ[2] δοκῇς εἶναι κακός. — Οὐκ εὖ φρονεῖ πόλις στάσει νοσοῦσα καὶ κακοῖς βουλεύμασιν. — Ζῆν βουλόμενος μὴ πρᾶττε θανάτου ἄξια. — Οἱ Θετταλοὶ καὶ Θηβαῖοι φίλον, εὐεργέτην, σωτῆρα τὸν Φίλιππον ἡγοῦντο. — Πάντες οἱ Ἀθηναῖοι τὸν Θεμιστοκλέα καὶ τὸν Ἀριστείδην ἐπαινοῦσιν. — Πάντας εὖ φρονοῦντας ὠφελεῖ τύχη.

B. Φρονοῦντός ἐστι ζημίαν πρᾴως φέρειν. — Ὀργὴ πολλὰ δρᾶν ἀναγκάζει κακά. — Λεωτυχίδης ἡγεῖτο τῶν ἐν[3] Μυκάλῃ Ἑλλήνων. — Ἐν τῇ ἐν Ταναγρᾳ μάχῃ ἐνίκων οἱ Λακεδαιμόνιοι. — Ἄνθρωπος ἀτυχῶν σῴζεται ταῖς ἐλπίσιν. — Τοὺς γονέας τίμα, καὶ τοὺς φίλους εὐεργέτει. — Ζήλου τὸν ἐσθλὸν ἄνδρα καὶ τὸν σώφρονα. — Τοὺς σώφρονας θεοὶ φιλοῦσι καὶ στυγοῦσι τοὺς κακούς. — Ἀσσύριοι Μύλιττα καλοῦσι τὴν Ἀφροδίτην,

---

[1] General relations of time are expressed by the genitive, mostly without the article. [2] Lest. [3] At.

Πέρσαι δὲ Μίτραν. — Σινωπεῖς οἰκοῦσι μὲν ἐν τῇ Παφλαγονίᾳ, ἡ δὲ πόλις ἀποικία Μιλησίων ἐστίν. — Χαλεπὸν τὸ ποιεῖν, τὸ δὲ κελεῦσαι ῥᾴδιον. — Ὁ παῖς ζηλοῖ τὸν πατέρα.

C. Ἐᾶτε τοὺς δυνατωτάτους ἄρχειν. — Οἱ βάρβαροι πολὺ κάκιον Ἑλλήνων φρονοῦσιν. — Ὥσπερ οἱ ποιηταὶ τὰ ἑαυτῶν[1] ποιήματα, καὶ οἱ πατέρες τοὺς παῖδας ἀγαπῶσιν. — Θεοῦ δῶρόν ἐστιν εὐτυχεῖν. — Οὐ πάντα ἀνθρώπῳ τελεῖται κατὰ γνώμην. — Οἱ Ταραντῖνοι ἐβουλεύοντο ποιεῖσθαι Πύρρον ἡγεμόνα καὶ καλεῖν ἐπὶ τὸν πόλεμον. — Πάντα τὰ τῶν νικωμένων ἀγαθὰ τῶν νικώντων γίγνεται. — Ὁ θάνατος ἐχθρός τε θνητοῖς ἐστι καὶ θεοῖς στυγούμενος. — Ὁ πένης ἐλεεῖται, ὁ δὲ πλούσιος φθονεῖται.

D. Τελοῖτο τὰ χρηστά. — Φίλων λόγοις οἱ ἀγαθοὶ νικῶνται. — Τὰ ἀγαθὰ πάντα πόνῳ κτώμεθα. — Μὴ μόνον αἰνεῖτε τοὺς ἀγαθούς, ἀλλὰ καὶ μιμεῖσθε. — Δικαίως κτῶ. — Ἱππόλυτος ὑπὸ τῆς Ἀρτέμιδος ἐτιμᾶτο. — Οἱ Ἕλληνες ἐπὶ[2] τῷ Στρυμόνι ποταμῷ ἐνίκων μαχόμενοι τοὺς Μήδους. — Οἱ Ἀθηναῖοι Σόλωνι νομοθέτῃ ἐχρῶντο πρὸς τὴν πολιτείαν, καὶ ἠξίουν κατὰ τοὺς νόμους αὐτοῦ[3] βιοῦν. — Πένητας οὐδεὶς βούλεται κτᾶσθαι φίλους. — Μὴ τὸ κακὸν τῷ κακῷ ἰῶ. — Μιμοῦ τὰ σεμνά, μὴ μιμοῦ κακοὺς τρόπους. — Πάντας πειρῶ νικᾶν εὖ ποιῶν.[4]

E. You do wrong if you commence (the) war and break (λύω, part.) the peace. — Many are happy, but not prudent. — The army of the Greeks conquered the Persians. — The master punishes the slaves. — Meditate (φρονέω, c. acc.) upon nothing bad, if you wish (part.) to live gloriously. — To be silent is to grant. — The deity calls us to (the) virtue. — Those that fight most bravely, also best obey the general. — The Greeks crowned the victors (part.) in the prize-fights. — Conquer the enemies (by) fighting, the friends (by) bestowing benefits (εὐεργετέω, part.). — The Greeks loved the friends and hated the enemies.

F. Benevolence strengthens (βεβαιόω) (the) confidence. — (The) Anger overcomes men more than (the) tyrants. — We hated the hating, we loved the loving. — Timotheus con-

---

[1] Their own.
[2] ἐπί, c. dat., at, near to.
[3] Of him.
[4] εὖ ποιέω means: I bestow benefits.

quered many cities. — The laws decree (ἀξιόω) that not even (μηδέ) slaves should be offended (acc. c. inf.). — The Greeks thought Themistocles worthy of the greatest honors, since they crowned him in the Olympic ('Ολυμπιακός) prize-fight. — Covet (envy) wisdom (gen.) more than riches. — It is (the duty) of a noble and renowned man to benefit the city. — (By) Acting justly, you will strengthen the fidelity of the allies.

G. The just pity those that suffer injustice. — Those that have (χράομαι) good luck are easily deceived. — Even by smaller ones the great (man) may (ἄν) be elevated (ὀρθόω, opt.). — Many are conquered by bad advice, not by the bravery of the enemies. — Those that are ruled (part.) listen to the ruler (κρατέω, part. gen.). — The Olympus ('Ολυμπος) was inhabited by the gods. — The fidelity of the allies is strengthened by justice. — (By) Acquiring justly (and) using prudently, you will have renown. — All things are easily accomplished by the gods. — (The) Parents are loved by (the) good sons.

H. In the cities, those that have done most injustice are punished with death. — Fear (the) calumny more than the anger of man. — We worship (σέβομαι) the deity, honor (the) parents, (and) revere (the) old men. — Punish those that do injustice, help those that suffer injustice. — The traitors of the city should be punished (imper.). — To have reverence for the laws of the city, is (the duty) of a wise man. — The wise (men) are raised by (the) fortune. — Those that do evil things must be hated by all good men (imper.). — (A) Lie is hated, not only by (the) men, but also by the gods.

CHAPTER XII.
VERBA LIQUIDA.

1. ἀγείρω, I assemble.
2. αἴρω, I raise, set out; mid., I am haughty, pride myself.
3. αἰσχύνω, I make ashamed; mid., I am ashamed of one (c. acc.).
4. ἀμύνω, I help, aid (c. dat.); mid., I ward off, revenge (c. acc.).
5. ἀπο-κρίνομαι, I answer.
6. εὐφραίνω, I delight.
7. * θέλω and ἐθέλω, I wish.

8. καθαίρω, I clean.
9. κερδαίνω, I gain.
10. κρίνω, I decide, judge.
11. κτείνω, I kill.
12. μένω, I remain.
13. μιαίνω, I stain.
14. νέμω, I distribute; mid., I assign to myself.
15. ῥαίνω, I sprinkle.
16. σημαίνω, I give a sign, show.
17. σπείρω, I sow, scatter.
18. στέλλω, I send.
19. σφάλλω, I cause to fall, endanger.
20. ὑφαίνω, I weave.
21. φαίνω and ἀποφαίνω, I show; mid., I appear.
22. φθείρω and διαφθείρω, I destroy.
23. *χαίρω, I rejoice.

ὁ αὐτός, the same. — τότε, then.

A. Ἀφροσύνης ἐστὶ τὸ κρῖναι κακῶς τὰ πράγματα. — Οὐκ αἰσχυνῶ τὰ ἱερὰ ὅπλα. — Εἰ μὲν φράσω τὸ ἀληθές, οὐκ εὐφρανῶ σε, εἰ δ᾽ εὐφρανῶ σε, οὐ τὸ ἀληθὲς φράσω. — Ζεὺς καὶ Δίκη τοὺς κακοὺς κακῶς φθείρειαν. — Οὐδεὶς τῶν ἀγαθῶν ζῶν κακῶς τὴν δόξαν αἰσχῦναι θέλει. — Ὁ λοιπὸς χρόνος πάντα κρινεῖ. — Μικροὶ λόγοι πολλὰ ἔσφηλαν ἀνθρώπους. — Οἱ Ἀθηναῖοι εἰς τὴν Λακεδαίμονα πρέσβεις ἔστειλαν. — Ἱππίας φοβούμενος τῶν πολιτῶν πολλοὺς ἔκτεινεν.

B. Τὸ τοῦ Ἀπόλλωνος ἱερὸν οἱ Ἀθηναῖοι οἴνῳ ῥάναντες ἐκάθηραν. — Τοῖς φίλοις οὐκ ἠμύνατε. — Οἱ Σικελοὶ τοὺς τῶν Λακεδαιμονίων πρέσβεις διέφθειραν. — Ἀθηναῖοι ἄραντες ταῖς τριήρεσιν ἔπλεον εἰς τὴν Σικελίαν. — Νομίζω τοὺς ἀκούσαντας κρῖναι ἄριστα. — Χαλεπόν ἐστι τὰς πλεούσας ναῦς ἐν τάξει μεῖναι. — Φύσις καὶ πονηρὰ τροφὴ σῶμα καὶ ψυχὰς διεφθαρκυῖά ἐστιν. — Πολλοὶ τὸν μετὰ πλείστων ἡδονῶν βίον ἡδίω κεκρίκασιν. — Τὸν ἄγγελον ἐκέλευσα πάντα σημῆναι ἐμοί. — Ἔπεισε Φοῖβος Ὀρέστην τὴν μητέρα κτεῖναι.

C. Αἰδοῦ σαυτόν, καὶ ἄλλον οὐκ αἰσχυνῇ. — Τὸ πᾶν γένος τῶν παλαιῶν δεσποτῶν ἔφθαρται. — Τῇ σάλπιγγι σιωπὴ ἐσημάνθη. — Τοῦ αὐτοῦ χειμῶνος καὶ Δῆλον ἐκάθηραν οἱ Ἀθηναῖοι κατὰ χρησμόν τινα· ἐκάθηρε μὲν γὰρ καὶ Πεισίστρατος ὁ τύραννος αὐτήν, ἀλλ᾽ οὐχ ἅπασαν· τότε δὲ πᾶσα ἐκαθάρθη. — Οἱ ἀρετῇ πρῶτοι κεκριμένοι τοὺς ἄλλους κρινάντων. — Οἱ πρέσβεις δώρων¹ ἐκρίθησαν ὑπὸ τοῦ δήμου. — Ἴσον κέκριται φρονεῖν τ᾽ εὖ καὶ τῷ λέγοντι χρηστὰ ἐθέλειν πείθεσθαι.

D. Εὐτυχεῖς σὺν θεῷ φανούμεθα. — Ἀποκρίνασθε ὅ τι κάλλιστόν τε καὶ ἄριστον ἔχετε. — Ἡ ἡμετέρα πόλις τοὺς πολεμίους ἀμυνεῖται ἀξίως. — Νειμάσθων οἱ νικῶντες τῶν νικωμένων γῆν τε καὶ οἴκους. — Τὸν εὖ καὶ κακῶς δρῶντα ἐξ ἴσου² ἀρετῇ ἀμυνούμεθα. — Ἀπόκριναί μοι, ὅ τι σε ἐρωτήσω. — Αἰσχρὰ λέγοντες καὶ δρῶντες αἰσχυνούμεθα.

E. The city has injured us, since it did not rightly decide the law-suit. — Theseus cleaned the road to Athens of evildoers (*gen.*). — The Athenians set out against the Persians with their vessels. — When the master had commanded, the slaves cleaned the temple. — The gods have given hope (*plur.*) to men as a relief from misfortune (*gen.*). — Cadmus killed a dragon and sowed its teeth. — Prometheus revealed (showed) to men (the) fire and the use of (the) fire. — Bad company (*plur.*) has always spoiled good manners. — You have stained the city with blood. — Crœsus (Κροῖσος), the King of Lydia, sent ambassadors who should consult (χράομαι, *part. fut.*) the oracle at Delphi (Δελφοί, ὦν). — The body, indeed, they will kill, but the soul they will not kill.

F. To Xenophon, while sleeping (in sleep), was revealed by Jupiter the rescue from the land of the enemies. — Many cities have been destroyed by discord. — All treasures of men are fleeting (φθείρω, *adj. verb.*); wisdom alone is a safe property. — Many islands are scattered (σπείρω) in the sea. — Orestes, who had killed (*part. aor.*) his mother, was judged in the Areopagus (Ἄρειος πάγος). — The assembled Greeks marched against Troy. — All battles have been decided more by the strength of the soul (*plur.*) than by (that) of the body. — Bad plans were made (ὑφαίνω) by the traitors.

G. The enemies placed themselves in array in order to defend themselves (ὡς, *with the part. fut. mid. of* ἀμύνω). — To answer shortly and sharply (χρηστός, *neut. plur.*) brought

---

[1] κρίνειν τινά τινος means: to impeach one on account of something.

[2] In the same manner; literally, out of the like.

renown to (the) young men in Sparta. — The soldiers divided amongst themselves (*dat.*) the property of the enemies. — Answer, O boys! those who ask (*part.*). — If we violate (*part.*) the peace, we shall not appear prudent and wise. — We shall never be ashamed, if we tell the truth. — With the gods we shall ward off the enemies. — Pausanias became proud (αἴρομαι, *pluperf.*) when Xerxes had sent him a letter.

CHAPTER XIII.
NUMERALS.

ὑπέρ, *c. accus.*, over. — μέχρι, *c. gen.*, until.

A. Οἱ Ἀθηναῖοι τὸν Δημάδην δέκα ταλάντοις ἐζημίωσαν. — Μιᾶς χειρὸς μάχη οὐκ ἔχει κράτος. — Τετράκις χίλιοι ὁπλῖται Ἀθηναίων καὶ τριακόσιοι ἱππεῖς καὶ τριήρεις ἑκατὸν ἐστρατεύσαντο. — Αἱ δεύτεραι φροντίδες σοφώτεραι. — Οἱ τῶν Ἀθηναίων στρατηγοὶ ἐν τῇ Σικελίᾳ δύο μέρη ἐποίησαν τοῦ στρατεύματος. — Οἱ Ἀθηναῖοι τὸν πρῶτον φόρον ἔταξαν συμμάχοις τετρακόσια τάλαντα καὶ ἑξήκοντα. — Τὴν Ἀττικὴν καὶ Εὔβοιαν καὶ Σαλαμῖνα νῆες ἐφύλασσον ἑκατόν. — Ἐν Ἀθήναις τὰ πολλὰ[1] τῶν πολιτικῶν οἱ ἐννέα ἄρχοντες ἔπραττον. — Τῶν ἑπτὰ[2] σοφώτατος ἦν Σόλων.

B. Μία χελιδὼν ἔαρ οὐ ποιεῖ. — Λέγεται τὸν κόρακα ὑπὲρ τὰ διακόσια ἔτη ζῆν. — Οἱ Ἀθηναῖοι πληρώσαντες δέκα καὶ ἑκατὸν ναῦς ἐν τριάκοντα ἡμέραις ἐβοήθησαν. — Σεμίραμις ἐβίωσε μὲν ἔτη ἑξήκοντα καὶ δύο, ἐβασίλευσε δὲ δύο καὶ τεσσαράκοντα. — Ἐν τῇ ἐπὶ Πλαταιαῖς μάχῃ ἦν ὁ ἀριθμὸς τῶν Ἑλλήνων εἰς δέκα μυριάδας, τῶν δὲ βαρβάρων εἰς πεντήκοντα. — Οἱ Περσῶν παῖδες ἀπὸ πέντε ἐτῶν μέχρι τεττάρων καὶ εἴκοσιν ἐπαιδεύοντο. — Ὁ ἄνθρωπος δυοῖν ὀφθαλμοῖν[3] ὁρᾷ καὶ δυοῖν ὤτοιν ἀκούει. — Διομέδων ἐβοήθησε τῷ Κόνωνι δώδεκα ναυσίν. — Φρόνησις καὶ ὑγίεια δύο μεγίστω εἰσὶ τοῦ βίου ἀγαθώ.

C. The thirty (tyrants) have stained the city with blood. —

---

[1] οἱ πολλοί, the most.   [2] οἱ ἑπτά, the seven sages.
[3] Dative of means (instrumenti).

The Syracusans came to the aid with eighty vessels, and put the Athenians to flight. — The Romans (Ῥωμαῖος) were ruled by seven kings. — The whole army of Cyrus consisted of (was) ten myriads of Persians, and one myriad and three thousand Greeks. — Anaxagoras was fined five talents (*dat.*) by the Athenians. — Sophocles lived over ninety years, and wrote over one hundred plays. — There were nine archons at Athens. — Alexander, (the) King of the Macedonians, died in the first year of the one hundred and fourteenth Olympiad (ὀλυμπιάς, άδος), after he had lived thirty-three, and reigned twelve years.

D. In the temple of Artemis there were one hundred and twenty-five high columns. — The seven kings of the Romans ruled the city two hundred and forty-three years. — Agamemnon set out against Troy with one thousand vessels. — Demetrius sailed against Athens with (ἔχων) two hundred and fifty vessels and five thousand talents of silver. — Three hundred Spartans fought against (*dat.*) many myriads of Persians, and showed (to) the king that (ὅτι) [on the side] of the barbarians (*gen.*) there were (εἶεν), indeed, many men (ἄνθρωπος), but few warriors (ἀνήρ). — At the command (*gen. abs.*) of Xerxes, Mardonius remained in Greece, with thirty myriads.

CHAPTER XIV.

ADVERBS.

1. ἄγαν, too much.
2. ἀεί, always.
3. ἅμα, at the same time (c. dat.).
4. * ἄνευ,[1] without.
5. * ἄνω, up, above.
6. ἄρτι, just now.
7. αὖ and αὖθις, again, henceforth.
8. αὔριον, to-morrow.
9. δεῦρο, hither.
10. * ἐγγύς, near.
11. * ἐκεῖ, there.
12. ἐκποδών, away.
13. * ἐκτός, outside.
14. * ἕνεκα, on account of (causa).
15. * ἐντός, inside.

---

[1] The adverbs marked * govern the genitive.

16. *ἔξω, outside.
17. ἔπειτα, afterwards.
18. ἔτι, yet.
19. εὖ, well.
20. ἤδη, already.
21. *κάτω, down, below.
22. *κρύφα, secretly, without the knowledge.
23. λίαν, very, too much.
24. *μεταξύ, between.
25. *μέχρι, until.
26. νῦν, now.
27. οὗ, where.
28. οὐδαμοῦ, nowhere.
29. οὐδαμῶς, by no means.
30. οὐδέποτε, never.
31. οὐδέπω, not yet.
32. οὐκέτι, no more.
33. οὕτω, οὕτως, so.
34. ὀψέ, late.
35. πάλαι, formerly.

36. πάλιν, again.
37. πανταχῇ, } everywhere.
38. πανταχοῦ, }
39. πάνυ, very.
40. παραυτίκα, immediately.
41. *πέλας, near.
42. *πέραν, on the other side.
43. *πλήν, except.
44. πόθεν, whence?
45. ποῖ, whither?
46. πολλάκις, often.
47. ποῦ, where?
48. *πόρρω and πρόσω, farther, far.
49. πρόσθεν, } sooner.
50. πρότερον, }
51. σήμερον, to-day.
52. σχεδόν, almost.
53. τότε, then.
54. ὕστερον, later.
55. χθές, yesterday.
56. *χωρίς, separately.

μή can form the same compounds.

ἔφη, he said.

A. Αἱ μάχαι κρίνονται μᾶλλον ταῖς ψυχαῖς ἢ ταῖς τῶν σωμάτων ῥώμαις. — Τοῖς τὰ σώματα καὶ τὰς ψυχὰς[1] εὖ ἔχουσιν ἀεὶ τὸ εὐτυχῆσαι ἐγγύς ἐστιν. — Πολλάκις τινὲς τοὺς πολεμίους ἤδη νενικηκότας ἐτρέψαντο. — Πάλαι μὲν ἔργον ἠσκεῖτο, νῦν δὲ λόγος. — Οὐδέποτε ἐν Σπάρτῃ οἱ παῖδες ἄνευ ἄρχοντός εἰσιν. — Οἱ εὖ φρονοῦντες κρατοῦσι πανταχοῦ. — Θράσει μὲν οὐδεὶς οὐδέπω, πόνῳ δὲ ἀρετὴν ἐκτήσατο. — Ἡ νῦν Μακεδονία Ἠμαθία πρότερον ἐκαλεῖτο. — Πέραν τοῦ Εὐφράτου ποταμοῦ ἦν πόλις εὐδαίμων καὶ μεγάλη, ὄνομα[2] δὲ Χαρμάνδη. — Ἡμεῖς ὅμοιοι καὶ τότε καὶ νῦν φανούμεθα.

B. Ὦ φίλε, ποῖ καὶ πόθεν; — Καλόν ἐστιν ἔξω πραγμάτων ἔχειν πόδα. — Ἐγγὺς ἀγαθοῦ πέφυκε τὸ καλόν. — Ὁ χρόνος

---

[1] Acc. of synecdoche: as to. [2] Of the name (as to name, Rem. I.).

πάντα τοῖς ὕστερον¹ φράσει. — Κύλων ἦν ἀνὴρ Ἀθηναῖος τῶν πάλαι¹ εὐγενὴς καὶ δυνατός. — Παυσανίας τοὺς βασιλέως συγγενεῖς, ὅσους εἶχεν² αἰχμαλώτους, ἔπεμψε βασιλεῖ κρύφα τῶν ἄλλων συμμάχων. — Τὰ πονηρὰ κέρδη τὰς μὲν ἡδονὰς ἔχει μικράς, ἔπειτα δ' ὕστερον λύπας μακράς. — Φίλου κακῶς πράσσοντος ἐκποδὼν φίλοι εἰσίν. — Πύῤῥῳ ἡδονῆς καὶ λύπης ἵδρυται τὸ θεῖον.

C. Διογένης ἐρωτηθείς, ποῦ τῆς Ἑλλάδος³ εἰσὶν ἀγαθοὶ ἄνδρες, Ἄνδρες μέν, ἔφη, οὐδαμοῦ, παῖδες δὲ ἐν Λακεδαίμονι. — Κεκράτηκεν ἤδη τὰ χείρω· βίᾳ καὶ σιδήρῳ τὰς δίκας πράττουσιν. — Οἱ τύραννοι πάντες πανταχῇ ὡς διὰ πολεμίας⁴ πορεύονται. — Ἀγησίλαος τῆς ἐντὸς Ἅλυος χώρας ἁπάσης ἐκράτησεν. — Σωκράτης ἀεὶ ἦν ἐν τῷ φανερῷ. — Τὸ "λίαν" ἧσσον ἐπαινῶ τοῦ "μηδὲν ἄγαν." — Πονηρὸν ἄνδρα οὐδέποτε ποιήσομαι φίλον. — Μέχρι γήρως ἀσκοῖτο ἡ ἀρετή. — Τοῦ Εὐφράτου τὰς πηγὰς οὐ πρόσω τῶν τοῦ Τίγρητος εἶναι ἐλέγετο.

D. Leonidas and the three hundred Spartans, by their combat (fighting), obtained for (εἰς) ever honor and renown. — It was late in the day (gen.). — (The) Time has revealed all things to the later (generations). — Socrates was the best man of the then (living). — The city, where the sons rule the parents, is not inhabited by prudent men. — You will be admired by the present and the future generation (by the now and the afterwards). — They buried the body of Themistocles in Attica without the knowledge of the Athenians. — When Alexander had conquered Darius, he remained in Asia, in order to (ὡς, c. part. fut.) rule there.

E. The Phrygians live on the other side of the sea. — Rhadamantys was a judge of the dead (οἱ κάτω). — The sentiment (τὰ ἐντός) of the flatterers is not like its expression (τὰ ἐκτός). — Often fortune, like a bad umpire (κριτής), crowns him who has done nothing. — I had just been freed (παύομαι, pluperf.) from the disease. — The cowards are (the) bravest far from (out-

---

¹ An adverb with the article stands for a substantive: οἱ πάλαι, the ancients.
² Imperf. of ἔχω. ³ Comp. the Latin, ubi terrarum? ⁴ Supply χώρας.

side of) the darts. — Those who, with a prudent mind (νοῦς) always advise the useful, are useful, though not (κἂν μή) for the present, yet (ἀλλά) for the future. — Send the captives hither. — To-day we shall not sacrifice to the gods. — Of old, the Greeks founded many cities in Sicily. — Without God nothing is accomplished.

CHAPTER XV.

PREPOSITIONS.

I. Prepositions with the Genitive:
1. ἐκ, ἐξ, out of.
2. πρό, before.
3. ἀπό, from.
4. ἀντί, instead of.

II. With the Dative:
5. ἐν, in (Latin *in, with the abl.*).
6. σύν, with.

III. With the Accusative:
7. εἰς, ἐς, into, to (Latin *in, with the accus.*).
8. ἀνά, upon, throughout.

IV. With Two Cases:
9. διά, c. gen., through (of place); c. acc., on account of.
10. κατά, c. gen., down from; c. acc., according to.
11. ὑπέρ, c. gen., over, for; c. acc., over, beyond.

12. μετά, c. gen., with; c. acc., after.

V. With Three Cases:
13. πρός, c. gen., from, by (in oaths); c. dat., at, near by; c. acc., to, towards.
14. ἀμφί (usually c. acc.), around, about.
15. περί, c. gen., de; c. dat. and acc., around, about.
16. ἐπί, c. gen., upon, at the time of; c. dat., at, upon, on account of; c. acc., towards, against.
17. ὑπό, c. gen., by (*ab*); c. dat., under (to the question where?); c. acc., under (whereto?).
18. παρά, c. gen., from (speaking of persons); c. dat., at, with; c. acc., near to, along, against.

A. Ἐκ πολέμου εἰρήνη βεβαιοῦται. — Πολλοὶ κακὰ πράττουσιν ἀντ' ἀγαθῶν. — Ἡ γῆ ἀπὸ τοῦ ἡλίου ἔχει τὸ φῶς. — Ἐν τῷ δικαίῳ ἐλπίδες σωτηρίας. — Ὤικουν Φοίνικες περὶ πᾶσαν τὴν Σικελίαν. — Ἀνὰ πᾶσαν γῆν καὶ θάλατταν εἰρήνη ἐστίν. — Πάντα ὁ χρόνος εἰς τὸ φῶς ἄγει. — Διὰ τοὺς εὖ μαχομένους αἱ μάχαι κρίνονται. — Πάνυ μοι κατὰ νοῦν λέγεις. — Ἡδονὰς τὰς μετὰ τοὺς πόνους διωκτέον, ἀλλ' οὐ τὰς πρὸ τῶν πόνων.

B. Ὑπὲρ ἀρετῆς ἀθανάτου καὶ δόξης εὐκλεοῦς πάντες πάντα ποιοῦσιν. — Μέγιστον ἀγαθόν ἐστι μετὰ νοῦ χρηστότης. — Οἱ ἀμφὶ τὸν Λεωνίδαν ὑπὲρ μεγίστων καὶ καλλίστων κινδυνεύσαντες οὕτω τὸν βίον ἐτελεύτησαν. — Οὐ τὸ ζῆν περὶ πλείστου ποιητέον,[1] ἀλλὰ τὸ εὖ ζῆν. — Δουλείαν κακίστην νομίζω τὴν παρὰ τοῖς κακίστοις δεσπόταις. — Ἀλέξανδρος τῷ γένει πρὸς πατρὸς μὲν ἦν Ἡρακλείδης, πρὸς δὲ μητρὸς Αἰακίδης ἦν. — Ἦσαν πρὸς πᾶσαν ἀρετὴν πεφυκότες ὁμοίως, πλὴν ὅτι[2] τῷ γυμνάζεσθαι μᾶλλον ἔχαιρε Πελοπίδας, τῷ δὲ μανθάνειν[3] Ἐπαμεινώνδας. — Ἐπὶ τῇ τῶν ἐπῶν ποιήσει Ὅμηρον μάλιστα τεθαύμακα. — Πρὸς παίδων καὶ φίλων καὶ θεῶν ἱκετεύω, ἐλεήσατέ με.

C. Σικανοὶ τὰ[4] πρὸς ἑσπέραν τῆς νήσου ᾤκουν. — Ἡδέως ἔχε πρὸς ἅπαντας, χρῶ δὲ τοῖς βελτίστοις. — Ἐπὶ Θησέως καὶ τῶν πρώτων βασιλέων ἡ Ἀττικὴ ἀεὶ κατὰ πόλεις ᾠκεῖτο. — Πάντες οἱ τῶν ἀρίστων Περσῶν παῖδες ἐπὶ ταῖς τοῦ βασιλέως θύραις παιδεύονται. — Ὁ εἰς τὸ σῶφρον καὶ ἐπ' ἀρετὴν ἄγων ἔρως ζηλωτὸς ἀνθρώποις ἐστίν. — Σὺν τοῖς θεοῖς χρὴ[5] ἄρχεσθαι παντὸς ἔργου. — Οἱ Συρακούσιοι ἔταξαν τοὺς ὁπλίτας ἐφ' ἑκκαίδεκα.[6] — Πρὸς[7] τὴν ἀνάγκην πάντα τὰ ἄλλα ἐστὶν ἀσθενῆ. — Τὰ ἐπὶ γῆς ὑπὸ οὐρανῷ ἐστιν. — Τῶν Ἡρακλέους στηλῶν ἡ μὲν ἐπὶ τὴν Λιβύην, ἡ δὲ ἐπὶ τὴν Εὐρώπην ὁρᾷ.

D. Every one likes to look at (πρός) the useful. — We are trained to (the) virtue. — Honor your parents before all. — (The) Truth must be esteemed very highly. — The Athenians venerated the statues of the heroes erected (ἱδρύω) in (κατά, acc.) the city and in the country. — The educated man (παιδεύω, part. perf. pass.) is moderate in prosperity and in misfortune, the uneducated is imprudent in both. — Along the

---

[1] περὶ πολλοῦ ποιεῖσθαι, to esteem highly.
[2] Except that.
[3] See μανθάνω in the Vocabulary.
[4] The western part.
[5] χρή, it is necessary.
[6] By sixteen.
[7] Compared with.

river there were many cities. — Cyrus himself wished (ἀξιόω) to rule, instead of his brother. — The tongue brings many into misfortune. — The Greeks conquered the Persians by (κατά, acc.) land and (by) water (θάλασσα). — We do not wish to gain anything by injustice.

E. To do something above one's strength is madness. — The city compels the citizens to live according to the laws. — Not everything is accomplished for every one according to his mind. — The Athenians have risked many things for the country, and for the liberty of the other Greeks. — The ancients did not sail beyond the pillars of Hercules. — Everything that is under the sky is transient. — Many nations of the Greeks were subject to (under) the Spartans. — Easy is the combat from on high (τὰ ὑψηλά). — The heroes of Troy did not fight on horseback, but from the chariots. — The king traveled in a golden chariot. — There are many islands around Greece.

CHAPTER XVI.

CONJUNCTIONS.

1. ἀλλά, but.
2. * ἄν,[1] expresses condition or contingency.
3. ἆρα (*part. of interrogation*), *num.*
4. * γάρ, for.
5. * γέ, at least.
6. * δέ, but.
7. * δή, really, indeed.
8. ἐάν (ἤν, ἄν), if (*c. subj.*).
9. εἰ, if, whether.
10. εἴθε, *utinam.*
11. ἐπεί, ἐπειδή, since, after, because.
12. ἤ, than, or; ἤ—ἤ, either —or.
13. ἦ, truly.
14. ἵνα, in order that.
15. καί, and, also.
16. καίπερ, although (*c. part.*).
17. καίτοι, and yet.
18. * μέν, indeed.
19. * μέντοι, still.
20. μή, ne.
21. * μήν, assuredly, yet.
22. ναί, yes.
23. ὅπως, in order that.
24. ὅταν, when (*c. subj.*).

---

[1] The words marked * cannot be placed at the beginning of a sentence.

25. ὅτε and ὁπότε, when.
26. *οὖν, therefore, now.
27. οὔτε—οὔτε, neither—nor.
28. πότερον—ἤ (double question), utrum—an.
29. πρίν, before.
30. *τέ, and.
31. *τοί, yet.
32. ὡς, as, because, that.
33. ὥσπερ, as.
34. ὥστε, so that (with the indic. or acc. with inf.).

A. Ὡς ἡδὺ κάλλος, ὅταν¹ ἔχῃ νοῦν σώφρονα. — Μὴ γίγνου ταχὺς εἰς ὀργήν, ἀλλὰ βραδύς· ἔξω γὰρ ὀργῆς πᾶς ἀνὴρ σοφώτερος. — Οὔτε ἵππῳ χωρὶς χαλινοῦ, οὔτε πλούτῳ χωρὶς λογισμοῦ δυνατὸν ἀσφαλῶς χρῆσθαι. — Οὐδεὶς οὔτε Ἑλλήνων οὔτε βαρβάρων ὑπὸ πλειόνων πεφίληται, ἢ ὁ Κῦρος. — Κλέαρχος ἦν, ὅτε ἐτελεύτα, ἀμφὶ τὰ τριάκοντα ἔτη. — Παρὰ τοῖς εὖ φρονοῦσι κρεῖττόν ἐστιν ἢ παρὰ τοῖς ἄλλοις ἅπασιν εὐδοκιμεῖν. — Μὴ δίκην δικάσῃς, πρὶν ἂν ἀμφοῖν μῦθον ἀκούσῃς.

B. Χρησμὸς ἦν, ὅτι Ἐρεχθεὺς νικήσει τοὺς ἐχθρούς, ἐὰν τὴν πρεσβυτάτην τῶν θυγατέρων θύσῃ. — Οὐδὲν οὕτως αἰδοῦνται οὔτε παῖδες οὔτε ἄνδρες ὡς τοὺς ἄρχοντας. — Μὴ κρῖνε ὁρῶν τὸ κάλλος, ἀλλὰ τὸν τρόπον. — Δίων, ὁ Συρακούσιος, οὕτως ἐν τῇ φυγῇ χρημάτων εὐπόρησεν, ὥστε καὶ στράτευμα θρέψαι, μεθ' οὗ τὴν Σικελίαν ἠλευθέρωσεν ἀπὸ τοῦ τυράννου. — Οἱ Λακεδαιμόνιοι οὐ πρόσθεν ἐπαύσαντο πολεμοῦντες² τοῖς Ἀθηναίοις, πρὶν πᾶσαν τὴν πόλιν ὁμολογεῖν, Λακεδαιμονίους ἡγεμόνας εἶναι. — Οὔτε συμπόσιον χωρὶς ὁμιλίας οὔτε πλοῦτος χωρὶς ἀρετῆς ἡδονὴν ἔχει. — Ἡ λύπη ἀεί, ὥσπερ τὰ δένδρα, καρπὸν ἔχει τὰ δάκρυα.

C. Κρίνει φίλους ὁ καιρός, ὡς χρυσὸν τὸ πῦρ. — Τὰς ἡδονὰς θήρευε τὰς μετὰ δόξης· τέρψις γὰρ σὺν τῷ καλῷ μὲν ἄριστον, ἄνευ δὲ τούτου κάκιστον. — Φεύγουσί τοι καὶ οἱ θρασεῖς, ὅταν πέλας ἤδη τοῦ βίου τὸν Ἅιδην ὁρῶσιν. — Χρηστὰ βουλεύεις, καίπερ νεώτερος ὤν. — Φρόντιζε, ὅπως μηδὲν ἀνάξιον τῆς βασιλείας ποιήσεις.³ — Τὸν κακὸν ἀεὶ χρὴ κολάζειν, ἵνα ἀμείνων ᾖ. — Πολλοὶ κακῶς πράσσουσιν, οὐ σὺ δὴ μόνος.

---

¹ Temporal conjunctions, compounded with ἄν, take the subjunctive.
² To wage war against.
³ Conjunctions expressing purpose are followed by the subjunctive, when preceded by a verb in a leading tense; by the optative, when preceded by an historical tense. Only ὅπως, after verbs of fearing and considering, takes the indicative future.

D. (The) Truth is so strong, that it defeats all the calculations of (the) men. — Hear whether I say something useful. — (The) Life seems so beautiful to us that we flee death most of all things. — Judge (*plur.*) when you will have heard everything. — Truly, the many words of (the) fools are troublesome to wise men. — Is, then, to rule (the privilege) of every man, or (that) of the best? — See how near the danger is! — Do the rulers (*part.*) or the subjects (the ruled) live more happily? — We all believe that education is the best possession.

E. We owe (ἔχω) very great thanks to you, because you have trained us to virtue. — The deeds (πράττω, *part. perf. pass.*) show that the words were bad. — (The) Toil, as they say, is the[1] mother of renown. — This is the tenth year since the Greeks have set out against Troy. — If the gods send to (the) men beauty and power, consider (*plur.*) their gifts as hurtful and dangerous (δεινός). — I see that you beware of us as of enemies. — Go the road of justice, that you may be happy. — (The) Much sleep is useful neither to your bodies nor to your souls. — We shall be happy, if God wish (it).

---

[1] Omit the article.

COURSE II.

PART I.
REGULAR AND IRREGULAR ETYMOLOGY.

CHAPTER XVII.
THE DECLENSIONS.

A. Ἀλκαῖος καὶ Σθένελος ἦσαν οἱ τοῦ Ἀνδρόγεω υἱοί. — Ὁ Λίνος παῖς ἦν Ἑρμοῦ καὶ Μούσης Οὐρανίας. — Ἡ Ἰωνικὴ φιλοσοφία ἤρξατο ἀπὸ Θαλοῦ, ἡ Ἰταλικὴ ἀπὸ Πυθαγόρου. — Οἱ Πέρσαι καὶ τοὺς νεὼς ἐσύλησαν ἐν τῷ πρὸς τοὺς Ἕλληνας πολέμῳ. — Ἐν τῇ Σάμῳ τῇ Ἥρᾳ πλείστους ταὼς ἔτρεφον, καὶ ἐπὶ τοῦ νομίσματος τῶν Σαμίων ταὼς ἦν. — Ἡ ἀρετὴ πιστὴ μὲν φύλαξ δεσπόταις, εὐμενὴς δὲ παραστάτις οἰκέταις. — Ἡ γλῶττα μὴ προτρεχέτω τοῦ νοῦ. — Γέλων ὁ Συρακουσίων τύραννος λαφύροις τοὺς ἐν Συρακούσαις νεὼς ἐκόσμησεν.

B. Οὐ τὸ χρυσοῦν σκῆπτρόν ἐστι τὸ τὴν βασιλείαν σῶζον, ἀλλ' οἱ πιστοὶ φίλοι σκῆπτρον βασιλεῦσιν ἀληθέστατον. — Τὸ μὲν χρυσίον ἐν τῷ πυρὶ βασανίζομεν, τοὺς δὲ φίλους ἐν ταῖς ἀτυχίαις διαγιγνώσκομεν. — Οἱ λαγῷ τῆς νυκτὸς νέμονται. — Παυσανίας ὁ Σπαρτιάτης ὑπὸ τῶν πολιτῶν διὰ προδοσίαν ἐθανατώθη. — Τύχης ἱερὸν πρῶτος ἱδρύσατο ὁ Μάρκιος Ἄγκος, Νομᾶ θυγατριδοῦς. — Ἡρακλῆς ῥόπαλον καὶ λεοντῆν ἐφόρει. — Ὁ τῆς Σικελίας περίπλους ἡμερῶν ἐστι καὶ νυκτῶν πέντε. — Ἐν Ἐφέσῳ παρὰ τὸν τῆς Ἐφεσίας Ἀρτέμιδος νεὼν Σελινοῦς ποταμὸς παραρρεῖ, καὶ ἰχθύες ἔνεισι καὶ κόγχαι. — Ὁ βορέας ἔξω[1] τοῦ Εὐξείνου Πόντου εἰς Ἑλλάδα φέρει, καὶ ὅταν ὁ βορρᾶς πνέῃ, καλοὶ πλοῖ εἰσιν εἰς τὴν Ἑλλάδα.

[1] Out of.

THE DECLENSIONS. 47

C. Οὐκ ἰσχύϊ, ἀλλὰ πονηρίᾳ καὶ δόλοις ἐκράτησαν οἱ πολέμιοι. — Οἱ νομάδες τῶν Λιβύων οὐ ταῖς ἡμέραις, ἀλλὰ ταῖς νυξὶν ἀριθμοῦσιν. — Ἀετὸς Προμηθεῖ ἐν τῷ Καυκάσῳ ἀπέκειρε τὸ ἧπαρ. — Ἐν τῇ Ἀρμενίᾳ αἱ οἰκίαι ἦσαν κατάγειοι, τὸ μὲν στόμα ὥσπερ[1] φρέατος, κάτω δ' εὐρεῖαι· αἱ δὲ εἴσοδοι τοῖς μὲν ὑποζυγίοις ὀρυκταί, οἱ δὲ ἄνθρωποι κατέβαινον κατὰ κλίμακος. — Ἐν δὲ ταῖς οἰκίαις ἦσαν αἶγες, οἶες, βόες, ὄρνιθες καὶ τὰ ἔκγονα τούτων· τὰ δὲ κτήνη πάντα χιλῷ ἔνδον ἐτρέφετο.

D. Μὴ τῇ γαστρὶ μέτρει τὴν εὐδαιμονίαν. — Ἀπὸ Σαρδοῦς νήσου εἰς Σικελίαν πλοῦς ἡμερῶν δύο καὶ νυκτός. — Τοῖν Λήδας παίδοιν Κάστωρ μὲν ἤσκει τὰ κατὰ πόλεμον, Πολυδεύκης δὲ πυγμήν. — Τοῖς ἱερεῦσιν αἰδῶ καὶ τιμὴν οἱ πολῖται νέμουσιν. — Ἀντὶ βοῶν ἀγέλης πειρῶ φίλων ἀγέλας κτᾶσθαι. — Τοῖς ἄφροσιν, ὥσπερ τοῖς παιδίοις, μικρὰ πρόφασις εἰς τὸ κλαίειν ἱκανή. — Ὅσαι ἐν ἀνθρώποις ἀρεταὶ λέγονται, πᾶσαι μαθήσει τε καὶ μελέτῃ αὐξάνονται. — Οἱ Χάλυβες ἀλκιμώτατοι ἦσαν· εἶχον[2] δὲ δόρυ ὡς πεντεκαίδεκα πήχεων,[3] μίαν λόγχην ἔχον. — Σικανοὶ μὲν οἰκοῦσιν ἔτι καὶ νῦν πρὸς ἑσπέραν τὴν Σικελίαν, Σικελοὶ δὲ τὰ μέσα καὶ τὰ πρὸς βορρᾶν τῆς νήσου ἔχουσιν.

E. Τοῖς συνετοῖς γέρουσι τὸ γῆρας οὐ δύσκολον φαίνεται. — Ἀνάγκη παισὶ πατρὸς λόγῳ πείθεσθαι. — Ἐν τῇ Φωκίδι χρῶνται χιτῶσιν ἐκ τῶν δερμάτων τῶν ὑῶν. — Ἄδραστος σὺν ἡγεμόσιν ἑπτὰ πρὸς Θήβας ἐπολέμησεν. — Ὦ κακόδαιμον Αἶαν, οἰκτείρω τὴν σὴν τύχην. — Ὅρκους γυναικὸς εἰς ὕδωρ γράφω. — Παισὶν αἰδῶ χρὴ πολλήν, οὐ χρυσὸν καταλείπειν. — Γίγαντες ἦσαν μεγέθει τε καὶ δυνάμει σωμάτων ἀνυπέρβλητοι. — Ἑλένη, Λήδας καὶ Τυνδάρεω θυγάτηρ, ὡς δὲ ἄλλοι λέγουσι, Διός, κάλλει ἦν διαπρεπής. — Ἡ νέα Καρχηδὼν κτίσμα ἐστὶν Ἀσδρούβα, τοῦ δεξαμένου Βάρκαν, τὸν Ἀννίβα πατέρα.

F. Αἱ τῶν ἀγαθῶν ἀνδρῶν ἀρεταὶ καὶ παρὰ πολεμίοις ἐνίοτε τυγχάνουσι τιμῆς. — Καὶ τοὺς υἱεῖς οἱ πατέρες, κἂν ὦσι σώφρονες, ὅμως ἀπὸ τῶν πονηρῶν ἀνθρώπων εἴργουσιν. — Προμηθεὺς ἐξ ὕδατος καὶ γῆς ἀνθρώπους ἔπλαττεν. — Οἱ Τυνδάρεω παῖδες σωτῆρες νεῶν καὶ ἀνθρώπων εἰσὶ ναυτιλλομένων. — Καλοῦ γήρως θεμέλιόν ἐστιν ἡ τῶν σωμάτων εὐεξία ἐν παισίν.

---

[1] As of u w.   [2] Imperf. of ἔχω.   [3] Gen. of the amount.

— Οὔτε ναῦν ἐξ ἑνὸς ἀγκυρίου, οὔτε βίον ἐκ μιᾶς ἐλπίδος ὁρμιστέον. — Ὥσπερ λύκος ὅμοιος κυνί, οὕτω καὶ παράσιτος ὅμοιος φίλῳ.

CHAPTER XVIII.
ADJECTIVES.

A. Ἐν τῇ Λυδίᾳ πολὺς μὲν οἶνός ἐστι, πολλὰ δὲ σῦκα, πολὺ δὲ ἔλαιον. — Κροῖσος, ὁ τῆς Λυδίας βασιλεύς, ἀπέπεμψεν εἰς Δελφοὺς δύο κρατῆρας, χρυσοῦν καὶ ἀργυροῦν. — Πενίαν φέρειν οὐ παντός, ἀλλ᾽ ἀνδρὸς σοφοῦ.[1] — Ἔστι τῶν φρονημάτων τῶν ἄγαν ὑπερφρόνων Ζεὺς κολαστής. — Πλούτων, ὁ Διὸς ἀδελφός, ἐβασίλευε τόπου τινὸς ὑπὸ τῇ γῇ βαθέος καὶ ζοφεροῦ, Ἅιδου.

B. Παρὰ τοῖς φρονίμοις αἱ μὲν φιλίαι ἀθάνατοι ὑπάρχουσιν, αἱ δὲ ἔχθραι θνηταί. — Ἰσοκράτης τῆς παιδείας τὴν μὲν ῥίζαν πικρὰν ἐκάλει, τὸν δὲ καρπὸν γλυκύν. — Ταῖς Ἑσπερίσι μῆλα ἦν χρυσᾶ, ἃ ἐφύλασσε δράκων. — Ζεὺς Ἑλένης περίβλεπτον τὴν φύσιν ἐποίησεν. — Ἰσσοὶ τῆς Κιλικίας ἐσχάτη πόλις ἐστὶν ἐπὶ τῇ θαλάττῃ οἰκουμένη,[2] μεγάλη καὶ εὐδαίμων. — Ἦν ἐν Κιλικίᾳ πεδίον καλὸν ἐπίρρυτον καὶ δένδρων παντοδαπῶν ἔμπλεων καὶ ἀμπέλων.

C. Οὔτε θρασὺν οὔτε ἄτολμον καὶ κατάπληγα προσήκει εἶναι. — Οἱ ἄνθρωποι προσδέονται τροφῆς τῆς ὑγρᾶς μᾶλλον ἢ τῆς ξηρᾶς. — Οἱ Ἕλληνες εἶχον κράνη χαλκᾶ καὶ χιτῶνας φοινικοῦς καὶ κνημῖδας. — Ὁ ἔρως ἄνουν τὴν ψυχὴν παρέχει. — Ὁ πλοῦτος πολλοῖς πολλάκις αἴτιος μεγίστων συμφορῶν γίγνεται. — Παιδεία καὶ χρόνου μακροῦ καὶ δαπάνης οὐ μικρᾶς δεῖται.

D. Πολλάκις χαλεπόν ἐστιν, ἀπὸ τῶν ἀληθῶν τὰ ψευδῆ χωρίζειν. — Τῆς ὅλης Ἀραβίας τὴν μὲν ἐπὶ μεσημβρίαν νεύουσαν εὐδαίμονα προσαγορεύουσιν· τὴν δὲ ἐνδοτέρω κειμένην νέμεται πλῆθος Ἀράβων νομάδων. — Ἡ ὄρνις τοῖς ἀπτῆσι νεοττοῖς διὰ τοῦ στόματος τὴν τροφὴν προσφέρει. — Ἡ τοῦ κροκοδείλου σὰρξ ἐδώδιμος οὐκ ἔστιν.

---

[1] Is the lot, peculiarity of. [2] Is situated.

CHAPTER XIX.
COMPARISON OF ADJECTIVES.

A. Τῶν ἀρχόντων ἐστὶ τοὺς ἀρχομένους εὐδαιμονεστέρους ποιεῖν. — Οἱ Ἕλληνες μηρία ταύρων καὶ αἰγῶν πιότατα ἔκαιον τοῖς θεοῖς. — Βέλτιστε, μὴ τὸ κέρδος ἐν παντὶ σκόπει. — Τί πατρῴας χθονὸς ἀνδρὶ φίλτερον; — Τάχιστα ὁ καιρὸς μεταφέρει τὰ πράγματα. — Δαίδαλος ἀρχιτέκτων κράτιστος ἦν καὶ πρῶτος ἀγαλμάτων εὑρετής. — Τὸ τῶν Ἰνδῶν ἔθνος μέγιστόν ἐστι καὶ πλείστην τε καὶ καλλίστην χώραν νέμεται.

B. Πρεσβύτατον τῶν ὄντων ἐστὶ θεός· κάλλιστον, κόσμος· μέγιστον, τόπος· τάχιστον, νοῦς. — Ἀθηναῖοι πλήθει οὐδὲν μείους ἦσαν Βοιωτῶν. — Ὁ θάνατος κοινὸς καὶ τοῖς χειρίστοις καὶ τοῖς βελτίστοις· οὔτε τοὺς πονηροὺς ὑπερορᾷ, οὔτε τοὺς ἀγαθοὺς θαυμάζει. — Τῶν μὲν νεωτέρων τὰ ἔργα, τῶν δὲ γεραιτέρων αἱ βουλαὶ κράτος ἔχουσιν. — Διὰ τοῦτο δύο ὦτα ἔχομεν, στόμα δὲ ἕν, ἵνα πλείω μὲν ἀκούωμεν, ἥττονα δὲ λέγωμεν. — Ὅσαπερ οἱ θεοὶ ἐν ταῖς ὥραις ἀγαθὰ παρέχουσι, ταῦτα πάντα ἐν τῇ Ἀττικῇ πρωΐαιτατα μὲν ἄρχεται, ὀψιαίτατα δὲ λήγει.

C. Τὸ γῆρας φρονιμωτέρους τοὺς ἀνθρώπους ἀπεργάζεται καὶ τῶν ἡδέων ἀμελεστέρους. — Ἀσφαλεστάτη καὶ καλλίστη ὁδὸς πρὸς εὐδαιμονίαν ἐστὶν ἡ ἀρετή. — Ἀναρχίας μεῖζον οὐκ ἔστι κακόν. — Ἡ τοῦ Δαρείου γυνὴ πασῶν τῶν βασιλίδων εὐπρεπεστάτη, καθάπερ καὶ αὐτὸς Δαρεῖος ἀνδρῶν κάλλιστος καὶ μέγιστος ἦν. — Ἁπάντων τῶν κτημάτων τιμιώτατόν ἐστι καὶ ἥδιστον τὸ χρηστοὺς ἔχειν παῖδας.

D. Πολλοὶ τὴν πενίαν ἔσχατον ἡγοῦνται κακόν. — Ψυχὴ ψυχῆς[1] ἐρρωμενεστέρα πρὸς τὰ δεινὰ φύσει γίγνεται. — Ἀκρασία ποιεῖ τὸ χεῖρον ἀντὶ τοῦ βελτίονος αἱρεῖσθαι. — Ἡ Ἀθηναίων πόλις πλεῖστα καὶ κάλλιστα θεάματα τοῖς ξένοις παρέχει. — Αἱ τῶν Μοσσυνοίκων πόλεις ἀπεῖχον[2] ἀπ' ἀλλήλων στάδια ὀγδοήκοντα, αἱ δὲ πλεῖον, αἱ δὲ μεῖον· ἀναβοώντων[3] δὲ ἀλλήλων συνήκουον εἰς τὴν ἑτέραν ἐκ τῆς ἑτέρας πόλεως· οὕτως ὑψηλή τε καὶ κοίλη ἡ χώρα ἦν.

---

[1] One "s" is stronger than the other.
[2] Imperf. of ἀπέχω.
[3] The genitive depends on συνήκουον.

CHAPTER XX.
NUMERALS.

A. Ὁ Πλάτων ἐτελεύτησε τῷ πρώτῳ ἔτει τῆς ὀγδόης καὶ ἑκατοστῆς ὀλυμπιάδος. — Ἀπέχει σταδίους ἡ Πύλος τῆς Σπάρτης τετρακοσίους. — Τετρακόσιοι καὶ δυοῖν δέοντες[1] πεντήκοντα ἄνδρες ἡ τάξις ἦν τῶν Θηβαίων. — Σόλων ἑκατὸν ἐποίησε δραχμῶν[2] τὴν μνᾶν, πρότερον ἑβδομήκοντα καὶ τριῶν οὖσαν. — Μέχρι τῆς ἕκτης καὶ εἰκοστῆς ὀλυμπιάδος τὴν προστασίαν τοῦ τε ἱεροῦ καὶ τοῦ ἀγῶνος Ὀλυμπιακοῦ εἶχον Ἠλεῖοι, μετὰ δὲ τὴν ἕκτην καὶ εἰκοστὴν ὀλυμπιάδα οἱ Πισᾶται.

B. Ἐν Αἰγύπτῳ Μακεδόνες ἦρξαν καὶ οἱ ἀπὸ Μακεδόνων ἓξ ἔτη πρὸς τοῖς διακοσίοις καὶ ἑβδομήκοντα. — Ἔστι τὰ δώδεκα δὶς ἕξ, τρὶς τέσσαρα, ἑξάκις δύο, τετράκις τρία. — Πρώτη καὶ μεγίστη τῶν χρειῶν ἡ τῆς τροφῆς παρασκευή, δευτέρα δὲ οἰκήσεως, τρίτη δ' ἐσθῆτος καὶ τῶν τοιούτων. — Κῦρος μέχρι δώδεκα ἐτῶν τῇ τῶν Περσῶν παιδείᾳ ἐπαιδεύθη, ἐκ δὲ τούτου τοῦ χρόνου μετεπέμψατο αὐτὸν ὁ Ἀστυάγης.

CHAPTER XXI.
PRONOUNS.

A. Ἡμῖν πᾶσίν ἐστι φύσις θνητή. — Τί ἐστι πολεμιώτατον ἀνθρώποις; αὐτοὶ ἑαυτοῖς. — Οἷος ὁ ἄρχων, τοιοῦτοι καὶ οἱ ἀρχόμενοι. — Ἐπεὶ ᾐσθένει Δαρεῖος καὶ ὑπώπτευε τελευτὴν τοῦ βίου, ἐβούλετό οἱ τὼ παῖδε ἀμφοτέρω παρεῖναι. — Τοῖς ἀδικοῦσι βοηθοῦντες ἄλλους τῶν αὐτῶν ἔργων ἐπιθυμεῖν ποιήσομεν. — Ἐν ταύτῃ τῇ χώρᾳ οἱ Πέρσαι ὑπὸ τῶν Ἑλλήνων ἐνικήθησαν. — Ἄμεινόν ἐστιν ὑφ' ἑτέρου ἢ αὐτὸν ὑφ' ἑαυτοῦ ἐπαινεῖσθαι.

B. Ἐν Σπάρτῃ ἐπὶ ταὐτὸ[3] δεῖπνον τῷ πένητι ὁ πλούσιος ἐβάδιζεν. — Ἕκαστος αὐτὸς αὑτῷ μάλιστα φίλος. — Οὐχ ἅπασιν

---

[1] Fifty less two.   [2] Gen. of amount.
[3] Join ταὐτὸ τῷ πένητι, to the same as.

οἱ αὐτοὶ νόμοι γεγραμμένοι εἰσίν. — Ἐθέλω παρὰ σοῦ ἀκούειν, ἥντινα γνώμην ἔχεις περὶ τοῦ γήρως· ἐμοὶ γὰρ ὁ ἐν αὐτῷ βίος καταφαίνεται δύσκολος. — Οἱ κακίους πολλάκις σφᾶς αὐτοὺς προκρίνουσι τῶν πολὺ βελτιόνων. — Σωκράτης εἰώθει[1] λέγειν· Οἷος ὁ βίος, τοιοῦτος ὁ λόγος, καὶ οἷος ὁ λόγος, τοιαῦται αἱ πράξεις.

C. Κῦρος ἀποκτεῖναι λέγεται αὐτὸς τῇ ἑαυτοῦ χειρὶ Ἀρταγέρσην. — Ἐν ἐκείνῳ τῷ καιρῷ, ὅτε πᾶσι δουλείαν ἐπέφερεν ὁ βάρβαρος, οἱ Θηβαῖοι μετ' αὐτοῦ ἦσαν. — Τὰ ἄστρα ἡμῖν τὰς ὥρας τῆς νυκτὸς ἐμφανίζει. — Ὁπότε περὶ τῆς ὑμετέρας σωτηρίας ὁ ἀγών ἐστιν, ὑμᾶς προσήκει καὶ ἀγαθοὺς καὶ προθύμους εἶναι. — Φίλων ἔπαινον μᾶλλον ἢ σαυτοῦ λέγε. — Ὁπόσα ἀγνοίᾳ ἄνθρωποι ἐξαμαρτάνουσι, πάντα ἀκούσια ταῦτ' ἐγὼ νομίζω.

D. Οἱ Ἀθηναῖοι Λακεδαιμονίους ἠνάγκασαν τοιαύτην, οἵαν αὐτοῖς ἐδόκει, ποιήσασθαι τὴν εἰρήνην. — Ἐν ᾗτινι πόλει πλεῖστοι εὐτυχοῦσιν, αὕτη ἄριστα διοικεῖται. — Θαλῆς ἐρωτηθείς, τί κοινότατον; ἀπεκρίνατο, ἐλπίς· καὶ γὰρ οἷς ἄλλο μηδέν, αὕτη πάρεστιν. — Ἔστι ψυχὴ πόλεως οὐδὲν ἕτερον ἢ πολιτεία, τοσαύτην ἔχουσα δύναμιν, ὅσηνπερ ἐν σώματι φρόνησις, αὕτη γάρ ἐστιν ἡ βουλευομένη περὶ ἁπάντων.

CHAPTER XXII.

REGULAR VERBS IN ω.

1. VERBA PURA AND VERBA MUTA.

A. Ἡ Λιβύη ὑπὸ τῶν Ῥωμαίων βασιλεῦσιν ἐπετέτραπτο. — Τοῦ νεκροῦ οὐδὲν μὲν ἄλγος ἅψεταί ποτε, πολλῶν δὲ πόνων εὐκλεὴς ἐπαύσατο. — Ψυχὴν ἔθιζε πρὸς τὰ χρηστὰ πράγματα. — Δαναὸς ὁ Αἰγύπτιος συνῴκισε τὴν ἀρχαιοτάτην σχεδὸν τῶν παρ' Ἕλλησι πόλεων, Ἄργος. — Αἱ τῶν Θυνῶν οἰκίαι κύκλῳ περιεσταυρωντο μεγάλοις σταυροῖς, τῶν προβάτων ἕνεκα. — Περὶ τὸν Σαλμυδησσὸν τῶν εἰς Πόντον πλεουσῶν νεῶν πολλαὶ ὀκέλλουσι καὶ ἐκπίπτουσιν· τέναγος γάρ ἐστιν ἐπὶ πάμπολυ

---

[1] Was accustomed; s. ἔθω.

τῆς θαλάσσης. — Καὶ οἱ Θρᾷκες οἱ κατὰ ταῦτα[1] οἰκοῦντες στήλας ὁρισάμενοι τὰ καθ' αὑτοὺς[1] ἐκπίπτοντα λῃζονται.

B. Γάϊος Ἰούλιος Καῖσαρ κατεπολέμησε τὰ πλεῖστα καὶ μαχιμώτατα τῶν Κελτῶν ἔθνη. — Ὀρφεὺς τέθαπται περὶ τὴν Πιερίαν, διασπασθεὶς ὑπὸ τῶν Μαινάδων. — Ὁ Δαρεῖος καὶ ὁ Ξέρξης ἤλπιζον, εἰ τὰς Ἀθήνας καταστρέψαιντο, ῥᾳδίως τῶν ἄλλων Ἑλλήνων ἄρξειν. — Πόνου μεταλλαχθέντος οἱ πόνοι γλυκεῖς. — Ζήσεις βίον κράτιστον, ἂν θυμοῦ κρατῇς. — Ἡμεῖς, ἐφ' ᾧ τετάγμεθα, ἐκπονήσομεν.[2] — Οἱ Μοσσύνοικοι βαρβαρικώτατοί εἰσι καὶ πλεῖστον τῶν Ἑλληνικῶν νόμων κεχωρισμένοι.

C. Ξέρξης διὰ τῆς Βοιωτίας διελαύνων, τὰς Πλαταιὰς ἐρήμους οὔσας κατέκαυσεν. — Θεμιστοκλῆς καὶ Ἀριστείδης πολλὰ καὶ καλὰ ἐν πολέμῳ καὶ ἐν εἰρήνῃ διεπραξάσθην. — Τῶν Ἑλληνικῶν πλαστῶν Φειδίας καὶ Πολύκλειτος καὶ Μύρων καὶ Πραξιτέλης μάλιστα ἐπῃνέθησαν καὶ ἐθαυμάσθησαν. — Οἱ χρηστοὶ ἅπαντες καὶ οἱ πονηροί, ὁπόσα πράττουσιν ἐν τῷ βίῳ, δρῶσιν[3] ὑπηρετοῦντες τῇ Κλωθοῖ, ἣ ἑκάστῳ ἐπέταξε γεννηθέντι τὰ πρακτέα. — Περσεφόνη καθ' ἕκαστον ἐνιαυτὸν τὸ μὲν τρίτον μέρος μετὰ Πλούτωνος ἠναγκάσθη μένειν, τὸ δὲ λοιπὸν παρὰ τοῖς θεοῖς.

D. Τὸ Πανιώνιόν ἐστι τῆς Μυκάλης χῶρος ἱερὸς πρὸς ἄρκτον τετραμμένος. — Τὸ πῦρ ἐξ οὐρανοῦ Προμηθεὺς κέκλοφεν. — Ἐπεὶ Κύρῳ τῷ νεωτέρῳ, μέλλοντι στρατεύσεσθαι ἐπὶ τὸν ἀδελφὸν Ἀρταξέρξην, μισθοφόρων πλῆθος ἱκανὸν συνῆκτο, ὥρμησεν ὡς ἐπὶ τὴν Κιλικίαν ἄξων τὴν δύναμιν. — Τὸν ἐν τῇ Κρήτῃ λαβύρινθον κατεσκευάκει Δαίδαλος. — Ἐπὶ τὰ δεῖπνα τῶν φίλων βραδέως πορεύου, ἐπὶ δὲ τὰς ἀτυχίας ταχέως.

E. Ἐν τοῖς Δράκοντος νόμοις μία ἅπασιν ὥριστο τοῖς ἁμαρτάνουσι ζημία, θάνατος. — Ἀπόλλων καταδικασθεὶς ἐπὶ τῷ τῶν Κυκλώπων θανάτῳ κἀξοστρακισθεὶς διὰ τοῦτο ἐκ τοῦ οὐρανοῦ κατεπέμφθη ἐς γῆν καὶ ἐθήτευσεν ἐν Θετταλίᾳ παρ' Ἀδμήτῳ καὶ ἐν Φρυγίᾳ παρὰ Λαομέδοντι. — Ἡρακλῆς ἐπὶ τοῦ Καυκάσου κατετόξευσε τὸν ἐσθίοντα τὸ τοῦ Προμηθέως ἧπαρ

---

[1] In those regions; καθ' αὑτούς, in their own territory.
[2] Supply the demonstrative (τοῦτο).
[3] Compare the foregoing remark.

ἀετὸν καὶ τὸν Προμηθέα διέλυσεν. — Δαρεῖος τῆς Ἀσίας σχεδὸν ὅλης κυριεύσας τὴν Εὐρώπην ἐπεθύμει καταστρέψασθαι.

F. Ἐγὼ σὺν φεύγουσι συμφεύγω, καὶ σὺν κακῶς πράσσουσι συμπράσσω κακῶς. — Τὸ μὲν σῶμα τοῖς πόνοις γυμνάζομεν, τῇ δὲ ψυχῇ τοὺς κινδύνους ὑπομένομεν. — Τοῦτο καὶ ἐν εἰρήνῃ μελετητέον εὐθὺς ἐκ τῶν παίδων, ἄρχειν τε ἄλλων, ἄρχεσθαι θ' ὑφ' ἑτέρων· τὴν δὲ ἀναρχίαν ἐξαιρετέον ἐκ παντὸς τοῦ βίου ἁπάντων ἀνθρώπων. — Ὁ Φειδίας ἔπλασε τὸν Δία.

G. Ἐν πολέμῳ ἀποκεκινδυνεύσεται τά τε χρήματα καὶ αἱ ψυχαί. — Οἱ Σάμιοί ποτε ὑπὸ Περικλέους ταῖς ναυσὶ κατεκλείσθησαν. — Οἱ πίθοι, ἐὰν κενοὶ ὦσιν, κρουσθέντες ἠχοῦσιν. — Ἐν ταῖς δυσπραξίαις φανεῖται, εἴ τι[1] τῶν ἄλλων ἄμεινον τεθράμμεθα καὶ πεπαιδεύμεθα πρὸς ἀρετήν. — Ἀρίων ᾄσας θρῆνόν τινα ἔρριψεν ἑαυτὸν εἰς τὴν θάλασσαν. — Οἱ Γαλάται γευσάμενοι τοῦ Ἰταλικοῦ οἴνου ἐπορεύοντο εἰς τὴν Ἰταλίαν. — Σαρδανάπαλος, ὁ τῶν Ἀσσυρίων βασιλεύς, ἐπειδὴ γυναικιστὶ ἐβεβιώκει καὶ στολὴν γυναικείαν ἐνεδεδύκει, κατέκαυσεν ἑαυτόν. — Οἱ πλάσται τὸν Δία ἀναπλάττουσι σκῆπτρον ἔχοντα.

H. Καλόν ἐστιν ἀντὶ θνητοῦ σώματος ἀθάνατον δόξαν ἀντικαταλλάξασθαι. — Οἱ Ῥωμαῖοι ὅπου ἂν στρατοπεδεύωνται, τάφρον περιβάλλονται. — Ἐάν τίς τι κλέπτῃ δημόσιον μέγα ἢ καὶ σμικρόν, τῆς αὐτῆς δίκης δεῖ· σμικρόν τε γὰρ ὁ κλέπτων ἔρωτι μὲν ταὐτῷ, δυνάμει δὲ ἐλάττονι κέκλοφεν. — Οἱ τῶν Ἑλλήνων καὶ τῶν Ῥωμαίων νόμοι ἐκώλυον τὸ τύπτειν ἐλευθέρους.

2. CONTRACTION OF THE VERBA PURA.

I. Πολλοὶ δρῶντες τὰ αἴσχιστα λόγους τοὺς ἀρίστους ἀσκοῦσιν. — Ζῶσιν ἐλεφάντων οἱ πλεῖστα ἔτη ζῶντες εἰς διακόσια, πολλοὶ δὲ νόσῳ προτελευτῶσιν. — Οἱ παλαιοὶ Ἕλληνες ἐτίμων θεοὺς ἱεροῖς, ἀναθήμασι, θυσίαις. — Τὸν Πύλιον Νέστορα προυτίμα Ἀγαμέμνων, ὁ τοῦ πολέμου στρατηγός. — Μὴ δόκει εὐτυχῶν ἀεὶ καλῶς πράξειν. — Τῶν Ῥοδίων τοὺς πολλούς φασιν[2] ἐπίστασθαι[3] σφενδονᾶν, καὶ τὸ βέλος αὐτῶν καὶ διπλάσιον φέρεσθαι τῶν Περσικῶν σφενδονῶν. Ἐκεῖναι γὰρ διὰ τὸ[4] χειρο-

---

[1] In some respect.
[3] Inf. of ἐπίσταμαι.
[2] Third person plural of φημί.
[4] Resolved by a clause (because).

πληθέσι τοῖς λίθοις σφενδονᾶν ἐπὶ βραχὺ ἐξικνοῦνται, οἱ δέ γε Ῥόδιοι καὶ ταῖς μολυβδίσιν ἐπίστανται χρῆσθαι.

K. Ἡ Ἀρείου πάγου βουλὴ τοὺς μὲν ἐνουθέτει, τοῖς δὲ ἠπείλει, τοὺς δὲ ἐκόλαζεν. — Ὧν τὰς δόξας ζηλοῖς, μιμοῦ τὰ πράγματα.[1] — Ἀγησίλαος σοφίαν ἔργῳ μᾶλλον ἢ λόγῳ ἤσκει. — Οἱ δελφῖνες ζῶσιν ἔτη πολλά· οἱ μὲν πέντε καὶ εἴκοσιν ἔτη ἐβίουν, οἱ δὲ τριάκοντα. — Ὁ Σωκράτης τῶν Ἀθηναίων κατεγέλα ὡς παιδαρίων, ψηφιζομένων καὶ κελευόντων ἀποθνῄσκειν ἄνδρα θνητόν. — Σκύλαξ ἔπλει κατὰ τὸν Ἰνδὸν ποταμὸν πρὸς τὴν ἕω εἰς θάλασσαν. — Ἡ Θρᾴκη ἡ ἐν Ἀσίᾳ ἐστὶν ἀπὸ τοῦ στόματος τοῦ Πόντου μέχρις Ἡρακλείας ἐπὶ δεξιὰ εἰς τὸν Πόντον εἰσπλέοντι.[2]

L. Κλεάνθης ἐρωτώμενος, διὰ τί παρὰ τοῖς ἀρχαίοις οὐ πολλῶν φιλοσοφησάντων[3] ὅμως πλείους διέλαμψαν ἢ νῦν, Ὅτι, ἔφη, τότε μὲν ἔργον ἠσκεῖτο, νῦν δὲ λόγος. — Σοφοῖς χρῶ, μιμοῦ τὸ καλόν, καὶ μενεῖς ἐν βροτοῖς ἄριστος. — Ποτέρους ἥδιον οἴει ζῆν, τοὺς κρατοῦντας, ἢ τοὺς κρατουμένους; — Σαλμωνεὺς ἐν Ἤλιδι πόλιν ἔκτισεν· ὑβριστὴς δὲ ὢν καὶ τῷ Διὶ ἐξισοῦσθαι θέλων, διὰ τὴν ἀσέβειαν ἐκολάσθη. — Οἱ μὲν ἀμαθεῖς παῖδες τὰ γράμματα, οἱ δὲ ἀπαίδευτοι ἄνδρες τὰ πράγματα συγχέουσιν.

M. Μὴ ζῴην μετ' ἀμουσίας. — Βιοῦν ἀλύπως θνητὸν ὄντα[4] οὐ ῥᾴδιον. — Ἀλέξανδρος κρατήσας τῶν βαρβάρων καὶ προσκυνεῖσθαι ὑπὸ Μακεδόνων, ὑπ' ἐλευθέρων ἀνδρῶν, ἠξίου. — Διαρρεῖ τῶν καλουμένων[5] Τεμπῶν ὁ καλούμενος Πηνειός, εἰς τοῦτον δὲ καὶ οἱ λοιποὶ ποταμοὶ συρρέουσιν. — Αἱ ἄρισται δοκοῦσαι εἶναι φύσεις μάλιστα παιδείας δέονται. — Περίβλεπτος ὢν οὐχὶ ὑπὸ ἰδιωτῶν μόνον, ἀλλὰ καὶ ὑπὸ πολλῶν πόλεων ἀγαπῷο ἄν.[6] — Κωμάρχης τις ἐν Ἀρμενίᾳ ἐδίδασκε τοὺς Ἕλληνας περὶ τοὺς πόδας τῶν ἵππων καὶ τῶν ὑποζυγίων σακκία περιειλεῖν, ὅταν διὰ τῆς χιόνος ἄγωσιν· ἄνευ γὰρ τῶν σακκίων κατεδύοντο μέχρι τῆς γαστρός.

---

[1] Supply τούτων.   [2] If one sails into.
[3] Gen. abs.; resolve by "although."
[4] Supply τινά, it is not easy for him who.
[5] The so-called; the gen. depends on the preposition of the verb.
[6] The optative with ἄν in leading sentences expresses possibility: you might, you can.

3. VERBA LIQUIDA.

N. Διογένης, ὁ φιλόσοφος, ἐρωτηθεὶς ὑπό τινος, πῶς ἔνδοξος ἐγένετο, ἀπεκρίνατο· ἥκιστα δόξης φροντίζων. — Κατὰ[1] τὸν λοιμὸν τὸν μέγαν οἱ Ἀθηναῖοι τοὺς στενωποὺς οἴνῳ πολλῷ ἔρραναν. — Παρμενίδης πρῶτος τὴν γῆν ἀπέφηνε σφαιροειδῆ. — Τῆς φρονήσεώς ἐστι τὸ κρῖναι πάντα τὰ ἐν τῷ βίῳ αἱρετὰ καὶ φευκτά. — Ὁ Νεῖλος νήσους κατεσπαρμένας ἔχει παμπόλλας. — Ἡ κωμῳδία γέλωσι καὶ εὐφροσύναις ἐνύφανται. — Ἀρταξέρξης, ὁ τῆς Ἀσίας βασιλεύς, ἀπεστάλκει Φαρνάβαζον εἰς τὰς ἐπὶ θαλάσσῃ πόλεις.

O. Ἡρακλῆς τὸν Ἀνταῖον τοὺς ὑπ᾽ αὐτοῦ καταπαλαισθέντας ξένους ἀποκτείναντα προκαλεσάμενος εἰς μάχην διέφθειρεν. — Τὸ καλῶς πεφυκὸς οὐδεὶς ἂν μιάνειε λόγος. — Μίλων ὁ Κροτωνιάτης ταῦρον ἀράμενος ἐν Ὀλυμπίᾳ ἔφερε διὰ μέσου τοῦ σταδίου. — Οἱ ἀνόητοι τὰ παρόντα χρηστὰ παρορῶσιν ὑπὸ[2] τοῦ συντετάσθαι πρὸς τὸ μέλλον ταῖς φροντίσιν. — Οἱ δελφῖνες τῶν κυμάτων ἐξάλλονται καὶ πολλάκις τοῖς πλοίοις ἐμπίπτουσιν. — Λακεδαιμόνιοι ἐπολέμουν Μεσσηνίοις τὸν βασιλέα Τήλεκλον ἀποκτείνασιν. — Ξέρξης ἀγείρας τὴν[3] ἀναρίθμητον στρατιὰν ἐπορεύετο ἐπὶ τὴν Ἑλλάδα.

P. Ἀθηναῖοι πολλὰ καὶ καλὰ ἔργα ἀπεφήναντο καὶ ἰδίᾳ καὶ δημοσίᾳ. — Πᾶν τὸ θερμανθὲν καὶ χλιανθὲν πρὸς μεταβολὴν ἑτοιμότερόν ἐστιν. — Οἱ στρατηγοὶ ἐξέτασιν καὶ σύνταξιν τοῦ στρατεύματος ἐποιήσαντο καὶ τρία μέρη νείμαντες ἐν ἑκάστῳ ἐκλήρωσαν. — Ὀρέστης ἠρώτησε τὸ μαντεῖον, ὅτῳ τρόπῳ πατρὶ δίκας ἄροιτο. — Εὐφρανεῖ σε πλοῦτος, πολλοὺς εὐεργετοῦντα. — Οἱ Ἀθηναῖοι πόλεμον ἄρασθαι πρὸς τοὺς Θηβαίους ἐβούλευσαν. — Ὁ τὴν ψυχὴν[4] κεκαθαρμένος μᾶλλόν ἐστι κεκοσμημένος ἢ ὁ καλὰς ἐσθῆτας ἐνδυόμενος.

CHAPTER XXIII.
SECONDARY TENSES.

A. Φανήσομαι[5] οὐδένα μὲν ἀδικήσας, πλείους δὲ τῶν πολιτῶν καὶ τῶν ἄλλων ἀνθρώπων εὖ πεποιηκώς. — Τῶν ποιητῶν

---

[1] At the time of.　　[2] Resolve: "because"　　[3] That.
[4] Acc. of limitation: he that is pure of heart.　　[5] It will appear that I.

τινες ὑποθήκας, ὡς χρὴ ζῆν, καταλελοίπασιν. — Ὁ τῶν Ἀθηναίων δῆμος, ὑπὸ Ξέρξου τῆς πόλεως κατασκαφείσης, μετ' ὀλίγον κἀκεῖνον ἐνίκησε καὶ τῆς Ἑλλάδος τὴν ἡγεμονίαν ἐκτήσατο. — Οἱ Λακεδαιμόνιοι περὶ Μαντίνειαν πολεμήσαντες τοῖς ὅλοις ἐσφάλησαν καὶ τὴν ἡγεμονίαν ἀνελπίστως ἀπέβαλον. — Πλάτων ἐτάφη ἐν τῇ Ἀκαδημείᾳ, ἔνθα τὸν πλεῖστον χρόνον διετέλεσε φιλοσοφήσας. — Ῥωμύλῳ δώδεκα γῦπες ἐφάνησαν ἐπὶ τῇ κτίσει τῆς Ῥώμης. — Πλάτων λέγει τὸν κόσμον φθαρτὸν μέν, οὐ μὴν φθαρησόμενόν γε προνοίᾳ θεοῦ. — Κλεομένης, ὁ Λακεδαιμόνιος, διὰ μέθην ἑαυτὸν μαχαίρᾳ κατέτεμεν.[1] — Τὸ μὴ κακῶς τραφῆναι αἰδῶ φέρει. — Αἰγεὺς λέγεται ῥῖψαι κατὰ τῆς πέτρας ἑαυτὸν καὶ διαφθαρῆναι. — Τριπτόλεμος ὑπὸ Δήμητρος ἐστάλη σπείρειν τὴν γῆν πᾶσαν.

B. Τὴν εἱμαρμένην οὐδ' ἂν εἷς ἐκφύγοι. — Τὸ ἐπὶ ξένης ταφῆναι πῶς οὐκ ὄνειδος; — Ἐν τῷ ἀγῶνι τῷ τῶν πυκτῶν ὁ μὲν πεπληγὼς σιωπᾷ, οἱ δὲ θεώμενοι βοῶσιν. — Πλούτῳ πεποιθὼς ἄδικα μὴ πειρῶ ποιεῖν. — Ἡ Σπάρτη ὀνομαστοτάτη καὶ δυνατωτάτη ἐν τῇ Ἑλλάδι ἐφάνη. — Πνεόντων ἀνέμων ἐπεφρίκει ὁ πόντος, καὶ ὁ ἀφρὸς τοῦ ὕδατος ἐξηνθήκει. — Σοφίας ὁ καρπὸς οὔποτε φθαρήσεται. — Πτολεμαῖος, ὁ Μακεδονίας βασιλεύς, ὑπὸ Γαλατῶν ἐσφάγη, καὶ πᾶσα ἡ Μακεδονικὴ δύναμις κατεκόπη καὶ διεφθάρη. — Συγκρινομένων τῶν τριῶν ἠπείρων πρὸς ἀλλήλας μεγίστη μὲν ἀναφανείη ἂν ἡ Ἀσία, εἶτα ἡ Λιβύη, τελευταία δὲ ἡ Εὐρώπη. — Οἱ Καρδοῦχοι ἐκλιπόντες[2] τὰς οἰκίας ἔχοντες[3] καὶ γυναῖκας καὶ παῖδας ἔφευγον ἐπὶ τὰ ὄρη.

C. Τὸν μὲν θάνατον ὡς ἐσχάτην συμφορὰν πεφρίκαμεν, τὴν δὲ ζωὴν ὡς τῶν ἀγαθῶν μέγιστον ἀσπαζόμεθα. — Μέμηνας, καὶ ἐπὶ τοῖς σαυτῆς κακοῖς καὶ ἐπὶ τοῖς ἐμοῖς γελᾷς. — Οἱ Ἀθηναῖοι μετὰ τὰ Μηδικὰ ναῦς κτησάμενοι τῆς τῶν Λακεδαιμονίων ἀρχῆς καὶ ἡγεμονίας ἀπηλλάγησαν. — Μὴ καταπλαγῆτε τὴν παροῦσαν τῶν πολεμίων δύναμιν.[4] — Ὅσοι Ἑρμαῖ ἦσαν λίθινοι ἐν τῇ πόλει τῇ Ἀθηναίων, μιᾷ νυκτὶ οἱ πλεῖστοι περιεκόπησαν τὰ[5] πρόσωπα. — Μὴ[6] πεισθέντων ὑμῶν σφαλησόμεθα. — Οὐκέτ' εἰσὶν ἐλπίδες, ὅπῃ τραπόμενος θάνατον φύγω. — Οἱ

---

[1] From κατατέμνω. [2] Resolve: ἐξέλιπον καί. [3] With.
[4] Acc., the meaning of fear being contained in the verb.
[5] Acc. of limitation: as to. [6] Resolve: "if."

Σόλωνος νόμοι κατεγράφησαν εἰς ξυλίνους ἄξονας. — Προμηθεὺς πυρὸς κλαπέντος δίκην ἔτινεν. — Ἐν τῇ Ἀρμενίᾳ ἐστὶ τῆς χιόνος τὸ βάθος ὀργυιά· ἐλείποντο δὲ καὶ ἐν τῇ πορείᾳ τῶν στρατιωτῶν οἵ τε διεφθαρμένοι ὑπὸ τῆς χιόνος τοὺς ὀφθαλμούς,[1] οἵ τε ὑπὸ τοῦ ψύχους τοὺς δακτύλους[1] τῶν ποδῶν ἀποσεσηπότες.

D. Τοὺς Ἀθηναίους μάλιστα, ὅτι τὴν αὑτῶν πόλιν ἐξέλιπον ὑπὲρ τῆς τῶν Ἑλλήνων σωτηρίας, ἅπαντες ἐγκωμιάζουσιν. — Οἱ βάρβαροι ἐτράπησαν ὑπὸ τῶν Ἑλλήνων. — Αἱ πανηγύρεις αἱ τῶν Ἑλλήνων διὰ πολλοῦ χρόνου συλλεγεῖσαι ταχέως διελύθησαν. — Οἱ ἀρχαῖοι τῶν Αἰγυπτίων βασιλεῖς ἀθάνατα τῆς ἑαυτῶν δόξης ἀπέλιπον ὑπομνήματα. — Φαέθων, Ἡλίου παῖς, τὸ τοῦ πατρὸς ἅρμα ἐλαύνων ἐξετράπετο τῆς ὁδοῦ. — Τῷ ἀδοκήτῳ μᾶλλον ἄν καταπλαγεῖεν πάντες ἢ τῇ ἀληθεῖ δυνάμει. — Ἰοβάτης Βελλεροφόντῃ ἐπέταξε τὴν Χίμαιραν κτεῖναι, νομίζων αὐτὸν ὑπὸ τοῦ θηρίου διαφθαρήσεσθαι. — Λυπηρότερόν ἐστιν ἐκ βασιλέως ἰδιώτην φανῆναι, ἢ ἀρχὴν μὴ βασιλεῦσαι. — Οἱ τριάκοντα τύραννοι τῶν Ἀθηναίων πλείους ἀπεκτόνασιν ἐν ὀκτὼ μησὶν ἢ πάντες Πελοποννήσιοι ἐν δέκα ἔτεσιν.

CHAPTER XXIV.

AUGMENT AND REDUPLICATION.

A. Πάρις ἤγαγεν Ἑλλάδα εἰς Ἴλιον. — Μελέαγρος οὐχ αὑτοῦ αἰτίαις ἐδυστύχησεν. — Εἰ μὴ τότ' ἐπόνουν,[2] νῦν ἄν οὐκ εὐφραινόμην. — Κόνων τῇ περὶ Κνίδον ναυμαχίᾳ νικήσας Λακεδαιμονίους, καὶ τειχίσας τὸν Πειραιᾶ, ἑκατόμβην θύσας πάντας Ἀθηναίους εἱστίασεν. — Παρὰ μεγάλου βασιλέως ἧκε Τισσαφέρνης καὶ ὁ τῆς βασιλέως γυναικὸς ἀδελφὸς καὶ ἄλλοι Πέρσαι τρεῖς· δοῦλοι δὲ πολλοὶ εἵποντο. — Ζηλωτός, ὅστις εὐτύχησεν εἰς[3] τέκνα. — Ὡς ἡδὺ τοῖς σωθεῖσι μεμνῆσθαι πόνων. — Οἱ

---

[1] Acc. of limitation: as to.
[2] If I had . . . . I would. The reality of the condition and of the consequence is denied; in such sentences the protasis has εἰ with the indicative of an historical tense, the apodosis the indicative of an historical tense with ἄν.   [3] As to.

Καρδοῦχοι ἄριστοι τοξόται ἦσαν· εἶχον δὲ τόξα ἐγγὺς τριπήχη, τὰ δὲ τοξεύματα πλέον ἢ διπήχη· εἷλκον δὲ τὰς νευρὰς ὁπότε τοξεύοιεν[1] πρὸς τὸ κάτω τοῦ τόξου, τῷ ἀριστερῷ ποδὶ προσβαίνοντες, τὰ δὲ τοξεύματα ἐχώρει διὰ τῶν ἀσπίδων καὶ διὰ τῶν θωράκων.

B. Οἱ Ἀθηναῖοι πολὺ τῶν ἄλλων προεῖχον περὶ τὰ ναυτικά. — Οἱ ὀλωλότες[2] οὐδὲν νοσοῦσιν, οὐδὲ κέκτηνται κακά. — Ἡ Λακεδαίμων ἐκ παλαιτάτου εὐνομήθη. — Κάλλος μὲν ἢ χρόνος ἀνήλωσεν[3] ἢ νόσος ἐμάρανε· ῥώμη δὲ μετὰ μὲν φρονήσεως ὠφέλησεν, ἄνευ δὲ ταύτης πλείω τοὺς ἔχοντας ἔβλαψεν. — Ἀγησίλαος εἴθιστο φοβούμενος μὲν ἱλαρὸς φαίνεσθαι, εὐτυχῶν δὲ πρᾷος εἶναι. — Σοφοκλῆς μετὰ τὴν ἐν Σαλαμῖνι ναυμαχίαν περὶ τρόπαιον γυμνὸς ἀληλιμμένος ἐχόρευσε μετὰ λύρας. — Λυκοῦργος ὁ Λακεδαιμόνιος εἴθισε τοὺς πολίτας κομᾶν, λέγων ὅτι τοὺς μὲν καλοὺς ἡ κόμη εὐπρεπεστέρους ποιεῖ, τοὺς δὲ αἰσχροὺς φοβερωτέρους. — Ὁ Χάλος ποταμὸς ἦν πλήρης ἰχθύων μεγάλων καὶ πραέων, οὓς οἱ Σύροι θεοὺς ἐνόμιζον, καὶ ἀδικεῖν οὐκ εἴων.

C. Ῥωμαίων αἱ πολλαὶ γυναῖκες καὶ τὰ ὑποδήματα τὰ αὐτὰ[4] φορεῖν τοῖς ἀνδράσιν εἰθισμέναι εἰσίν. — Διονύσιος ὁ δεύτερος ἀδάμαντι δεδεμένην ᾤετο τὴν ἀρχὴν κεκτῆσθαι. — Ἦν[5] δειπνοποιεῖσθαι τοῖς ἄλλοις ὥραν συμβαίνει, ταύτην ἤδη ἐπαρῴνουν οὗτοι. — Ἐπηνώρθωσαν τὰ κοινὰ Ζάλευκος μὲν τὰ ἐν Λοκροῖς, Χαρώνδας δὲ τὰ ἐν Κατάνῃ καὶ τὰ ἐν Ῥηγίῳ, ὅτε ἐκ τῆς Κατάνης ἔφευγεν. — Ἀρχιμήδην τῇ σανίδι προσκείμενον ἀποσπῶντες βίᾳ οἱ θεράποντες ἤλειφον, ὁ δὲ ἐπὶ τοῦ σώματος ἀληλιμμένου διέγραφε τὰ σχήματα. — Σωκράτης, τῶν ἑταίρων ἐκκλέψαι βουλομένων αὐτὸν ἐκ τοῦ δεσμωτηρίου, οὐκ ἐφείπετο. — Οἱ πάλαι Ἀθηναῖοι ἁλουργῇ ἠμπείχοντο[6] ἱμάτια, ποικίλους δὲ ἐνέδυνον χιτῶνας.

D. Τὰς πόλεις γυναῖκε δύο τινὲ ἐταραττέτην· δημοκρατία τῇ ἑτέρᾳ ὄνομά ἐστι, τῇ δὲ ἑτέρᾳ ἀριστοκρατία· δι᾽ ἃς πεπαρῳνήκασιν ἤδη πολλάκις. — Ἤδη ἑωρῶμεν αὐτὸν ἐν δείπνῳ ὄντα.

---

[1] The opt. here implies repetition in the past; hence ὁπότε, as often as.
[2] ὄλλυμι.
[3] ἀναλίσκω.
[4] The same as the men.
[5] Acc. of time: at the time when.
[6] ἀμπέχω.

— Ἄνθρωπος ὢν μέμνησο τῆς κοινῆς τύχης. — Ὁ Ξέρξης θαλάσσης καὶ γῆς καταφρονῶν καινὰς ὁδοὺς καὶ πλοῦν ἀήθη ἑαυτῷ εἰργάζετο. — Δίκαιον εὖ πράττοντα[1] μεμνῆσθαι θεοῦ· θνητῶν γὰρ οὐδεὶς εὐτυχεῖ ἄνευ θεοῦ. — Πρόδικος, ὁ σοφιστής, πλέον ἀργύριον ἀπὸ σοφίας εἴργασται ἢ ἄλλος δημιουργὸς ἀφ' ἡστινοσοῦν τέχνης. — Οἱ Ἀθηναῖοι ἅπαντα ἐπηνωρθώσαντο, ὑπὲρ μεγίστων καὶ καλλίστων κινδυνεύσαντες. — Οἱ στρατιῶται ἐκάθευδον, μέχρι πόρρω τῆς ἡμέρας. — Τῶν μετὰ Ξενοφῶντος στρατιωτῶν οἱ πλεῖστοι ἦσαν οὐ σπάνει βίου ἐκπεπλευκότες ἐπὶ ταύτην τὴν μισθοφορίαν, ἀλλὰ τὴν Κύρου ἀρετὴν ἀκούοντες, οἱ μὲν καὶ ἄνδρας ἄγοντες, οἱ δὲ καὶ χρήματα προσανηλωκότες. Τοιοῦτοι οὖν ὄντες ἐπόθουν εἰς τὴν Ἑλλάδα σώζεσθαι.

CHAPTER XXV.

VERBS IN μι.

A. Κάτων γέροντι πονηρῷ ἔφη· Τί, ἄνθρωπε, τῷ γήρᾳ πολλὰ κακὰ ἔχοντι τὴν ἐκ[2] πονηρίας αἰσχύνην προστίθης; — Ὁ θεὸς καὶ τὸ γελᾶν καὶ τὸ κλαίειν δίδωσιν. — Τὴν σαυτοῦ σωφροσύνην παράδειγμα τοῖς ἄλλοις καθίστη. — Κύρου ἀποροῦντος περὶ τοῦ τῶν στρατιωτῶν μισθοῦ ἀφικνεῖται Ἐπύαξα ἡ Συεννέσιος γυνὴ τοῦ Κιλίκων βασιλέως· καὶ ἐλέγετο Κύρῳ δοῦναι χρήματα πολλά. Τῇ δ' οὖν στρατιᾷ τότε ἀπέδωκε Κῦρος μισθὸν τεττάρων μηνῶν. — Νόμος ἦν τῶν Ἀθηναίων· Τῷ Ὀλύμπια νικήσαντι δραχμαὶ πεντακόσιαι διδόσθωσαν.

B. Οἱ ἀδελφοὺς παριέντες καὶ ἄλλους φίλους ζητοῦντες παραπλήσιοί εἰσι τοῖς τὴν ἑαυτῶν γῆν ἐῶσι, τὴν δὲ ἀλλοτρίαν γεωργοῦσιν. — Κάδμον λέγουσι δράκοντος ὀδόντας σπεῖραι, ἄνδρας δὲ ἀπὸ τῶν ὀδόντων ἀνεῖναι τὴν γῆν. — Ἀναξαγόρας φησί, χαλεπὸν χρήματα συναγείρασθαι, χαλεπώτερον δὲ φυλακὴν τούτοις περιθεῖναι. — Ἔστιν ἀνθρώποις καὶ θρήνων χάρις, καὶ ταύτην ἔδωκεν ἡμῖν παραμυθίαν ἡ φύσις ἐν ταῖς τύχαις. — Πολλοὶ τῶν ἀνθρώπων μέτρον εὐδαιμονίας τὰς τῆς γαστρὸς ἡδονὰς τίθενται.

---

[1] P. 54, Rem. 4.   [2] The disgrace coming from w.

C. Ἡράκλειτος λέγει, ἐκ πυρὸς τὰ πάντα συνεστάναι καὶ ἐς τοῦτο ἀναλύεσθαι. — Κροῖσος ἔπεμψεν ἀγγέλους εἰς Δελφοὺς καὶ ἐπηρώτησε τὸ χρηστήριον, εἰ[1] στρατεύηται ἐπὶ Πέρσας, καὶ εἴ τινας προσθῆται συμμάχους. — Ὁ μὴ ἔχων πολλὰ οὐκ ἂν πολλὰ διδοίη.[2] — Οἱ θεοὶ τοῖς μὲν ἄλλοις ἑρπετοῖς πόδας ἔδωκαν, ἀνθρώπῳ δὲ καὶ χεῖρας προσέθεσαν. — Ἡρακλῆς τὴν δορὰν τοῦ ἐν Νεμέᾳ λέοντος περιέθετο. — Καταλυθέντος τοῦ Πελοποννησιακοῦ πολέμου ὀλιγαρχίαι ἐν ταῖς πλείσταις τῆς Ἑλλάδος πόλεσι καθίσταντο.

D. Δημήτηρ μετὰ λαμπάδων νυκτός τε καὶ ἡμέρας κατὰ πᾶσαν τὴν γῆν τὴν θυγατέρα Περσεφόνην ζητοῦσα περιῄει. — Αἱ φιλίαι ἐὰν διαστῶσι, χαλεπῶς αὖθις ἀναλαμβάνονται. — Οἱ Μάκρωνες διδόασι βαρβαρικὴν λόγχην Ἕλλησιν, οἱ δὲ Ἕλληνες ἐκείνοις Ἑλληνικήν· ταῦτα γὰρ ἔφασαν πιστὰ εἶναι· θεοὺς δὲ ἐπεμαρτύραντο ἀμφότεροι. — Οἱ Τραπεζούντιοι ἀγορὰν παρεῖχον ἐν τῷ στρατοπέδῳ καὶ ἐδέξαντό τε τοὺς Ἕλληνας καὶ ξένια ἔδοσαν βοῦς καὶ ἄλφιτα καὶ οἶνον. — Νικίας ὁ Νικηράτου ἐκτήσατο ἐν τοῖς ἀργυρείοις χιλίους ἀνθρώπους, οὓς ἐκεῖνος Σωσίᾳ τῷ Θρᾳκὶ ἐξεμίσθωσεν, ἐφ' ᾧ[3] ὀβολὸν ἀτελῆ ἑκάστου[4] τῆς ἡμέρας[5] ἀποδιδόναι. Ἦν δὲ καὶ Ἱππονίκῳ ἑξακόσια ἀνδράποδα κατὰ τὸν αὐτὸν τρόπον ἐκδεδομένα, ἃ προσέφερε μνᾶν ἀτελῆ τῆς ἡμέρας.

E. Δειλοὶ ἄνδρες οὐκ ἔχουσιν ἐν μάχῃ ἀριθμόν, ἀλλ' ἄπεισι, κἂν παρῶσιν. — Δημοσθένης πρὸς κλέπτην λέξαντα, Οὐκ ᾔδειν, ὅτι σόν ἐστιν, Ὅτι δέ, ἔφη, σὸν οὐκ ἔστιν, ᾔδεισθα. — Χαλεπόν ἐστι, πολλῶν προτεθέντων αἱρεῖσθαι τὸ ἄριστον. — Ἴσμεν, ὡς οἱ Λακεδαιμονίων βασιλεῖς Ἡρακλέους ἔκγονοι ἦσαν. — Οἱ συγγραφεῖς ἐπιδεικνύασι τοὺς τῶν παλαιῶν ἀνδρῶν λόγους καὶ πράξεις θαυμαστάς. — Σαρπηδόνι, τῷ Λυκίων βασιλεῖ, ἐπὶ[6] τρεῖς γενεὰς ζῆν Ζεὺς ἔδωκεν. — Σωκράτης πάντα ἡγεῖτο θεοὺς εἰδέναι, τά τε λεγόμενα καὶ πραττόμενα καὶ τὰ σιγῇ βουλευόμενα. — Ἰνδοὶ οὔτε δανείζουσιν, οὔτε ἴσασι δανείζεσθαι.

F. Γοργώ, ἡ Λεωνίδου γυνή, τοῦ υἱοῦ αὐτῆς ἐπὶ στρατείαν πορευομένου, τὴν ἀσπίδα ἐπιδιδοῦσα[7] εἶπεν· Ἢ ταύτην, ἢ ἐπὶ

---

[1] Whether he should.
[2] See p. 54, Rem. 6.
[3] With the condition that.
[4] For each one.
[5] Gen. of time.
[6] For,
[7] Resolve: ἐπιδίδου καί.

ταύτῃ. — Ἀγαθὸς ἡνίοχος οὐκ ἀγνοεῖ τῶν ἵππων τὸν θυμόν, ὡς δεῖ συνέχειν ἀνάγκῃ τὸν χαλινόν· εἰ γὰρ ἐνδοίη τις, ἀφηνιάζουσιν εὐθύς. — Ἀριστῶντι Διογένει ἐν ἀγορᾷ οἱ περιεστῶτες συνεχὲς ἔλεγον, κύον. — Ὁ δέ, ὑμεῖς, ἔφη, ἐστὲ κύνες, οἵ με ἀριστῶντα περιεστήκατε. — Οἱ Λυσιτανοὶ παιᾶνας ᾄδουσιν, ὅταν ἐν μάχῃ ἐπίωσι τοῖς ἀντιτεταγμένοις.

G. Τῶν τριάκοντα ἐν Ἀθήναις ὑπὸ Θρασυβούλου διαλυθέντων, οἱ φυγάδες κατῄεσαν καὶ τὰ τείχη κατέσκαπτον. — Εἴθ' ἦσθα δυνατὸς δρᾶν, ὅσον¹ πρόθυμος εἶ. — Ἄγε ὅπως εἰς καλόν τι καταθήσεσθε τὴν σχολήν, ὦ παῖδες. — Πάντες οἱ ποταμοί, ἢν καὶ πρόσω τῶν πηγῶν ἄποροι ὦσι, προϊοῦσι² πρὸς τὰς πηγὰς διαβατοὶ γίγνονται. — Κούφως φέρειν δεῖ τὰς παρεστώσας τύχας. — Ὅτι ἐν Σπάρτῃ μάλιστα πείθονται ταῖς ἀρχαῖς τε καὶ τοῖς νόμοις, ἴσμεν ἅπαντες. — Ἡ σαλαμάνδρα, ὥς φασι, διὰ τοῦ πυρὸς βαδίζουσα κατασβέννυσι τὸ πῦρ. — Οἶδα Σωκράτην³ δεικνύντα τοῖς συνοῦσιν ἑαυτὸν καλὸν κἀγαθὸν ὄντα.

H. Εἰ ἡμῶν τις τῆς τῶν ἀνθρώπων φύσεως κατασταίη κύριος, οὐδ' ἂν τοὺς οἰκέτας ἐάσειεν εἶναι πονηρούς. — Ἄρχοντα ἱστῶμεν ἄνδρα ἁπλοῦν καὶ γενναῖον. — Ἴτω τὰ πράγματα, ὅπῃ τῷ θεῷ φίλον. — Εἰς ἀρχὴν κατασταθεὶς⁴ μηδενὶ χρῶ πονηρῷ πρὸς τὰς διοικήσεις. — Πολεμικὸς μὲν ἴσθι ταῖς ἐπιστήμαις καὶ ταῖς παρασκευαῖς, εἰρηνικὸς δὲ τῷ μηδὲν παρὰ τὸ δίκαιον πλεονεκτεῖν. — Τοὺς μύθους συνέθεσαν οἱ ποιηταί, ἵνα οἱ ἀκροώμενοι μὴ ὑβρίζοιεν εἰς τὸ θεῖον. — Πολύγνωτος ὁ Θάσιος καὶ Διονύσιος ὁ Κολοφώνιος γραφέε ἤστην.

I. Ὁ Θεμιστοκλῆς πρὸς Εὐρυβιάδην τὸν Λακεδαιμόνιον ἔλεγέ τι ὑπεναντίον· καὶ οὗτος ἀνέτεινεν αὐτῷ τὴν βακτηρίαν. Ὁ δέ· Πάταξον μέν, ἄκουσον δέ· ᾔδει δέ, ὅτι, ἃ μέλλει λέγειν, τῷ κοινῷ λυσιτελεῖ. — Φίλιππος ἐρωτώμενος, οὕστινας μάλιστα φιλεῖ καὶ οὕστινας μάλιστα μισεῖ· Τοὺς μέλλοντας, ἔφη, προδιδόναι μάλιστα φιλῶ, τοὺς δὲ ἤδη προδεδωκότας μάλιστα μισῶ. — Μυτιληναῖοι τοῖς ἀφισταμένοις τῶν συμμάχων τιμωρίαν ἐκείνην ἐπήρτησαν, γράμματα μὴ μανθάνειν⁵ τοὺς παῖδας αὐτῶν, μηδὲ μουσικὴν διδάσκεσθαι· πασῶν κολάσεων ἡγησάμενοι βαρυτάτην εἶναι ταύτην, ἐν ἀμαθίᾳ καὶ ἀμουσίᾳ βιῶσαι.

¹ As much as. ² For those that. ³ A clause with "that."
⁴ If you. ⁵ Acc. with inf.

K. Ὁ Ἀστυάγης οὕτως ἥσθη τῇ θήρᾳ, ὥστε ἀεί, ὁπότε[1] οἷόν τε εἴη, συνεξῄει τῷ Κύρῳ. — Ὁ Ἀγησίλαος ἀσκῆσαι τὸ στράτευμα βουλόμενος ἆθλα προὔθηκε καὶ ταῖς ἱππικαῖς τάξεσι καὶ ταῖς ὁπλιτικαῖς. — Κίνει καὶ μετατίθει τὰ μὴ καλῶς καθεστῶτα. — Ὁ Κίμων τὴν χώραν, εὐφυεστάτην οὖσαν καὶ καλλίστην, οἰκῆσαι παρέδωκε τοῖς Ἀθηναίοις. — Τὸν Κῦρον πολλὰ δῶρα διαδοῦναί φασι τοῖς ἡλικιώταις, ὧν[2] Ἀστυάγης αὐτῷ ἐδεδώκει, τέλος δὲ καὶ ἣν εἶχε στολὴν τὴν Μηδικὴν δοῦναί τινι. — Οἱ πλεῖστοι τῶν Ἀθηναίων ὑπεξέθεντο γονέας καὶ γυναῖκας εἰς Τροιζῆνα, φιλοτίμως πάνυ τῶν Τροιζηνίων ὑποδεχομένων. — Τηρίβαζος, ὁ τῆς Ἀρμενίας ὕπαρχος, βασιλεῖ φίλος ἦν· καὶ ὁπότε παρείη,[1] οὐδεὶς ἄλλος βασιλέα ἐπὶ τὸν ἵππον ἀνέβαλλεν.

L. Μαρδόνιος, ὁ Περσῶν στρατηγός, τῶν ἐν Πελοποννήσῳ πόλεών τινας ἐπειρᾶτο ἀφιστάναι τῆς τῶν Ἑλλήνων συμμαχίας. — Ὁ θεὸς μόνον τῶν ζώων ἄνθρωπον ὀρθὸν ἀνέστησεν· τοῖς μὲν ἄλλοις ζώοις πόδας ἔδωκεν, ἀνθρώπῳ δὲ καὶ χεῖρας προσέθηκεν. — Δῆλος τὸ παλαιόν, ὥς φασι, νῆσος ἦν πλανωμένη· τοῦ δὲ Ποσειδῶνος φήσαντος· Στῆθι, ὦ νῆσε, εἱστήκει ἡ νῆσος. — Καμβύσης οὐκ ἤθελε βίαν προσφέρειν Φοίνιξιν, ὅτι ἑκόντες ἑαυτοὺς ἐδεδώκεσαν Πέρσαις. — Οἱ Κορύβαντες ἀνέντες τὴν κόμην ἵεντο μεμηνότες διὰ τῶν ὀρῶν. — Φιλόπονος ἴσθι, καὶ κτήσῃ βίον καλόν. — Ἐὰν ᾖς φιλομαθής, ἔσῃ πολυμαθής.

CHAPTER XXVI.

IRREGULAR VERBS.

A. Σωκράτης ἔπιε τὸ κώνειον. — Οἱ Ἀρκάδες πρὸς Λακεδαιμονίους ἐμαχέσαντο μετὰ Ἀριστοδήμου, βασιλεύοντος ἐν Μεσσήνῃ. — Ξένους πένητας μὴ παραδράμῃς ἰδών. — Οἱ Κολοφώνιοι ἐνέβαλον εἰς τὴν Λυδίαν, καὶ κώμας τε πολλὰς ἐνέπρησαν καὶ πολλὴν λείαν ἔλαβον. — Οἱ Ἀργοναῦται παραπλεύσαντες[3] Καύκασον ἐπὶ Φᾶσιν ποταμὸν ἦλθον. — Οἱ Λῆδας

---

[1] P. 58, Rem. 1.

[2] Instead of πολλὰ δῶρα — τούτων, ἃ —; attraction of the relative by the demonstrative to be supplied in the preceding sentence.

[3] P. 60, Rem. 7.

παῖδες Κάστωρ καὶ Πολυδεύκης διὰ τὴν ἀνδρείαν ἐκλήθησαν ἀμφότεροι Διόσκουροι.

B. Τυδεὺς ἐπὶ Θήβας μετ' Ἀδράστου στρατευσάμενος ὑπὸ Μελανίππου τρωθεὶς ἀπέθανεν. — Σόλων τοὺς Δράκοντος νόμους ἀνεῖλε πλὴν τῶν φονικῶν ἅπαντας. — Σωκράτης Ξενοφῶντα ἀφ' ἵππου πεσόντα ἐν τῇ μάχῃ διέσωσεν. — Διενείμαντο τὴν ἀρχὴν ὁ Ζεὺς καὶ ὁ Ποσειδῶν καὶ Πλούτων, ἐπειδὴ παρὰ τοῦ πατρὸς παρέλαβον. — Λόγων ἀκοῦσαι τίς βλάβη; τά τοι κακῶς εὑρημένα ἔργα τῷ λόγῳ μηνύεται. — Θίβρων ὁ Λακεδαιμόνιος παρέλαβε τὸ στράτευμα παρὰ τοῦ Ξενοφῶντος καὶ συμμίξας[1] τῷ ἄλλῳ Ἑλληνικῷ ἐπολέμει πρὸς Τισσαφέρνην καὶ Φαρνάβαζον. — Χίλων ἀφικόμενος εἰς Δελφοὺς ἐπέγραψεν ἐπί τινα κίονα τοῦ νεώ· Γνῶθι σεαυτόν.

C. Κατὰ τὸν Πελοποννησιακὸν πόλεμον Μυτιλήνη, πόλις ἐν τῇ νήσῳ Λέσβῳ, ὑπ' Ἀθηναίων ἑάλω. — Φρίξος καὶ Ἕλλη ἐπὶ τοῦ χρυσομάλλου κριοῦ φερόμενοι δι' οὐρανοῦ τὴν μεταξὺ γῆν ὑπερέβησαν καὶ θάλασσαν. — Λακωνικὴ γυνὴ ἀκούσασα τὸν ἑαυτῆς υἱὸν σεσωσμένον καὶ πεφευγότα ἐκ τῶν πολεμίων γράφει αὐτῷ· Κακὴ φήμη σου κατακέχυται· σὺ οὖν ἢ ταύτην ἀπότριψαι, ἢ μηδ' ἡμῖν φανῇς. — Γοργίας ἐρωτηθείς, τίνι διαίτῃ χρώμενος εἰς μακρὸν γῆρας ἦλθεν, Οὐδὲν οὔποτε, ἔφη, πρὸς ἡδονὴν οὔτε φαγὼν[2] οὔτε δράσας. — Πόλιν τινὰ βασιλεὺς ὁ Περσῶν, ὅτε παρὰ Μήδων τὴν ἀρχὴν ἐλάμβανον Πέρσαι, πολιορκῶν[3] οὐδενὶ τρόπῳ ἐδύνατο ἑλεῖν· ἥλιον δὲ νεφέλη προκαλύψασα[3] ἠφάνισε, μέχρι ἐξέλιπον οἱ ἄνθρωποι, καὶ οὕτως ἑάλω.

D. Ἐάν τις ἄρχεσθαι μάθῃ, πολλῷ μᾶλλον ἄρχειν δυνήσεται. — Ἀλέξανδρος Θηβαίους ἀφεστάναι πυθόμενος, καὶ συμφρονεῖν αὐτοῖς Ἀθηναίους, εὐθὺς ἦγε διὰ Θερμοπυλῶν τὴν δύναμιν. — Ὅταν τις ἐξίῃ τῆς οἰκίας, ζητείτω πρότερον, τί μέλλει πράσσειν· καὶ ὅταν εἰσέλθῃ πάλιν, τί ἔπραξεν. — Βίων, ὁ σοφός, ἰδών τινα φθονερὸν σφόδρα κεκυφότα, εἶπεν· Ἢ τούτῳ μέγα κακὸν συμβέβηκεν, ἢ ἄλλῳ μέγα ἀγαθόν. — Πέρσαις νόμος ἦν, ὁπότε βασιλεὺς ἀποθάνοι, ἀνομίαν εἶναι πέντε ἡμερῶν, ἵν' αἴσθοιντο, ὅσου ἄξιός ἐστι βασιλεὺς καὶ ὁ νόμος.

E. Ἡ ὁδὸς ἡ ἄγουσα πρὸς τὴν ἀληθινὴν παιδείαν μάλα γε

---

[1] P. 60, Rem. 7.   [2] By not eating.   [3] P. 60, Rem. 7.

χαλεπὴ προσιδεῖν.[1] — Τὸ ἐν ποσὶν κακὸν οἰστέον. — Ὅ χρή, οὐδεὶς μὴ χρεὼν θήσει ποτέ. — Ἐπεὶ Σαρδανάπαλος, ὁ ἔσχατος Ἀσσυρίων βασιλεύς, ἀπέγνω τὴν σωτηρίαν, ἵνα μὴ τοῖς πολεμίοις ὑποχείριος γένοιτο, πυρὰν ἐν τοῖς βασιλείοις κατεσκεύασε, καὶ τόν τε χρυσὸν καὶ ἄργυρον ἅπαντα, πρὸς δὲ τούτοις τὴν βασιλικὴν ἐσθῆτα ἐπὶ ταύτην ἐσώρευσε, καὶ ἅμα τούτοις ἑαυτόν τε καὶ τὰ βασίλεια κατέκαυσεν. — Ἀπόλλων τὴν μαντικὴν μαθὼν παρὰ τοῦ Πανὸς ἧκεν εἰς Δελφούς.

F. Θεμιστοκλῆς Ἱέρωνα ἥκοντα εἰς Ὀλύμπια εἶρξε τῆς ἀγωνίας, εἰπών, τὸν μὴ μεταλαβόντα τοῦ μεγίστου τῶν κινδύνων τῶν πανηγύρεων μεταλαμβάνειν μὴ δεῖν· καὶ ἐπῃνέθη Θεμιστοκλῆς. — Ἀλέξανδρος παρέλαβεν ἔτη γεγονὼς εἴκοσι τὴν βασιλείαν. — Ἡ ἐν Δελφοῖς πρόμαντις, ἐπεὶ πίοι τοῦ ἱεροῦ νάματος, ἔνθεος εὐθὺς ἐγένετο καὶ ἔχρησε τοῖς προσιοῦσιν. — Βίας καὶ Θαλῆς τὴν Ἰωνίαν πολλὰ ὤνησαν. — Ἐν Πλαταιαῖς πρῶτοι ὑπήρξαντο τῆς μάχης οἱ βάρβαροι, νυκτὸς ἐκχυθέντες ἐπὶ τοὺς Ἕλληνας.

G. Κλεῖτον Ἀλέξανδρος τῷ δορατίῳ διελάσας μεταξὺ δειπνοῦντα[2] ἐφόνευσεν, ὅτι Φίλιππον πρὸς[3] τὰς πράξεις αὐτοῦ ἐπαινέσαι ἐτόλμησεν. — Ἀλέξανδρος ἐν Ὀξυδράκαις πρῶτος καθαλάμενος εἰς τὸ ἐντὸς τοῦ τείχους πολλὰ ἔλαβε τραύματα. — Ἡρακλῆς τυχὼν ἀθανασίας καὶ διαλλαγεὶς Ἥρᾳ, τὴν ἐκείνης θυγατέρα ἔγημεν. — Ἀνὴρ σοφὸς τὰς ἐν βίῳ συμφορὰς ῥᾷον οἴσει τῶν ἄλλων. — Ἀκταίων μὲν ὑπὸ τῶν ἰδίων κυνῶν κατεβρώθη, πολλοὶ δὲ ὑπὸ κολάκων καὶ παρασίτων καταβιβρώσκονται. — Πύῤῥος ἐπεὶ συμβαλὼν τοῖς Ῥωμαίοις δὶς ἐνίκησε, πολλοὺς τῶν φίλων καὶ ἡγεμόνων ἀπολέσας, ἂν ἔτι μίαν, ἔφη, μάχην[4] Ῥωμαίους νικήσωμεν, ἀπολώλαμεν.

H. Πυθαγόρας ὁ Σάμιος πρῶτος ἐν τοῖς Ἕλλησιν ἐτόλμησεν εἰπεῖν, ὅτι τὸ μὲν σῶμα τεθνήξεται, ἡ δὲ ψυχὴ ἀναπτομένη οἰχήσεται ἀθάνατος καὶ ἀγήρως. — Διογένης ἰδὼν τοξότην ἀφυῆ, παρὰ τὸν σκοπὸν ἐκάθισεν, εἰπών, ἵνα μὴ πληγῶ. — Ὁ Μαρσύας ποταμὸς ῥεῖ διὰ τῆς Κελαινῶν πόλεως. Ἐνταῦθα

---

[1] To the sight.   [2] During the meal.   [3] In comparison with.
[4] Besides the acc. of the object, we have in Greek the acc. of limitation: in one battle.

λέγεται Ἀπόλλων ἐκδεῖραι Μαρσύαν, νικήσας ἐρίζοντά οἱ περὶ σοφίας, καὶ τὸ δέρμα κρεμάσαι ἐν τῷ ἄντρῳ, ὅθεν αἱ πηγαί·[1] διὰ δὲ τοῦτο ὁ ποταμὸς καλεῖται Μαρσύας. — Μυθολογοῦσι τὴν Δήμητρα, μὴ δυναμένην εὑρεῖν τὴν θυγατέρα, λαμπάδας ἐκ τῶν κατὰ τὴν Αἴτνην κρατήρων ἀναψαμένην ἐπελθεῖν ἐπὶ πολλὰ μέρη τῆς οἰκουμένης. — Σωκράτης ἐν τῇ φυλακῇ κώνειον πιὼν τέθνηκεν, Σοφοκλῆς ῥᾶγα φαγὼν σταφυλῆς πνιγεὶς ἀπέθανεν.

I. Ὁ Βίων πρὸς τὸν τὰ χωρία κατεδηδοκότα· Τὸν μὲν Ἀμφιάραον, ἔφη, ἡ γῆ κατέπιε, σὺ δὲ τὴν γῆν. — Οἱ Λακεδαιμόνιοι οὐκ ἔφθησαν πυθόμενοι[2] τὸν περὶ τὴν Ἀττικὴν πόλεμον, καὶ πάντων τῶν ἄλλων ἀμελήσαντες ἧκον ἀμυνοῦντες. — Τὸν παρόντα καιρὸν οὐκ ἀφετέον· καὶ γὰρ αἰσχρὸν παρόντι μὲν μὴ χρῆσθαι, παρελθόντος δ' αὐτοῦ μεμνῆσθαι. — Τῶν ἀνθρώπων τοῖς καλοῖς κἀγαθοῖς αἱρετώτερόν ἐστι καλῶς ἀποθανεῖν ἢ ζῆν αἰσχρῶς. — Πικρῷ γλυκὺ μέμικται. — Τὸν χρηστὸν καὶ ἀγαθὸν ἄνδρα δεῖ τῶν μὲν προγεγενημένων μεμνῆσθαι, τὰ δὲ ἐνεστῶτα πράττειν, περὶ δὲ τῶν μελλόντων φυλάττεσθαι.

K. Κλέαρχος ἦν Λακεδαιμόνιος φυγάς. Τούτῳ συγγενόμενος ὁ Κῦρος ἠγάσθη τε αὐτὸν καὶ δίδωσιν αὐτῷ μυρίους δαρεικούς. Ὁ δὲ λαβὼν τὸ χρυσίον στράτευμα συνέλεξεν ἀπὸ τούτων τῶν χρημάτων καὶ ἐπολέμει ἐκ Χερρονήσου ὁρμώμενος τοῖς Θρᾳξὶ τοῖς ὑπὲρ Ἑλλήσποντον οἰκοῦσι καὶ ὠφέλει τοὺς Ἕλληνας· ὥστε καὶ χρήματα συνεβάλλοντο αὐτῷ εἰς τὴν τροφὴν τῶν στρατιωτῶν αἱ Ἑλλησποντιακαὶ πόλεις ἑκοῦσαι. — Οἱ κακοὶ ἐπιπόνως διὰ γήρως περῶσι, τὰ μὲν ἡδέα ἐν τῇ νεότητι διαδραμόντες, τὰ δὲ χαλεπὰ εἰς τὸ γῆρας ἀποθέμενοι. — Ὁ κόσμος σκηνή, ὁ βίος πάροδος· ἦλθες, εἶδες, ἀπῆλθες. — Κόνων ἀτυχήσας ἐν τῇ ναυμαχίᾳ τῇ περὶ Ἑλλήσποντον οὐ δι' αὐτόν, ἀλλὰ διὰ τοὺς συνάρχοντας οἴκαδε ἀφικέσθαι κατῃσχύνθη.

L. Λαβὼν ἀπόδος, ἄνθρωπε, καὶ λήψῃ πάλιν. — Ὅμηρος πολλῷ ὕστερον τῶν Τρωϊκῶν ἐγένετο. — Τοῦ Μαιάνδρου ποταμοῦ τὸ εὖρος δύο πλέθρα ἐστίν· γέφυρα δὲ ἐπῆν ἐξευγμένη πλοίοις ἑπτά· ῥεῖ δὲ διὰ τῆς Κελαινῶν πόλεως. — Οὐ ῥᾳδίως

---

[1] Supply εἰσίν.
[2] Translate οὐ φθάνω by "no sooner," and καί by "than"; the participle becomes *verbum finitum*.

εὕροι τις Σπαρτιατῶν οὔτε ὑγιεινοτέρους οὔτε τοῖς σώμασι χρησιμωτέρους. — Μάχης ἐν Πύλῳ πρὸς Λακεδαιμονίους γενομένης, οἱ Ἀθηναῖοι ἔτρωσαν μὲν πολλὰς ναῦς, πέντε δὲ ἔλαβον. — Ἁρμόδιος καὶ Ἀριστογείτων τῷ Ἱππάρχῳ περιτυχόντες τὴν Παναθηναϊκὴν πομπὴν διακοσμοῦντι ἀπέκτειναν. — Φρίξος μαθών, ὅτι ὁ πατὴρ αὐτὸν μέλλει θύειν, λαβὼν τὴν ἀδελφὴν καὶ ἀναβὰς σὺν αὐτῇ ἐπὶ κριόν, διὰ τῆς θαλάσσης ἀφίκετο εἰς τὸν Εὔξεινον πόντον.

M. Οἱ ἄνθρωποι τοὺς παῖδας πέμπουσιν εἰς διδασκάλων,[1] μαθησομένους καὶ γράμματα καὶ μουσικὴν καὶ τὰ ἐν παλαίστρᾳ. — Εἰ μὴ καθέξεις γλῶσσαν, ἔσται σοι κακά. — Τὰ ἄνθη ξηρὰ ὄντα εἴ τις βλέποι ἀποβεβληκότα τὴν βαφήν, ἄμορφα δηλονότι αὐτῷ δόξει, ὅτε μέντοι ἀνθεῖ καὶ ἔχει τὴν χροιάν, κάλλιστά ἐστιν. — Ἢν δίκαια δρῶ, δίκαια πείσομαι. — Ὅτε ἡ μάχη ἦν ἐν Ποτιδαίᾳ, ὁ Σωκράτης ἔσωσεν Ἀλκιβιάδην τετρωμένον οὐκ ἐθέλων ἀπολιπεῖν. — Θρασύβουλος πολλὰ κτήματα ἀνήλωκεν εἰς στρατιώτας. — Ἀπορούμενός ποτε Ξενοφῶν ὄναρ εἶδεν· ἔδοξεν ἐν πέδαις δεδέσθαι· αὗται δὲ αὐτῷ αὐτόμαται περιρρυῆναι,[2] ὥστε λυθῆναι καὶ διαβαίνειν ὁπόσον[3] ἐβούλετο. Καὶ διὰ τοῦτο ἐλπίδας εἶχε καλῶς ἔσεσθαι.

N. Πᾶν ὅ τι ἂν μέλλῃς ἐρεῖν, πρότερον ἐπισκόπει· πολλοῖς γὰρ ἡ γλῶσσα προτρέχει τῆς διανοίας. — Ἐὰν ἡ πατρὶς εἰς πόλεμον ἄγῃ σε τρωθησόμενον ἢ ἀποθανούμενον, ποιητέον ταῦτα. — Οἱ Ἕλληνες ἐν τῇ Ἀρμενίᾳ οἶνον κρίθινον ἐν κρατῆρσιν εὗρον. Ἐνῆσαν δὲ καὶ αὐταὶ αἱ κριθαὶ ἰσοχειλεῖς· καὶ κάλαμοι ἐνέκειντο, οἱ μὲν μείζους οἱ δὲ καὶ ἐλάττους, γόνατα οὐκ ἔχοντες· τούτους δ᾽ ἔδει, ὁπότε τις διψῴη, λαβόντα[4] εἰς τὸ στόμα μύζειν· καὶ πάνυ ἄκρατος ἦν, εἰ μή τις ὕδωρ ἐπιχέοι, καὶ μάλα ἡδὺ πόμα συμμαθόντι[5] ἦν.

O. Ὁ ἐν Δελφοῖς θεὸς εἶπε Κάδμῳ, τῷ Ἀγήνορος, χρῆσθαι καθοδηγῷ βοΐ, καὶ πόλιν κτίζειν, ἔνθα ἂν αὕτη κατακλιθῇ. Τοιοῦτον δεξάμενος χρησμὸν διὰ Φωκέων ἐπορεύετο· εἶτα βοΐ συντυχὼν ταύτῃ κατόπισθεν εἵπετο· ἡ δὲ διεξιοῦσα Βοιωτίαν ἐκλίθη, ἔνθα πόλις νῦν εἰσι Θῆβαι. Οὕτως ὁ Κάδμος τὴν πόλιν

---

[1] Supply οἰκίαν.   [2] Supply ἔδοξαν.   [3] As far as.
[4] They had to take, and —.   [5] To those that had become accustomed.

ᾤκισεν. — Ἐπεὶ εἰς Σπάρτην ἐπὶ τὸν Ἑλένης γάμον οἱ βασιλεύοντες τῆς Ἑλλάδος παρεγένοντο, Τυνδάρεως ὁρῶν αὐτῶν τὸ πλῆθος ἐδεδοίκει, μὴ προκριθέντος ἑνὸς στασιάσωσιν οἱ ἄλλοι. Ἐξώρκισεν οὖν πάντας τοὺς μνηστῆρας βοηθήσειν, ἐὰν ὁ προκριθεὶς νύμφιος ὑπ' ἄλλου τινὸς ἀδικηθῇ. Ταῦτα δὲ ποιήσας Μενέλαον αἱρεῖται νύμφιον. — Τὸ μαθεῖν πραΰνει τὰ ἤθη.

P. Θύμβριον πόλις ἐστὶ τῆς Φρυγίας· ἐνταῦθα ἦν παρὰ τὴν ὁδὸν κρήνη ἡ τοῦ Μίδου καλουμένη τοῦ Φρυγῶν βασιλέως, ἐφ' ᾗ λέγεται Μίδας τὸν Σάτυρον θηρεῦσαι οἴνῳ κεράσας αὐτήν. — Οἱ Χάλυβες εἶχον θώρακας λινοῦς μέχρι τοῦ ἤτρου, ἀντὶ δὲ τῶν πτερύγων σπάρτα πυκνὰ ἐστραμμένα· εἶχον δὲ καὶ κνημῖδας καὶ κράνη καὶ παρὰ τὴν ζώνην μαχαίριον, ᾧ ἔσφαττον ὧν κρατεῖν δύναιντο· καὶ ἀποτέμνοντες[1] ἂν τὰς κεφαλὰς ἔχοντες ἐπορεύοντο· καὶ ᾖδον καὶ ἐχόρευσαν, ὁπότε οἱ πολέμιοι ὄψεσθαι αὐτοὺς ἔμελλον. — Ἀλέξανδρος, προτρεπομένων τινῶν αὐτὸν ἰδεῖν τὰς Δαρείου θυγατέρας, καὶ τὴν κάλλει διαφέρουσαν εἰς γυναῖκα λαβεῖν, Αἰσχρόν, ἔφη, τοὺς ἄνδρας νικήσαντας ὑπὸ γυναικῶν ἡττᾶσθαι.

Q. Μενέδημος, νεανίσκου τινὸς εἰπόντος· Μέγα ἐστὶ τὸ τυχεῖν, ὧν ἄν τις ἐπιθυμῇ, εἶπε· Πολλῷ μεῖζόν ἐστι, τὸ μηδὲ ἐπιθυμεῖν, ὧν[2] μὴ δεῖ. — Ἀνὴρ εἰς Λακεδαίμονα ἀφίκετο Κεῖος, γέρων ἤδη ὤν, τὰ μὲν ἄλλα ἀλαζών, ᾐδεῖτο δὲ ἐπὶ τῷ γήρᾳ, καὶ διὰ ταῦτα τὴν τρίχα πολιὰν οὖσαν ἐπειρᾶτο βαφῇ ἀφανίζειν. Παρελθὼν οὖν εἶπεν ἐκεῖνα, ὑπὲρ ὧν ἀφίκετο. Ἀναστὰς οὖν Ἀρχίδαμος, ὁ τῶν Λακεδαιμονίων βασιλεύς, Τί δ' ἂν, ἔφη, οὗτος ὑγιὲς εἴποι, ὃς οὐ μόνον ἐπὶ τῇ ψυχῇ τὸ ψεῦδος, ἀλλὰ καὶ ἐπὶ τῇ κεφαλῇ περιφέρει; — Ἐπεὶ ἔν τινι ἐρήμῳ τόπῳ ἐδίψησεν ὁ Ξέρξης, ἐκηρύχθη τῷ στρατοπέδῳ, εἴ τις ἔχει ὕδωρ ἐκ τοῦ Χοάσπου, ἵνα δῷ βασιλεῖ πιεῖν. Καὶ εὑρέθη τις βραχὺ καὶ σεσηπὸς ἔχων. Ἔπιεν οὖν τοῦτο ὁ Ξέρξης, καὶ εὐεργέτην τὸν δόντα ἐνόμισεν, ὅτι ἂν ἀπώλετο τῇ δίψῃ, εἰ μὴ ἐκεῖνος εὑρέθη.

R. Ἐὰν ἐν κεφαλαίοις τὴν δύναμιν ὅλου τοῦ πράγματος καλῶς περιλάβωμεν, ἐνταῦθα ἀποβλέποντες ἄμεινον καὶ περὶ τῶν μερῶν ἐροῦμεν. — Εἰδείην γενναίως φέρειν τὰ προσπί-

---

[1] Resolve: ἀπέτεμνον ἄν—καὶ εἶχον (took them along) καὶ ἐπ. ἄν here implies repetition. [2] Supply ἐπιθυμεῖν.

πτοντα. — Ὁ Κίμων τῶν ἀγρῶν τοὺς φραγμοὺς ἀφεῖλεν, ἵνα καὶ τοῖς ξένοις καὶ τῶν πολιτῶν τοῖς δεομένοις ἀδεῶς ὑπάρχῃ λαμβάνειν τῆς ὀπώρας.[1] — Ἐν τῇ τῶν Κόλχων χώρᾳ πολλὰ σμήνη ἦν· καὶ τῶν κηρίων[1] ὅσοι ἔφαγον, πάντες ἄφρονές τε ἐγίγνοντο καὶ ἤμουν καὶ ὀρθὸς οὐδεὶς ἐδύνατο ἵστασθαι· ἀλλ' οἱ μὲν ὀλίγον ἐδηδοκότες σφόδρα μεθύουσιν ἐῴκεσαν, οἱ δὲ πολύ,[2] μαινομένοις,[3] οἱ δὲ καὶ ἀποθνήσκουσιν.

S. Ὁ Θεμιστοκλῆς κρύφα πέμπει τοῖς Ἀθηναίοις, κελεύων κατασχεῖν τοὺς Σπαρτιατῶν πρέσβεις, καὶ μὴ ἀφεῖναι, πρὶν ἂν αὐτοὶ πάλιν κομισθῶσιν. — Πεπτωκώς τις ὑπὸ τῷ Κύρου ἵππῳ καὶ πατούμενος, παίει εἰς τὴν γαστέρα τῇ μαχαίρᾳ τὸν ἵππον αὐτοῦ, ὁ δὲ ἵππος ἀποσείεται τὸν Κῦρον· ἔνθα δὲ ἔγνω ἄν τις, ὅσον[4] ἄξιον εἴη τὸ φιλεῖσθαι ἄρχοντα ὑπὸ τῶν περὶ αὐτόν· εὐθὺς γὰρ ἀνεβόησάν τε πάντες καὶ προσπεσόντες ἐμάχοντο. — Οἱ Θρᾷκες πρὸς αὐλὸν ὠρχήσαντο σὺν τοῖς ὅπλοις καὶ ἥλλοντο ὑψηλά[5] τε καὶ κούφως καὶ ταῖς μαχαίραις ἐχρῶντο· τέλος δὲ ὁ ἕτερος τὸν ἕτερον παίει, ὡς πᾶσι δοκεῖν πεπληγέναι τὸν ἄνδρα· ὁ δ' ἔπεσε τεχνικῶς πως. Καὶ ὁ μὲν σκυλεύσας τὰ ὅπλα ἐξῄει ᾄδων τὸν Σιτάλκην. Ἄλλοι δὲ τῶν Θρᾳκῶν τὸν ἕτερον ἐξέφερον ὡς τεθνεῶτα· ἦν δ' οὐδὲν πεπονθώς.

T. Διονύσιος Ἀρίστιππον ἔπειθεν ἀποθέμενον τὸν τρίβωνα πορφυροῦν ἱμάτιον περιβαλέσθαι· καὶ ἐπείσθη ἐκεῖνος. — Ὁ Κῦρος ὑπολαβὼν τοὺς φεύγοντας, συλλέξας στράτευμα, ἐπολιόρκει Μίλητον καὶ κατὰ γῆν καὶ κατὰ θάλασσαν, καὶ ἐπειρᾶτο κατάγειν τοὺς ἐκπεπτωκότας. — Ὁ Ἀγησίλαος, ἀγγελίας ἐλθούσης αὐτῷ, ὡς ἐν τῇ ἐν Κορίνθῳ μάχῃ ὀκτὼ μὲν Λακεδαιμονίων, ἐγγὺς δὲ μύριοι τῶν πολεμίων τεθναῖεν, οὐκ ἐφήσθη, ἀλλ' εἶπεν ἄρα· Φεῦ, ὦ Ἑλλάς, ὁπότε οἱ νῦν τεθνηκότες ἱκανοὶ ἦσαν ζῶντες[6] νικᾶν πάντας τοὺς βαρβάρους. — Ὁ κακῶς διανοηθεὶς περὶ τῶν ἰδίων οὐδέποτε καλῶς βουλεύσεται περὶ τῶν ἀλλοτρίων.

U. Ἐν τῇ τῶν Ἑλλήνων πορείᾳ τῇ ἐπὶ τὴν θάλατταν τόδε ἐγένετο· ἄνεμος βορρᾶς ἐναντίος ἔπνει παντάπασιν ἀποκαίων

---

[1] Supply τί. [2] Supply ἐδηδοκότες. [3] Supply ἐῴκεσαν.
[4] How much; gen. of prize. [5] Accus. (adverbial).
[6] If they were still alive.

πάντα καὶ πηγνὺς τοὺς ἀνθρώπους. Ἔνθα δὴ μάντεών τις εἶπε σφαγιάσασθαι τῷ ἀνέμῳ· καὶ σφαγιάζεται· καὶ πᾶσι δὴ περιφανῶς ἔδοξε λῆξαι τὸ χαλεπὸν τοῦ πνεύματος. — Οἱ Λακεδαιμόνιοι πέμπουσι πρέσβεις ἐς τὴν Κόρινθον καὶ παραβήσεσθαι ἔφασαν αὐτοὺς τοὺς ὅρκους, εἰ Ἀργείοις ξύμμαχοι ἔσονται. — Οἱ τῶν Ἑλλήνων στρατηγοὶ ἐβουλεύοντο, ὅπως ἂν κάλλιστα τὸν ποταμὸν διαβαῖεν. — Ὃς ἂν ἱεροσυλῶν ληφθῇ, ἐὰν ᾖ δοῦλος ἢ ξένος, μαστιγωθεὶς ἐκτὸς τῶν ὅρων τῆς χώρας γυμνὸς ἐκβληθήτω. — Οἱ Ἀθηναῖοι πλεῖστα καὶ κάλλιστα ὑπὲρ τῆς τῶν Ἑλλήνων ἐλευθερίας συνεβάλοντο, στρατηγὸν μὲν Θεμιστοκλέα, ἱκανώτατον εἰπεῖν καὶ γνῶναι καὶ πρᾶξαι, ναῦς δὲ πλείους τῶν ἄλλων ἁπάντων συμμάχων, ἄνδρας δ' ἐμπειροτάτους.

V. Ἤγγελται Ἀθήναζε ἡ μάχη ἡ ἐν Ποτιδαίᾳ πάνυ ἰσχυρὰ γεγονέναι, καὶ ἐν αὐτῇ πολλοὺς τεθνάναι. — Τοὺς ἐν μάχῃ πεσόντας οἱ Ἕλληνες συνενεγκόντες ἔθαψαν, ὡς ἐδύναντο κάλλιστα, οὓς δὲ μὴ εὕρισκον, κενοτάφιον τούτοις ἐποίησαν καὶ στεφάνους ἐπέθεσαν. — Οἱ Πέρσαι διαβάντες εἰς τὴν Εὐρώπην δίκην ἔδοσαν· οἱ μὲν γὰρ αὐτῶν κακῶς ἀπώλοντο, οἱ δ' αἰσχρῶς ἐσώθησαν. — Ἅπαντα δόκει ποιεῖν ὡς μηδένα λήσων· καὶ γὰρ ἂν παραυτίκα κρύψῃς, ὕστερον ὀφθήσῃ. — Εὖ μὲν φερομένης τῆς γεωργίας, ἔρρωνται καὶ αἱ ἄλλαι τέχναι ἅπασαι· ὅπου δ' ἂν ἀναγκασθῇ ἡ γῆ χερσεύειν, ἀποσβέννυνται καὶ αἱ ἄλλαι τέχναι.

CHAPTER XXVII.

THE DECLENSIONS.

A. (The) Discretion [1] is power over the passions [2] (*genit.*). — (The) Education is a refuge [3] in adversity.[4] — We admire the heroic [5] deeds of the Spartans. — Alexandros took Helena out of Sparta. — (The) Modesty is [6] worth more than all knowledge.[7] — Euripides was a disciple of Anaxagoras. — The soldiers have judges of their bravery. — Pythagoras called (the)

A. [1] ἐγκράτεια. [2] Ch. I., 34. [3] καταφυγή. [4] Ch. I, 15. [5] ἀνδραγαθία. [6] διαφέρω, *c. gen.* [7] ἐπιστήμη, *plur.*

drunkenness[8] an exercise[9] of madness. — Lycurgus founded[10] the sanctuary of Athene. — Joking[11] is sometimes[12] a recreation[13] from toil.[14]

B. At Thebes the council[1] was (held) in the portico[2] of the market-place. — The masters make[3] use of the slaves. — The Spartans (who were) with[4] Leonidas received[5] (the) immortality.[6] — Alexander conquered the Persians at[7] the Granikus. — Helen was the daughter of Tyndareos and Leda. — The[8] blowing of the north-wind[9] is disagreeable. — Be[10] happy, O ruler![11] — Thessaly is situated between[12] the mouths[13] of Peneios and the Thermopylæ. — The hares[14] are caught by the foxes,[15] now[16] by swiftness,[17] now[16] by cunning.[18] — Hannibal, the son of Barkas, reluctantly[19] obeyed[20] the Carthaginians,[21] who called[22] him from Italy to the war[23] in his country.

C. The poets call the food[1] of the gods ambrosia. — The island of Ægina is near[2] the continent.[3] — In the temples[4] of Sicily there were works of famous artists.[5] — The olive-trees[6] were sacred to Athene (*gen.*). — (The) Old age[7] possesses prudence.[8] — There were many temples at Thebes. — When the north-wind was blowing,[9] the voyage[10] from the Pontus Euxinus to Greece was prosperous.[11] — (The) Fear benumbs[12] the mind (*plur.*) of men. — The gain[13] of the usurers[14] is disgraceful. — The body is connected[15] by sinews[16] and bones.[17] — The soldiers have[18] set out at[19] daybreak.[20]

D. It is becoming[1] that the boys obey the fathers and the mothers. — By[2] the claws[3] we know[4] the lion. — Not fra-

---

[8] Ch. I., 53. [9] γυμνάσιον. [10] Ch. X., 16. [11] παιδιά. [12] ἐνίοτε. [13] ἀνάπαυλα. [14] σπουδή, gen.

B. [1] Ch. I., 20. [2] στοά. [3] Ch. IX., 54. [4] μετά, c. gen. [5] μετ-αλλάττω. [6] ἀθανασία. [7] ἐπί, c. dat. [8] πνοή. [9] βορρᾶς, [10] Ch. IX., 20. [11] δεσπότης. [12] Ch. XIV., 24. [13] ἐκβολή. [14] λαγώς, ώ. [15] Ch. IV., 8. [16] τοτὲ μέν — τοτὲ δέ. [17] δρόμος. [18] δόλος. [19] μόλις. [20] ὑπ-ακούω. [21] Καρχηδόνιος. [22] Part. [23] ὁ οἴκοι πόλεμος.

C. [1] Ch. II., 64. [2] Ch. XIV., 10. [3] ἤπειρος, ἡ. [4] νεώς, ώ. [5] Ch. I., 85. [6] ἐλαία. [7] To old age is. [8] Ch. II., 89. [9] πνέω, gen. abs. [10] πλοῦς, plur. [11] καλός. [12] ἐκπλήττω. [13] κέρδος, τό. [14] χρήστης. [15] σύγκειται. [16] νεῦρον. [17] ὀστοῦν. [18] ὁρμάομαι, perf. [19] ἅμα, c. dat. [20] ἕως, ἡ.

D. [1] προσ-ήκω, acc. c. inf. [2] ἐξ. [3] ὄνυξ, χος, ὁ. [4] γιγνώσκω.

grance⁵ and ointments,⁶ but bravery and strength, befit the souls and bodies of men. — A mother who looks with ⁷ pleasure at the smiling⁸ child is often described⁹ by the poets. — They call ¹⁰ Apollo the father of many discoveries.¹¹ — In the Nile ¹² there are fishes of every kind. — Many generations of men sacrificed to the gods cakes ¹³ and honey.¹⁴

E. Timotheus conquered ¹ Samos in ten months.² — Cyrus subjugated³ the Syrians, Phrygians, Lydians, Carians, and Babylonians. — The deer⁴ strikes⁵ with its horns⁶ and legs.⁷ — The rays⁸ and streams⁹ of (the) fire give ¹⁰ light and warmth ¹¹ to the bodies. — The children of Heracles were in many dangers from the violence of the enemies. — The Romans considered Romulus a son of Mars.¹² — It ¹³ is said that Apollo and Poseidon built ¹⁴ the walls of Troy.

F. The starlings¹ and (the) ravens learn² to speak.³ — Many men have lame⁴ feet and hands. — The serpents⁵ devour⁶ hares, foxes, and sundry⁷ animals. — Heracles threw ⁸ Hylas into the sea. — Tiberius made⁹ votive ¹⁰ presents to many cities, and to the temples of many cities. — The Nile first flows ¹¹ towards ¹² the east,¹³ but then ¹⁴ towards the west.¹⁵ — Homer calls ¹⁶ Minos the companion ¹⁷ of the gods. — In Samos the peacocks ¹⁸ were sacred to Hera, and the Samians engraved ¹⁹ a peacock on their coins.²⁰

G. How fine, how large, how fat,¹ do the animals on the mountains and (in) the meadows² appear!³ — (The) Fire protects⁴ us against the cold;⁵ (it is) useful⁶ for every

---

⁵ εὐωδία. ⁶ μύρον. ⁷ προθύμως. ⁸ γελάω. ⁹ γράφω. ¹⁰ λέγουσιν.
¹¹ εὕρημα. ¹² Νεῖλος. ¹³ πλακοῦς, οῦντος. ¹⁴ μέλι, τος, τό.

E. ¹ ἐκ-πολιορκέω. ² μήν, μηνός. ³ καταστρέφομαι. ⁴ ἔλαφος. ⁵ παίω.
⁶ Ch. V., 27. ⁷ Ch. IV., 53. ⁸ ἀκτίς, ῖνος. ⁹ ῥεῦμα. ¹⁰ προσ-βάλλω.
¹¹ θερμότης, ητος. ¹² Ἄρης. ¹³ μυθολογέω. ¹⁴ οἰκοδομέω.

F. ¹ ψάρ, ἀρός, ὁ. ² μανθάνω. ³ διαλέγομαι. ⁴ χωλός, 8. ⁵ ὄφις, εως, ὁ.
⁶ σιτέομαι. ⁷ παντοῖος, 8. ⁸ ῥίπτω. ⁹ νέμω. ¹⁰ ἀνάθημα, τος.
¹¹ ἐλίσσομαι. ¹² πρός, c. acc. ¹³ ἕως, ω. ¹⁴ Ch. XIV., 17. ¹⁵ Ch. I., 87.
¹⁶ ἀπο-καλέω. ¹⁷ δαριστής, οῦ. ¹⁸ ταώς. ¹⁹ κόπτω. ²⁰ νόμισμα, τος.

G. ¹ λιπαρός, 8. ² λειμών, ῶνος. ³ φαίνομαι. ⁴ ἐπίκουρος, ον, w. ἐστίν. ⁵ ψῦχος, ους. ⁶ συνεργύς, όν.

art, and everything that⁷ men make⁸ for their use.⁹ — Semiramis founded Babylon and many other cities, and set out against India¹⁰ with¹¹ a great army.¹² — All wars arise¹³ for¹⁴ the possession¹⁵ of money.¹⁶ — Demetrius took¹⁷ the walls of many cities by violence.¹⁸ — It is said that Demeter traversed,¹⁹ by²⁰ day and night, the whole earth with torches,²¹ in search²² of her daughter. — The flesh²³ of the eels²⁴ is tender.²⁵ — The sky is adorned²⁶ with stars.²⁷

H. The recreation¹ of the old man is different from (that) of the boys, (that) of the man different from (that) of the woman. — (The) Cold is to many men more troublesome than (the) heat.² — Ye boys, obey the old men. — The voices of the birds³ delighted⁴ us and our companions.⁵ — The high mountains checked the army of the enemies. — The bravery of Hector preserved⁶ the city of Troy for a long⁷ time. — In spring⁸ the leaves⁹ grow¹⁰ on the trees.¹¹ — The long walls which extend¹² from the city¹³ (Athens) to¹⁴ the Peiræus are called thighs.¹⁵

I. Silence¹ does honor² to the woman. — With the hands³ we work,⁴ with the feet we walk.⁵ — From⁶ nature the bull learns (how) to wound⁷ with the horn, the wild-boar⁸ with the tooth. — The eagle⁹ was sacred to Jupiter (*gen.*), the owl¹⁰ to Athene. — Many men live on¹¹ cattle,¹² nourishing¹³ themselves by milk,¹⁴ cheese,¹⁵ and meat.¹⁶ — By old age the strength of man is weakened.¹⁷

---

⁷ ὅσοι. ⁸ κατασκευάζομαι. ⁹ Ch. I., 96. ¹⁰ ἡ Ἰνδική. ¹¹ Having. ¹² Ch. V., 14. ¹³ ἐγ-γίγνομαι. ¹⁴ Ch. XV., 9. ¹⁵ Ch. V., 30. ¹⁶ Ch. IV., 71. ¹⁷ Ch. XI., 3. ¹⁸ Ch. I., 18. ¹⁹ διελθεῖν (*acc. c. inf.*). ²⁰ Gen. ²¹ λαμπάς, άδος. ²² ζητέω. ²³ κρέας, τό, *plur.* ²⁴ ἔγχελυς, ἡ. ²⁵ ἁπαλός, 3. ²⁶ ποικιλόω, *perf. pass.* ²⁷ ἀστήρ, *dat. plur.*

H. ¹ παιδιά. ² καῦμα, τος. ³ ὄρνις, ιθος, ὁ, ἡ. ⁴ τέρπω. ⁵ Ch. II., 23. ⁶ σώζω. ⁷ πολύς. ⁸ ἔαρ, τό, *gen.* ⁹ φύλλον. ¹⁰ φύω, *pass.* ¹¹ δένδρον. ¹² καθ-ήκω, *part.* ¹³ ἄστυ. ¹⁴ εἰς. ¹⁵ σκέλος, ους.

I. ¹ σιγή. ² κόσμος, ου. ³ Dat. ⁴ ἐργάζομαι. ⁵ βαδίζω. ⁶ παρά, *c. gen.* ⁷ παίω. ⁸ Ch. II., 34. ⁹ ἀετός, οῦ. ¹⁰ γλαῦξ, κός, ἡ. ¹¹ ἀπό. ¹² βόσκημα, τος. ¹³ τρέφομαι. ¹⁴ γάλα, κτος, τό. ¹⁵ τυρός. ¹⁶ κρέας, τος, τό. ¹⁷ ἡττάω.

CHAPTER XXVIII.

ADJECTIVES AND NUMERALS.

A. In winter we wear[1] woolen[2] dresses.[3] — Both the agreeable[4] and the disagreeable[5] we must[6] do for the sake of the good,[7] but not the good for the sake of the agreeable. — At Kelænæ, a large, flourishing,[8] and populous[9] city of Asia, Cyrus had[10] a large and fine park,[11] full[12] of wild[13] beasts. — The river of Chalos in Syria was celebrated[14] for the great number of large and tame[15] fishes. — Dionysius spoiled[16] the head[17] of Apollo, which had[18] golden locks.[19] — It is (the duty) of a good woman to watch the house. — If you wish[20] that the gods should be propitious[21] to you, you must honor[22] the gods. — (The) Fools[23] do not listen[24] to reason.[25] — We must[26] undergo[27] many (and) great struggles[28] for[29] our friends[30] and acquaintances.[31]

B. Full[1] cups and pieces of meat[2] were the gifts[3] for kings (*gen.*). — Hesiodos, the poet, called the road of virtue rugged.[4] — Zeus destroyed[5] the brazen[6] age of men. — Nature has produced[7] not only two-horned,[8] but also one-horned[9] and three-horned[10] animals. — Cyrus acquired[11] a great name and many treasures. — Thasus lies[12] at a distance[13] of[14] half[15] a day from Amphipolis. — The priests have golden cups.[16] — The hares have light[17] and short hair.[18] — The soul lives immortal and imperishable[19] through[20] all ages.

A. [1] φορέω. [2] ἐρέεος, 3. [3] ἱμάτιον. [4] ἡδύς, 3. [5] τὰ ἄφιλα. [6] δεῖ.
[7] Plur. [8] ὄλβιος, 3. [9] οἰκούμενος, 3. [10] To Cyrus was. [11] παράδεισος.
[12] πλήρης, ες, c. gen. [13] ἄγριος, 3. [14] ἐπίσημος, ον. [15] πρᾶος, 3. [16] περισυλάω. [17] κεφαλή. [18] To which were. [19] βόστρυχος. [20] βούλομαι,
2. pers. βούλει, acc. c. inf. [21] ἵλεως, ων. [22] θεραπεύω, adject. verb. [23] ἄνους.
[24] πείθομαι. [25] νοῦς. [26] δεῖ. [27] ὑπομένω, c. acc. [28] ἀγών. [29] ὑπέρ, c. gen.
[30] συνήθης, ες. [31] γνώριμος, 3.

B. [1] πλέως, α, ων. [2] κρέας, τό. [3] γέρας, τό. [4] Ch. VI., 45. [5] ἀφανίζω.
[6] χάλκεος, 3. [7] Ch. IX., 40. [8] δικέραιος. [9] μονόκερως. [10] τρίκερως.
[11] Ch. IX., 27. [12] ἀπέχω. [13] πλοῦς, acc. (a voyage). [14] Genitive. [15] ἥμισυς, εια, υ. [16] ἔκπωμα, τος. [17] κοῦφος, 3. [18] θρίξ, τριχός, ἡ. [19] ἀγήρως, ων. [20] Ch. XV., 9.

COMPARISON OF ADJECTIVES.

C. Most of the wisest and most renowned [1] men were sons of obscure [2] fathers. — The Kings of Egypt have built [3] the greatest and most lasting [4] works of architecture,[5] by the toil [6] of many men. — Man is the most beautiful of all the works of God. — Often the children of the best parents become [7] bad, and the children of the worst parents good. — At Sparta the younger were educated by the elder. — It is better that the body is sick [8] than the soul. — No possession is more beautiful nor [9] more excellent than virtue, justice and generosity.[10]

D. The quickest animals are caught [1] by men, by snares. — The roots of the trees are often stronger and larger than the branches.[2] — The lofty [3] places [4] are healthier [5] than the low [6] (ones). — The Chaldæans [7] applied [8] themselves with the greatest eagerness [9] (acc.) to astronomy.[10] — The honey of the bees [11] is very sweet. — The country of Bactriana [12] is very fertile [13] and flourishing. — Honor [14] the older (one), instruct [15] the younger (one). — It is better to be silent than to speak what is not [16] becoming.[17] — Understanding [18] is better than strength of the hands. — Agesilaus was very kind [19] towards his friends, and underwent many dangers for [20] his friends and acquaintances.

NUMERALS.

E. On [1] the river of Tigris [2] there was a large deserted [3] city; its name was Larissa [4]; it was once [5] inhabited by Medes. — The breadth [6] of its wall was twenty-five, the hight one

---

C. [1] Ch. VI., 25. [2] ἀκλεής, ἐς. [3] κατα-σκευάζω. [4] ἰσχυρός. [5] ἀρχιτεκτονία. [6] πόνος. [7] γίγνομαι. [8] Ch. IX., 33, acc. c. inf. [9] Ch. VII. [10] γενναιότης, ητος.

D. [1] ἀγρεύω. [2] κλών, ωνός, ὁ. [3] Ch. III., 69. [4] τόπος. [5] ὑγιεινός. [6] ταπεινός. [7] Χαλδαῖος. [8] ποιέομαι. [9] Ch. I., 35. [10] ἀστρολογία, gen. [11] μέλιττα. [12] ἡ Βακτριανὴ χώρα. [13] εὔφορος. [14] Ch. XI., 1. [15] διδάσκω. [16] μή. [17] πρέπει. [18] Ch. V., 56. [19] εὔνους. [20] See A, 27, 29, 30.

E. [1] παρά, c. dat. [2] Τίγρης, ητος. [3] ἔρημος, 3. [4] Λάρισσα. [5] τὸ πάλαι. [6] εὖρος, ους.

hundred feet, the circumference⁷ two parasangs⁸; it was built⁹ of brick¹⁰; there was¹¹ a foundation¹² of stone¹³ twenty feet high.¹⁴ — In the tenth year after the battle of Marathon, the barbarian, with a great army,¹⁵ again¹⁶ set out against¹⁷ Greece to subjugate¹⁸ it. — The length¹⁹ of the whole expedition of the Greeks, of the advance²⁰ with Cyrus, and the retreat²¹ as far as the sea, (was) 215 days' journey,²² 1155 parasangs, 34,650 stadia; the duration²³ of the advance and of the retreat, one year²⁴ and three months.²⁵ — Plato was born²⁶ in the third year of the eighty-seventh Olympiad,²⁷ in the seventh year of the Thargelion,²⁸ and died in the first year of the hundred and eighth Olympiad, after²⁹ he had lived eighty-one years.

CHAPTER XXIX.

PRONOUNS.

A. Strive¹ to satisfy² all, not yourself alone. — As³ the character of every one, so³ (is) his⁴ life and his actions. — (The) Virtue will lead you to happiness⁵ (on) an easy⁶ and short road. — Men who submit⁷ to the laws are praised.⁸ — When the barbarian brought⁹ slavery to the Greeks, the Thebans were with him. — The sun brings warmth¹⁰ when, in summer,¹¹ he passes¹² above us and our houses. — The Athenians underwent¹³ many (and) great combats, now¹⁴ for their own country, now for the freedom of the rest.

B. It is the duty¹ of (the) legislators² to examine³ what is

---

⁷ περίοδος, ἡ. ⁸ παρασάγγης, ου. ⁹ οἰκοδομέω. ¹⁰ πλίνθος κεραμία, ἡ.
¹¹ ὑπ-ῆν. ¹² κρηπίς, ίδος. ¹³ λίθινος, 3. ¹⁴ Accusative. ¹⁵ στόλος.
¹⁶ αὖθις. ¹⁷ ἐπί. ¹⁸ δουλόω, part. fut. mid. ¹⁹ ἀριθμός. ²⁰ ἀνάβασις.
²¹ κατάβασις. ²² σταθμός. ²³ χρόνου πλῆθος. ²⁴ ἐνιαυτός. ²⁵ μήν, νός.
²⁶ γένεσιν ἔλαβε. ²⁷ ὀλυμπιάς, άδος. ²⁸ Θαργηλιών, ῶνος. ²⁹ Part. aor.

A. ¹ βούλομαι. ² ἀρέσκω. ³ οἷος—τοιόσδε. ⁴ Page 29, Rem. 1.
⁵ εὐδαιμονία. ⁶ Acc. ⁷ ὑποτάσσω. ⁸ Ch. XI., 2. ⁹ ἐπι-φέρω, gen. abs.
¹⁰ θερμαίνω. ¹¹ θέρος, τό. ¹² πορεύομαι, part. ¹³ ὑπομένω. ¹⁴ τοὺς μέν—τοὺς δέ.

B. ¹ ἔργον. ² νομοθέτης, ου. ³ ζητέω.

good and what is injurious to the city. — The following[4] has been appointed[5] and enacted[6] for all men: if one injures purposely,[7] anger[8] and punishment upon[9] him; if one fails[10] without his fault,[11] forgiveness[12] to him instead[13] of punishment. — The toil of our hands does not always bring fruit. — Your brother is not worthy of this honor, for he violates the law.[14] — What friends has[15] an unhappy man? — Prefer[16] to be praised rather by another[17] than by thyself.

C. Do not[1] say always and to everybody what you think.[2] — Many live for themselves, not for others. — When many happy events[3] had been announced[4] on one day, Philippus said: O fate, send me a small misfortune[5] for[6] so many[7] happy events! — It seems[8] to me that by[9] nature the wicked are enemies rather than friends to one another. — As the fathers love their children, so the poets love their poems. — Show[10] yourselves considerate, my friends!

CHAPTER XXX.

THE REGULAR CONJUGATION.

1. VERBA PURA AND VERBA MUTA.

A. Good laws of the city I might compare[1] to the soul of man. — Prometheus lighted[2] the fire for (the) men, and ordered them to use it. — Those that were without courage[3] in battle were called cowards[4] by the Spartans. — Good citizens have submitted[5] their judgment to the judgment of the laws. — Be not angry,[6] for the angry do not differ[7] from the raging.[8]

---

[4] τὰ τοιαῦτα. [5] δι-ορίζω, part. perf. [6] τάσσω. [7] ἑκών, όντος. [8] ὀργή. [9] κατά, c. gen. [10] ἐξ-αμαρτάνω. [11] ἄκων, οντος. [12] συγγνώμη. [13] Ch. XV., 4. [14] παρανομέω. [15] Arc to. [16] προκρίνω. [17] ἕτερος.

C. [1] See page 20, Rem. 1. [2] Ch. X., 18. [3] κατόρθωμα, τος. [4] ἀγγέλλω. [5] Ch. I., 15. [6] Ch. XV., 4. [7] τοσοῦτος. [8] δοκέω. [9] Ch. VIII., 24. [10] παρ-έχω.

A. [1] εἰκάζω, aor. opt. with ἄν. [2] ἀν-άπτω. [3] καταδειλιάω, aor. part. [4] τρέω, aor. part. [5] ὑποτάσσω. [6] ὀργίζομαι. [7] διαφέρω τινός. [8] μαίνομαι.

— Theseus has delivered Athens from a fatal tribute.⁹ — When I see a man who trusts in great riches, and not in virtue, I cannot help laughing,¹⁰ for short is the life of man,¹¹ and fleeting¹² are the riches.

B. The Egyptians were once¹ called the wisest of all nations. — Cicero² called Solon the wisest of the Greeks. — The bravery of the Athenians, who once, with Miltiades, conquered the Persians at Marathon,³ was praised and admired by all the Greeks. — Among the Greek sculptors,⁴ Pheidias is said to have formed⁵ Jupiter most beautifully. — You have all that others have not, for you have been sufficiently⁶ instructed. — The Athenians set out⁷ with many vessels and a great army, in order⁸ to subdue⁹ Sicily.

C. Do not judge¹ a man by² his words, but always examine³ his conduct⁴; for many, indeed, speak beautiful things, but their works are bad. — The dead⁵ are freed⁶ from grief and diseases, and from other⁷ things that befall⁸ (the) human life. — On every citizen in the city some work⁹ should be imposed.¹⁰ — Sesostris, the King of Egypt, subjugated¹¹ those living¹² on¹³ the Red¹⁴ Sea. — Men once rescued from a danger are very cautious,¹⁵ for they think¹⁶ that they will not always be saved.

D. The Sabinians waged war¹ against the Romans, who had stolen their wives. — Well cultivated² vines³ bring good fruits. — The judges in Hades⁴ sent the just men to the Elysian field,⁵ but the bad to the place⁶ of the wicked,⁷ that they might be punished. — The King of the Persians gave⁸ three

---

⁹ Ch. II., 83. ¹⁰ γελάω, aor. ¹¹ ἀνθρώπινος, η, ον. ¹² φθαρτός, 3.

B. ¹ ποτέ. ² Κικέρων, ωνος. ³ Ch. IX., C. ⁴ πλάστης, ου. ⁵ πλάσσω. ⁶ ἱκανῶς. ⁷ ἐκπλέω. ⁸ Page 26, Rem. 1. ⁹ καταπολεμέω.

C. ¹ κρίνω. ² ἐκ. ³ ἐξετάζω. ⁴ βίος, ου. ⁵ τελευτάω, part. perf. ⁶ ἀπ-αλλάσσω, c. gen. ⁷ Ch. VI., 4. ⁸ προσ-πίπτω, c. dat., part. pres. ⁹ ἔργον. ¹⁰ προσ-τάσσω, perf. part. ¹¹ καταστρέφομαι. ¹² κατοικέω. ¹³ παρά, c. acc. ¹⁴ ἐρυθρός. ¹⁵ εὐλαβέομαι. ¹⁶ Ch. XI., 6.

D. ¹ πόλεμον ποιεῖν πρός τινα. ² φυτοτροφέω, aor. ³ Ch. II., 4. ⁴ ἐν Ἅιδου (supply οἰκίᾳ). ⁵ τὸ Ἠλύσιον πεδίον. ⁶ χῶρος. ⁷ ἀσεβής, ές. ⁸ χαρίζομαι, part. aor.

cities to Themistocles, and wished[9] him to be his friend. — (The) Men change their minds,[10] but God has not yet[11] changed his mind, nor will he change it. — To Croesus, who had consulted[12] the god at Delphi, this answer[13] was given[14]: Croesus will destroy[15] a great kingdom.[16]

E. The life of a man inclined[1] to pleasure is not[2] trustworthy.[2] — The oxen of Admetus, King of Thessaly, were watched by Apollo, who had been exiled[3] from heaven. — When[4] everything had been prepared[5] by Xerxes for his expedition[6] against the Greeks, he sent[7] heralds[8] to all the cities of Greece, having ordered[9] them to ask[10] from[11] the Greeks earth and water. — Socrates was saved in the battle of Potidæa. — Pentheus,[12] the ruler of Thebes, died torn[13] by his mother Agaue.[14] — The Persians devastated[15] the country of the Athenians, cutting down[16] the olive-trees and burning[17] the houses.

F. Cyrus was sent[1] by his father as satrap[2] of Lydia and Phrygia. — When the father was[3] living, the sons were better nourished and brought up. — In[4] the beginning (the) fire was not on[5] the earth, but Prometheus stole it from heaven. — Men who, as children, have[6] been shut up in the houses of their parents, often do not use well their freedom as men. — The constitution[7] of the state will be well arranged,[8] if[9] the citizens obey the laws. — When Xerxes had made a review[10] of his army, and considered[11] that so many[12] (and) excellent[12] men were[13] mortal, he sighed and shed tears.[14]

G. The Romans built[1] temples to their rulers, some[2] of

---

[9] βούλομαι. [10] μεταβουλεύομαι. [11] Ch. XIV., 81. [12] ἐπερωτάω. [13] Ch. II., 86. [14] χράω. [15] διαλύω. [16] Ch. I., 13.

E. [1] τρέπω, part. perf. pass. [2] ἄπιστος, ον. [3] ἐξοστρακίζω, part. aor. pass. [4] Ch. XVI., 11. [5] ἑτοιμάζω. [6] στρατεία. [7] ἐκπέμπω. [8] κῆρυξ, κος. [9] Ex. C., 10. [10] αἰτέω. [11] Ch. XV., 18. [12] Πενθεύς. [13] διασπάω. [14] Ἀγαυή. [15] διαπορθέω. [16] ἐκκόπτω, aor. part. [17] κατακαίω.

F. [1] καταπέμπω. [2] σατράπης, ου. [3] Gen. abs. [4] τὴν ἀρχήν. [5] ἐπί, c. gen. [6] κατακλείω (insert σ). [7] Ch. I., 66. [8] Ch. IX., 25. [9] Ch. XVI., 8. [10] ἐξέτασιν ποιεῖσθαι, part. [11] Ch. X., 18, part. [12] τοσοῦτος καὶ τοιοῦτος. [13] Are. [14] κλαίω.

G. [1] κατασκευάζω. [2] ἔνιοι, αι, α.

THE REGULAR CONJUGATION. 79

which are still[3] preserved.[4] — After you have acquired[5] prudence, you will neither wish[6] for riches nor blame[7] poverty.[8] — Better than rudeness[9] is equity[10] towards those who have fallen into misfortune.[11] — Eurystheus commanded Hercules to bring[12] Cerberus, fettered,[13] out of the nether-world. — The Cretans[14] ordered their boys to learn[15] the laws after[16] a (certain) melody,[17] that, allured[18] by[19] the music,[20] they might commit[21] them more easily[22] to memory,[23] and that,[24] if they had done[25] something forbidden,[26] they might not[24] excuse[27] themselves, (saying) that they had done it out of ignorance.[28] In[29] the second place, they commanded[30] (them) to learn the songs[31] in honor of the gods; thirdly, the panegyrics[32] in honor of brave men.

H. Admetus and Laomedon received[1] Apollo, who had been sent[2] on the earth as a slave.— Chalcis and Eretria, two cities of Euboea, are said to have been founded by the Athenians. — Euripides says that it is easier (for one) to admonish[3] others[4] than to be himself[5] strong[6] in misfortunes.[7] — The betrayers of the country will be condemned[8] or exiled. — You will be laughed at[9] if you do not[10] accomplish what you have promised.[11] — Well-devised[12] words have greatly injured you.[13] — The island of Delos was shaken[14] by an earthquake[14] about[15] the (time of the) Peloponnesian war.

I. By the laws death is appointed[1] (as) a punishment for him who has murdered another one. — The criminals[2] will be sentenced and sent to the quarries.[3] — The judges who have

---

[3] καὶ νῦν. [4] διασώζομαι. [5] Part. aor. [6] ἐπιθυμέω, c. gen. [7] μέμφομαι. [8] πενία. [9] ὠμότης, ητος. [10] ἐπιείκεια. [11] πταίω, part. perf. act. [12] ἀνάγω. [13] δέω. [14] Κρής, Κρητός. [15] μανθάνω. [16] μετά, c. gen. [17] μελῳδία. [18] ψυχαγωγέω. [19] ἐκ. [20] μουσική. [21] παραλαμβάνω. [22] εὐκόλως (easily). [23] μνήμη. [24] μή. [25] δράω, part. aor. [26] κωλύω, part. perf. pass. [27] ἀπολογίαν ἔχειν. [28] ἄγνοια, dat. [29] Neuter. [30] τάσσω. [31] ὕμνος, ου. [32] ἐγκώμιον.

H. [1] ἐκδέχομαι. [2] καταπέμπω, part. [3] παραινέω, c. dat. [4] οἱ ἕτεροι. [5] Acc. [6] καρτερέω. [7] Ch. I., 80. [8] καταδικάζω. [9] καταγελάω. [10] μή, with part. aor. [11] ὑποδέχομαι. [12] πλάσσω. [13] Page 24, Rem: 2. [14] σείω. [15] κατά, c. acc.

I. [1] ὁρίζω. [2] κακοῦργος, ου. [3] μέταλλον.

acquitted⁴ the criminal will not punish you. — Prometheus is said to have formed⁵ men, and to have stolen the fire out of heaven. — In the war against the barbarians, Themistocles was most of all praised⁶ and admired. — Deianeira sent to Heracles a garment⁷ stained⁸ with the blood of the Centaur Nessos. — The kings of the Persians punished the guilty⁹ very cruelly¹⁰; some¹¹ were sawed in two,¹² others buried alive.¹³.

2. CONTRACTION OF THE VERBA PURA.

K. Heracles conquered the giants while the gods assisted¹ him. — Wicked² men are unhappy,³ even if⁴ they are prosperous.⁵ — Among the Persians, robbers⁶ were often not punished with death, but maimed⁷ in⁸ their hands and feet and eyes⁹ and ears.¹⁰ — Xerxes tried,¹¹ indeed, to subjugate¹² Greece, but he made use¹³ of cowardly¹⁴ soldiers, so that¹⁵ he was shamefully defeated. — When Orpheus called¹⁶ his wife out of the nether-world, he moved¹⁷ by his song¹⁸ the god of the nether-world, and his (the god's) wife. — So¹⁹ you must²⁰ be to²¹ others as¹⁹ you wish others to be²² to you.

L. It is (the privilege) of the victors,¹ both to save their own² property and to take³ that of the defeated.⁴ — One sensible⁵ man can⁶ do more⁶ than many not⁷ sensible. — How⁸ could a blind man guide⁹ the blind man? — Among all men, the sailors have first practised astronomy.¹⁰ — You may gain great renown,¹¹ if you do not¹² do yourself the thing for which¹³

---

⁴ ἀπολύω, part. perf. ⁵ ἀναπλάσσω. ⁶ ἐπαινέω. ⁷ ἱμάτιον. ⁸ Ch. VIII., 25. ⁹ Ch. IX., E. C. ¹⁰ ὠμός, ή, όν. ¹¹ οἱ μέν—οἱ δέ. ¹² καταπρίω. ¹³ Part.

K. ¹ συμμαχέω, gen. abs. ² πονηρός. ³ Ch. IX., 12. ⁴ κἄν, Ch. XVI., 8. ⁵ Ch. IX., 19. ⁶ λῃστής, οῦ. ⁷ πηρόω. ⁸ Acc., page 56, Rem. 5. ⁹ ὀφθαλμός, οῦ. ¹⁰ οὖς, ὠτός, τό. ¹¹ πειράομαι. ¹² καταδουλόω, mid. ¹³ Ch. IX., 54. ¹⁴ δειλός, 3. ¹⁵ Ch. XVI., 34. ¹⁶ Ch. XI., 8, part. aor. ¹⁷ κινέω. ¹⁸ μέλος, ους. ¹⁹ τοιοῦτος—οἷόσπερ. ²⁰ δεῖ, acc. with inf. ²¹ περί, c. acc. ²² γίγνομαι.

L. ¹ Part. pres. ² τὰ ἑαυτῶν. ³ προσλαμβάνω. ⁴ ἡττάομαι. ⁵ φρονέω, part. ⁶ κρείττων ἐστί. ⁷ μή. ⁸ πῶς ἄν. ⁹ ὁδόω, opt. pres. ¹⁰ ἀστρολογέω. ¹¹ Ch. IX., 17, opt. with ἄν. ¹² μή, c. part. ¹³ ἃ ἄν, c. conj.

you blame[14] others when[15] they have done it. — To the anxious[16] and afflicted[17] every night seems long. — Many who admonish[18] others to despise[19] the treasures cling[20] to them themselves. — He who has pronounced[21] a word does not retract[22] it again.[23]

M. Never[1] try to be the arbiter[2] of two friends. — Every one should honor the good and the true, and hate the disgraceful and the false. — Do not easily make friends, but do not quickly reject[3] those whom you wish to gain. — The Greeks asked[4] vessels of Cyrus, in[5] order to set sail. — Imitate[6] the actions of those whose renown[7] you admire.[8] — Many are aggrieved[9] with their unhappy[10] friends, but envy[11] the happy. — I should[12] not wish to live in[13] ignorance; for who would consider[14] (the) life[15] without[16] education a true[17] life? — (The) Sensible[18] (men) chain[19] ferocious[20] dogs.

N. Let us be courageous,[1] for fortune helps[2] the courageous.[3] — We see that flattery follows[4] neither the poor nor the powerless.[5] — Not when[6] you live in pleasure, but when you live in virtue, you live according[7] to nature. — By the beauty of the soul we acquire reliable friends. — Leave to friends the renown of their deeds, but do not flatter them, for (the) flatterers[8] deceive. — The avaricious[9] should be laughed at by a sensible[10] man. — The soul of the young man should be adorned with virtues.

3. VERBA LIQUIDA.

O. When Teucros had sailed to Cyprus, he founded a city

---

[14] ἐπιτιμάω. [15] Part. perf., Ch. IX., 11. [16] μεριμνάω. part. [17] λυπέομαι. [18] παραινέω, c. dat. [19] καταφρονέω, c. gen. [20] ἔχομαι, c. gen. [21] ῥίπτω, part. aor. [22] ἀναιρέομαι. [23] Ch. XIV., 36.

M. [1] Ch. XIV., 30, but comp. p. 20, Rem. 1. [2] διαλλακτής, οῦ. [3] ἀποδοκιμάζω. [4] αἰτέω τινά τι. [5] ὡς, p. 26, Rem. 1. [6] Ch. IX., 30. [7] Ch. I., 80. [8] Ch. IX., 21. [9] συνάχθομαι, c. dat. [10] Part. [11] Ch. IX., 50, c. dat. [12] μή, c. opt. [13] μετ' ἀμουσίας. [14] Opt., with ἄν. [15] Inf. [16] ἀπαιδεύτως. [17] ὀρθῶς. [18] σωφρονέω. [19] καταδέω. [20] χαλεπός.

N. [1] θαρρέω, pres. subj. [2] Ch. IX., 36. [3] Part. [4] ἀκολουθέω, c. dat. part. [5] ἀδύνατος. [6] Ch. XVI., 24. [7] Ch. XV., 10. [8] Ch. VIII., 12. [9] φιλοκερδής, ές. [10] φρόνιμος.

and divided¹ the country. — When Agamemnon had collected² a fleet,³ he sailed to Troy. — Light is diffused⁴ all over⁵ the sky and (the) earth. — Protagoras called⁶ himself a teacher of (the) wisdom. — The Greeks pursued the scattered⁷ enemies, and killed some⁸ of them. — Many men do good, not for (the) recompense,⁹ for this might¹⁰ seem a disgrace,¹¹ but because they think that in this manner¹² they use their riches well.

P. Since¹ the Romans commenced² to be the foremost in Italy, they became haughty.³ — Slaves should sweep⁴ the thrashing-floor.⁵ — A bad orator will violate⁶ the laws of the city. — A glorious⁷ death will always be considered,⁸ by honest men, more desirable⁹ than a life with disgrace.¹⁰ — Pausanias, made insolent¹¹ by prosperity, imitated the luxury¹² of the Medes. — Arsakes and his horse were both pierced¹³ at one thrust¹⁴ by a Thracian.

Q. The generals of Alexander divided amongst themselves the dominion of the countries which he had conquered. — Apollo ordered the Athenians to defend¹ themselves by a wooden² wall. — Pelias ordered³ Jason to fetch⁴ the golden⁵ fleece. — Who will estimate the just (thing) better than the wise man? — When the sun had risen⁶ the trumpeter⁷ gave the sign,⁸ and the soldiers armed⁹ themselves. — The young men of the Lacedæmonians were healthy¹⁰ in soul¹¹ and body. — It is disgraceful if¹² a rich and noble¹³ man appears foolish.

R. The Carthaginians endured¹ the hardships² of (the) war,

O. ¹ διανέμω. ² ἀγείρω, part. aor. ³ στόλος. ⁴ τείνω. ⁵ Ch. XV., 8. ⁶ ἀποφαίνω. ⁷ διασπείρω, part. perf. pass. ⁸ Ex. G, 2. ⁹ ἀντίδοσις, εως, ἡ. ¹⁰ Opt., with ἄν. ¹¹ ὄνειδος, τό. ¹² Ch. XIV., 33.

P. ¹ ἐξ οὗ. ² ἄρχομαι. ³ ἐπαίρω and ὀφρύς, ύος, ἡ (the eyebrows). ⁴ Ch. XII., 8. ⁵ ἅλως, ω, ἡ. ⁶ λυμαίνομαι. ⁷ μετὰ δόξης. ⁸ κρίνω. ⁹ αἱρετός. ¹⁰ Ch. I., 6. ¹¹ ἐπ-αίρω, aor. pass. ¹² τρυφή, ἡ. ¹³ διαπείρω, perf. pass. ¹⁴ πληγή, ἡ.

Q. ¹ Ch. XII., 4. ² ξύλινος. ³ ἐντέλλομαι. ⁴ κομίζομαι. ⁵ χρυσόμαλλον δέρμα, τό. ⁶ ἀνατέλλω, gen. abs. ⁷ σαλπιγκτής, ὁ. ⁸ σημαίνω. ⁹ ὁπλίζομαι. ¹⁰ ὑγιαίνω. ¹¹ Dative. ¹² Acc. cum inf., perf. pass. ¹³ Ch. III., 11.

R. ¹ ὑπομένω. ² μόχθος.

SECONDARY TENSES. 83

because they hoped (*part.*) to gain[8] a rich (large) booty.[4] — Theseus, being sent[5] to Crete by the Athenians, killed the Minotaurus. — The wives of the Greeks remained at home[6] while their husbands set out[7] for war. — We hope that you will be pronounced[8] the bravest man of the whole army. — Xerxes hoped that the Greeks would be conquered[9] in a short time; but this hope was disappointed.[10] — In the Ægæan[11] Sea there are many scattered[12] islands.

CHAPTER XXXI.

SECONDARY TENSES.

A. Solon told Crœsus, (who had been) corrupted[1] by his prosperity, to consider the end.[2] — The matrons of the Romans bewailed[3] Valerius,[4] as if[5] they had lost[6] a son or a brother or a father. — It is not easy to prove[7] one's self a teacher of virtue. — Orestes, having with great difficulty[8] escaped[9] the hand of his mother, spent[10] an unhappy life far[11] from his country. — It was very honorable for the Greeks to be[12] buried in the graves[13] of their homes.[14] — When Xerxes had heard the[15] messenger, he became alarmed[16] and was afraid.[17] — We consider those the dearest, with whom we were brought up,[18] and by whom we were instructed. — Drunken[19] persons do many foolish[20] things, since they turn[21] to insolence and become quite[22] enraged[23] by the drink.[24]

B. The barbarians became afraid[1] of[2] Alexander, since they

---

[3] Ch. IX., 40, *mid.*; comp. p. 25, note 2.   [4] λεία.   [5] ἀποστέλλω, *part. perf.*   [6] οἴκοι.   [7] Gen. abs.   [8] κρίνω, *acc. c. inf.*   [9] καταδουλόω.   [10] Ch. XII, 19.   [11] Αἰγαῖος.   [12] κατασπείρω.

A.   [1] διαφθείρω, 2. *perf.*   [2] Ch. V., 50.   [3] πενθέω.   [4] Οὐαλέριος.   [5] Ch. XVI., 32.   [6] ἀποβάλλω, 2. *aor. part.*   [7] φαίνω, 2. *aor. pass.*   [8] μόλις.   [9] φεύγω, *with acc.* 2. *aor. part.*   [10] διατρίβω.   [11] Ch. XIV., 48.   [12] 2. *aor. pass.*   [13] Ch. II., 72.   [14] δημόσιος, 3.   [15] Gen.   [16] ἐκπλήττω, 2. *aor. pass.*   [17] Ch. IX., 52, *imperf.*   [18] Ch. X., 33, 2. *aor. pass.*   [19] μεθύω, *part. aor. pass.*   [20] Ch. VI., 14.   [21] 2. *aor. mid. part.*   [22] ὅλως.   [23] 2. *perf.* of μαίνομαι.   [24] ποτόν, τό.

B.   [1] ἐκπλήττω, 2. *aor. pass.*   [2] Acc.

imagined that they were fighting against[3] a god, so that[4] he conquered them more easily. — Many of the barbarians who had turned[5] to[6] flee were slain[7] by the pursuing Greeks. — Innumerable[8] warriors were collected[9] by Xerxes in all[10] Asia, when he set out against Greece. — At Athens the bravest and best men were exiled[11] by the people. — Shame[12] and fear[13] (of injustice) have left[14] the life of men. — Ninus died leaving[14] his wife Semiramis as queen[15] of the Assyrians. — The Athenians sailed to Salamis, leaving (their) city and country. — By the unanimity[16] of the brothers the house flourishes.[17] — Do not rejoice[18] at the misfortunes[19] of others. — You will be laughed at,[20] because you have timidly[21] fled.

C. The elephants of Pyrrhus, remarkable[1] for their strength and confiding[2] in it, put[3] the Romans to flight.[3] — The nymphs, on account of his beauty, took away Hylas, who had been sent out[4] to fetch water.[5] — The generals who confide[6] solely in the number of their soldiers will be disappointed[7] in (of) their greatest hopes. — Agamemnon, having sailed home,[8] was killed[9] by his wife. — Many animals are alarmed[10] at the sight[11] of snakes. — Tydeus, having fled from Kalydon, came[12] to Argos, to Adrastus. — Ajax, having become mad,[13] finished his life pierced[14] by his own[15] sword. — Those that had done something wrong and deserving of disgrace[16] were shorn[17] of their hair.[18] — Skamander, who came to aid[19] the Trojans, was tormented[20] with fire by Hephæstus. — Of old[21] the dress[22] was dyed[23] with purple.[24] — In Armenia the severity[25]

---

[3] Dat. [4] Ch. XVI., 84. [5] 2. aor. mid. part. [6] εἰς. [7] διαφθείρω, 2. aor. pass. [8] μυρίος, 3. [9] συλλέγω (συν-), 2. aor. pass. [10] κατά, c. acc. [11] φεύγω, 2. aor. act. [12] αἰδώς, οῦς, ἡ. [13] νέμεσις, εως, ἡ. [14] ἀπολείπω, 2. perf. [15] βασίλεια, ἡ. [16] ὁμόνοια. [17] θάλλω, 2. perf. [18] ἐπιχαίρω, c. dat., 2. aor. subj. [19] Ch. I., 80. [20] καταγελάω. [21] δειλῶς.

C. [1] διαφέρω, c. dat. [2] πείθω, c. dat., 2. perf. [3] τρέπω, 1. aor. mid. [4] ἀποστέλλω, 2. aor. pass. part. [5] ὑδρεύομαι, part. fut. [6] See No. 2. [7] σφάλλω, 2. fut. pass. [8] οἴκαδε. [9] σφάττω, 2. aor. pass. [10] φρίσσω, 2. perf. [11] Seeing. [12] ἥκω, imperf. [13] 2. aor. pass. [14] πείρω, 2. aor. pass. [15] ἑαυτοῦ. [16] ἀτιμία. [17] κείρω, 2. aor. pass. [18] P. 56, Note 5. [19] Ch. IX., 8. [20] φλέγω, 2. aor. pass. [21] Ch. XIV., 85. [22] Ch. IV., 30. [23] βάπτω, 2. aor. pass. [24] πορφύρα. [25] τὸ χαλεπόν.

of the cold²⁶ was so great that many of the soldiers, who had frozen²⁷ their toes,²⁸ were left behind.²⁹

CHAPTER XXXII.

AUGMENT AND REDUPLICATION.

A. Typhon, the (son) of the earth and of Tartarus, surpassed¹ mountains in size.² — The prize-fighters³ of the Greeks fought⁴ naked⁵ and anointed.⁶ — We are accustomed⁷ to obey the laws. — When Medea saw⁸ that her father pursued⁹ her, she killed her brother Apsyrtus. — Aristomenes made¹⁰ the name of Messenia renowned.¹¹ — Cyrus did not¹² allow the unjust (men) to laugh, but punished them all. — The Greeks gloriously repelled¹³ the attacks¹⁴ of the Persians. — In the river of Chalos there were large and tame¹⁵ fishes, which the Syrians considered gods, and which they did not allow to be injured. — Cyrus did not remain¹⁶ in one place,¹⁷ but going¹⁸ from one place¹⁹ to another,¹⁹ he examined²⁰ whether²¹ the soldiers were in need²² of anything.

B. Konon has done a great deal of good to¹ the Athenians, and restored² the distressed³ city. For after he had received⁴ money from the king, he conquered the Lacedæmonians in a naval engagement.⁵ But the islands and the cities on the continent⁶ he made propitious⁷ towards the Athenians. — The walls of the city he rebuilt⁸ from the treasures of the king, and offered⁹ hospitality⁹ to all the Athenians. Thus he greatly

---

²⁶ τὸ ψῦχος.   ²⁷ ἀποσήπομαι, 2. perf. or aor. pass. part.   ²⁸ δάκτυλοι τῶν ποδῶν.   ²⁹ λείπω, pass.

A. ¹ ὑπερέχω, imperf. c. gen.   ² Dat.   ³ ἀθλητής, οῦ.   ⁴ ἀγωνίζομαι.   ⁵ γυμνός.   ⁶ ἀλείφω, perf. pass.   ⁷ ἐθίζω, perf. pass.   ⁸ ὁράω, part. perf.   ⁹ The pursuing f.   ¹⁰ προάγω, 2. aor.   ¹¹ ἀξίωμα, τος (brought to renown).   ¹² οὐκ ἐάω.   ¹³ ἀπ-ωθέομαι, imperf.   ¹⁴ προσβολή.   ¹⁵ πρᾶος, 3.   ¹⁶ χράομαι, c. dat. imperf.   ¹⁷ χώρα.   ¹⁸ περιελαύνω.   ¹⁹ ἄλλοτε ἀλλαχῇ.   ²⁰ ἐπιμελέομαι.   ²¹ Ch. XVI, 9.   ²² δέομαί τινος, opt. pres.

B. ¹ Page 24, note 2.   ² ἐπανορθόω.   ³ σφάλλω, 2. aor. pass.   ⁴ λαμβάνω, perf. εἴληφα.   ⁵ ναυμαχία.   ⁶ ἤπειρος, ἡ.   ⁷ εὐτρεπίζω.   ⁸ ἀνορθόω.   ⁹ ἑστιάω, c. acc,

benefited the city, and became very famous. But the Lacedæmonians did not suffer [10] themselves to be bereft [11] of the command [12] of the sea.[12] Therefore [13] they treated [14] with Teribagus, the commander of the king; the latter, however, led [15] Konon into prison.[16]

C. One day, when Alexander was treating his friends, he killed his bravest general. — Two serpents were sent [1] by Hera to kill [2] Hercules, who was [3] yet a child [4]; but they were choked,[5] being pressed [6] together by the hands of the boy. — After Xerxes had dug [7] through Athos, he sailed through the main land, but over the Hellespont he built [8] a bridge,[9] and thus he opened [9] new [10] roads for himself. — The gods left [11] heaven once a [12] year,[13] and feasted with the Æthiopians. — The country of the Indians was well cultivated,[14] and covered with many trees. — Many things which seemed [15] impossible [16] have been found [17] to be possible in fact.[18] — After the Syracusans had suffered a loss [19] at sea,[12] they drew [20] their vessels ashore and kept [21] the peace.[21] — The thirty (tyrants), in their arrogance,[22] did many unjust deeds,[32] and were troublesome [24] to the Athenians.

D. Cyrus wished to conquer [1] Babylon. But the Babylonians warded off [2] every attack. Now, when Cyrus had suffered a great loss and did not conquer [3] the city, he devised [4] the following [5] (plan): He dug [6] deep [7] and wide ditches [8] around the wall.[9] But they (that were) in the city laughed [10] at him, because they trusted [11] in the height [12] of their walls,

---

[10] ἀνέχομαι. [11] ἀποστερέομαι, nom. plur. part. perf. [12] θαλασσοκρατία. [13] Ch. XVI., 26. [14] πράττω πρός τινα. [15] ἀπάγω. [16] δεσμωτήριον.

C. [1] ἀποστέλλω. [2] Part. fut. [3] Part. [4] βρέφος, ους. [5] ἀποπνίγω, 2. aor. pass. [6] σφίγγω, part. perf. pass. [7] διορύσσω, part. perf. [8] γεφυρόω. [9] ἀπεργάζομαι. [10] καινός, 3. [11] ἐκλείπω, 2. aor. [12] κατά, c. acc. [13] Ch. V., 18. [14] ἀρόω, pluperf. pass. [15] δοκέω, part. [16] ἀδύνατος, 2. [17] ἐλέγχω, perf. pass. [18] ἔργον, plur. [19] Ch. XII., 19, part. 2. aor. pass. [20] ἀνέλκω, imperf. [21] ἡσυχίαν ἄγειν. [22] ὑβρίζω. [23] παροινέω, part. perf. [24] ἐνοχλέω.

D. [1] καταστρέφομαι. [2] E. A, No. 13. [3] ἐκπολιορκέω. [4] μηχανάομαι. [5] τοιοῦτόν τι. [6] ὀρύσσω. [7] βαθύς, εῖα, ύ. [8] τάφρος, ου, ἡ. [9] κύκλος, ου, dat. [10] καταγελάω, gen. [11] Part. 2. perf. [12] Ch. V., 35.

and had victuals[13] for[14] twenty years. Now[15] the ditches were dug. But the Babylonians celebrated[16] a feast and slept[17] without[18] caring[18] for a watch.[19] Cyrus opened[20] the ditches towards the river of Euphrates, and during the night the water flowed[21] into the ditches, and the river was passable[22] for men. Now, having passed[28] through it, he took[24] the city.

CHAPTER XXXIII.

VERBS IN μι.

A. The Athenians, putting[1] an obolos[2] into the mouth of the dead[3] (*dat.*), believed that they gave[4] them the fare[5] for[6] Charon. — The Phœnicians have changed[7] the forms[8] of the letters.[9] — Many who wish to strengthen[10] their body by wine weaken[11] its strength. — Socrates, if any one, understood[12] what Heraclitus has handed[13] down in his writings. — The enemies were[14] not far[15] away when the Greeks drew near,[16] singing[17] the war-song.[18] — The general that has won the victory should sacrifice[19] a golden image to Ares.

B. The Spartans considered[1] all the goods of (in) life less[2] than their renown. — The rulers who undertake[3] to make[4] laws make some[5] good,[6] some not (good.) — Theseus took[7] the dangers for himself,[7] but the advantages[8] he offered[9] to all. — He[10] that hath, to him shall be given; but he that hath not, from him shall be taken away[11] that also which he hath. — To Hebe was given by the poets a golden cup,[12] in which nectar was offered[13] by her to the gods.

[13] ἐπιτήδεια, ων. [14] Gen. [15] ἤδη. [16] ἑορτάζω. [17] καθεύδω. [18] ἀμελέω, c. gen. [19] φυλακή. [20] ἀνοίγω. [21] χωρέω. [22] πορεύσιμος. [23] διαβαίνω. [24] Ch. XI., 8.

A. [1] κατατίθημι. [2] ὀβολός, οῦ. [3] ἀποθανών, όντος, [4] ἐκτίθημι. [5] ναῦλον, ου. [6] Dat. [7] μετατίθημι. [8] τύπος, ου. [9] γράμματα, τά. [10] ῥώννυμι. [11] παρίημι. [12] συνίημι. [13] παραδίδωμι. [14] ἄπειμι. [15] μακράν. [16] ἔπειμι (εἶμι). [17] ᾄδω. [18] παιάν, ᾶνος, ὁ. [19] ἀνατίθημι.

B. [1] τίθεμαι. [2] δεύτερος, 3, c. gen. [3] ἐπιχειρέω. [4] τίθημι. [5] οἱ μέν —οἱ δέ (acc.). [6] ὀρθῶς. [7] Made them his own (Ch. III., 25). [8] Ch. I., 90. [9] ἀποδίδωμι. [10] Part. (dat.). [11] ἀφαιρέω (irr.). [12] φιάλη. [13] παρα—τ.

C. When a messenger had announced[1] that the king was approaching,[2] Cyrus put on[3] his coat of arms, and ordered every one to place[4] himself in line of battle,[5] and they all placed themselves each one in line. — It is said that Theseus introduced[6] a prize-fight at Delos, and that then at first a palm-branch[7] was given to the victors. — The Athenians and their allies, who had already[8] revolted,[9] against the king, besieged[10] Sestus. — Nature gave[11] us (the) tears (as) a relief[12] in misfortune. — The Athenians erected[13] three hundred statues[14] to Demetrius Poliorcetes,[15] and thus they changed[16] the honor of statues into disgrace.[17]

D. Do not judge[1] what you do not understand.[2] — Lysander could not endow[3] his daughters, although[4] he was[5] the most illustrious[6] of the Spartans. — Socrates showed himself honest and righteous[7] to those that were with him.[8] — If you fear (the) dangers you will expose[9] yourselves to many inconveniences.[10] — When Antiochus the Great had been conquered, the Romans became[11] masters of Asia. — It is said that Erechtheus introduced[12] the feast[13] of the Panathenians.[14] — It is said that the bones[15] of Themistocles were brought[16] home,[17] according to his order,[18] and buried[19] in Attica without the knowledge[20] of the Athenians; for it was not allowed[21] to bury him, because[22] he had been exiled[23] for[24] treason.[25]

E. The general was not saved by the by-standers.[1] — When Œdipus had met[2] his father he killed him, without knowing that he was his father. — My eyes are filled[3] with tears, and

---

C. [1] ἀγγέλλω. [2] ἐπέρχομαι. [3] ἐπιτίθεμαι. [4] καθίσταμαι. [5] Ch. V., 48. [6] ποιέω. [7] φοίνιξ, κος, ὁ. [8] Ch. XIV., 20. [9] ἀφίστημι, part. perf. [10] πολιορκέω. [11] δίδωμι. [12] παραμυθία. [13] ἀνίστημι, 1. aor. [14] ἀνδριάς, αντος, ὁ. [15] Πολιορκητής, οῦ. [16] μεθίστημι. [17] ὄνειδος, τό.

D. [1] διακρίνω. [2] E. Δ., 12. [3] ἐκδίδωμι, inf. 2. aor. [4] Ch. XVI., 16. [5] Part. [6] ἔντιμος, ον. [7] καλὸς κἀγαθός, with the corresponding case of ὤν. [8] σύνειμι. [9] καθίστημι. [10] ταραχή. [11] No. 9, 2. aor. [12] συνίστημι, 1. aor. mid. [13] ἑορτή. [14] Παναθήναια, ων. [15] ὀστοῦν, τό. [16] κομίζω. [17] οἴκαδε. [18] κελεύω, gen. abs. [19] τίθημι. [20] Ch. XIV., 22. [21] ἔξεστιν. [22] ὡς. [23] φεύγω, part. [24] ἐπί, c. dat. [25] προδοσία.

E. [1] περιίστημι. [2] ἀπαντάω, part. aor. [3] ἐμπίπλημι, mid. c. gen.

my hair stands[4] on end,[4] when I hear it.[5] — Do not make the country smaller[6] than your fathers have handed[7] down to you. — Socrates showed[8] himself even[9] more moderate[10] in his works than in his speech. — Heracles put[11] on himself the skin[12] of the Nemean[13] lion, and so he went about.[14] — When the barbarians had fled,[15] the Athenians erected a trophy.[16]

F. (The) Furious[1] dogs are tied[2] by day,[3] but let loose[4] by night. — Pericles gave[5] as tutor[6] to Alcibiades the Thracian Zopyrus, (who,) on account[7] of his old age, (was) the most unfit[8] among his slaves. — The Athenians observed[9] the condition[10] of their allies very closely,[11] that[12] they might not revolt[13] against them. — There was a law: If a slave killed a freeman in anger,[14] the masters should deliver[15] the slave in chains to the relatives[16] of the one killed.[17] — Agesilaus is said to have written the following to Idrieus, the Carian: Set[18] Nicias free,[18] unless he be wrong[19]; but if he be wrong, set him free for[20] love of us; set him free by all means.[21]

G. Ask,[1] and it will be given to you. — The ancients thought[2] that Hades is in a downward direction[3] as[4] far from[5] the earth as[4] heaven in an upward direction.[6] — Many rivers empty[7] into the Black Sea.[8] — He who has given you life will also give you what[9] you need. — Socrates says that there are some unwritten[10] laws which have been given by God to men. — If you are wise, you will give up[11] your passions. — After Sitalkes, Seuthes was[12] most[13] powerful[12] (availed most) among

---

[4] ἵσταμαι. [5] Of the one hearing. [6] ὀλίγος. [7] παραδίδωμι. [8] ἐπιδείκνυμι. [9] Ch. XIV., 18. [10] ἐγκρατής, ἐς. [11] περιτίθεμαι, part. [12] δορά, ἡ. [13] ὁ ἐν Νεμέᾳ λ. [14] περιιέναι. [15] ἐνδίδωμι. [16] τρόπαιον.

F. [1] χαλεπός. [2] δίδημι. [3] Acc. plur. with article (μέν—δέ). [4] ἀφίημι. [5] ἐφίστημι. [6] παιδαγωγός. [7] ὑπό, c. gen. [8] ἄχρειος. [9] διασκοπέω. [10] Τὰ τῶν σ. [11] μάλιστα. [12] ὅπως, with ind. fut. [13] ἀφίστημι, mid. [14] Ch. II., 29, dat. [15] παραδίδωμι. [16] οἱ προσήκοντες. [17] Ch. IX., 46. [18] ἀφίημι, 2. aor. [19] ἀδικέω. [20] Dat. [21] πάντως.

G. [1] εὔχομαι. [2] οἴομαι, imperf. [3] Ch. XIV., 21. [4] ὅσον—τοσοῦτον. [5] Gen. [6] Ch. XIV., 5. [7] ἐξίημι. [8] πόντος Εὔξεινος. [9] Plur. [10] ἄγραφος, ον. [11] ἀπο—τ., mid. [12] δύναμαι. [13] μέγιστον.

the Thracians. — The first[14] naval battle[15] of[16] which we know[17] is (that) of the Corinthians against the Corcyreans.[18]

H. It is a great evil if[1] one knows[2] what is good (the good), but does not do[3] it. — We appoint[4] judges, that those may suffer punishment[5] who have done wrong. — The present[6] one must do, and be on one's guard[7] for[8] the future.[9] — Do nothing bad, even if[10] no one will know[11] it. — Whilst the gymnopædia[12] were celebrated,[13] the manager[14] of the play[14] placed Agesilaus, who was[15] yet a boy, in an inferior[16] place.[17] But he said: Let it be[18] so; I will show that not the place honors the man, but the man the place.

I. What[1] is in your[2] hands, do not give away.[3] — We leave[4] because the night draws near.[5] — We justly[6] hate those who have betrayed[7] the country. — The Spartans at[8] Thermopylæ gladly[9] gave their lives for[10] the common welfare[11] of the Greeks. — Cyrus said to his children: When I shall have died,[12] place my body neither[13] in gold nor in silver, but quickly deliver it to the earth. — The city will be delivered to the enemies by traitors. — (The) Birds mostly attack[14] the eagle when it is sitting.[15]

K. Do not make[1] the citizens revolt[1] against the laws which a wise man has made. — The Greeks raised[2] a small army against the Persians, but the gods granted[3] victory to courage.[4] — When dying you will give up[5] all your riches. — The goods[6] of fortune were given to men by the gods. — It is dif-

---

[14] παλαιός. [15] ναυμαχία. [16] Attraction of the relative, according to p. 62, Rem. 2. [17] οἶδα. [18] Κερκυραῖος.

H. [1] Ch. XVI., 24. [2] οἶδα. [3] Ch. IX., 54. [4] καθίστημι. [5] δίκη. [6] ἐνίστημι. [7] εὐλαβέομαι. [8] Ch. XV., 15. [9] μέλλω. [10] καὶ εἰ. [11] No. 2. [12] γυμνοπαιδία. [13] ἄγω, gen. abs. [14] χοροποιός. [15] Part. [16] ἄσημος, ον. [17] τόπος. [18] 3. person plur. opt.

I. [1] The (things) being. [2] Page 29, Rem. 1. [3] ἀφίημι, 2. aor., cf. page 20, Rem. 1. [4] ἀπιέναι. [5] προσιέναι. [6] εἰκότως. [7] Part. perf. [8] ἐν. [9] προθύμως. [10] Ch. XV., 11. [11] Ch. I., 81. [12] Ch. IX., 46, aor. subj. [13] μήτε—μήτε, cf. page 20, Rem. 1. [14] ἐπιτίθημι, mid. c. dat. [15] κάθημαι, part.

K. [1] ἀφίστημί τινά τινος. [2] ἀντι-τ. [3] ἐπι-τ. [4] Ch. V., 21. [5] E. I., No. 3. [6] τὰ τῆς τύχης.

ficult to choose⁷ the best when many things are offered.⁸ — When Cyrus was as yet a boy, his playing⁹ schoolmates¹⁰ made¹¹ him their king.

CHAPTER XXXIV.

IRREGULAR VERBS.

A. It has pleased¹ nature that all should die.² — Apollo taught men those³ things which pertain³ to archery.⁴ — The Athenians unjustly⁵ pronounced⁶ the sentence⁷ of death⁷ against⁸ Socrates. — Often those hate one another who have been begotten⁹ by the same parents,¹⁰ and brought up¹¹ by the same mother. — He who fights for the country is dear to the gods in life and after death¹² (living and dead). — Many Greeks, driven¹³ from their country, sailed to Asia and Sicily. — We shall bear all the chances¹⁴ of fortune. — The Egyptians embalmed¹⁵ the dead, that they might not be eaten¹⁶ by worms.¹⁷

B. We all shall die. — Xerxes came¹ to Greece with a large army. — The Romans surpassed² all³ other nations in⁴ power and greatness. — He is the wisest who has seen⁵ that truth is the greatest. — After the Peloponnesian war, the city of the Athenians sank⁶ in renown. — To many (that) affords⁷ pleasure which is above⁸ the common.⁹ — The ever-ruling¹⁰ gods know all things, and even what will become¹¹ of every one. — Hephæstus, thrown¹² by Jove out of heaven, became lame.¹³

---

⁷ Ch. XI., 8.   ⁸ *προ-τ., gen. abs.*   ⁹ *παίζω.*   ¹⁰ *ἡλικιώτης.*   ¹¹ *ἵστημι, 1. aor. mid.*

A. ¹ Ch. XI., 6, *aor.*   ² *ἀποθνήσκω, acc. c. inf. aor.*   ³ *τὰ περί, c. acc.*   ⁴ *τοξεία.*   ⁵ *ἀδίκως.*   ⁶ *καταγιγνώσκω.*   ⁷ Acc.   ⁸ Gen.   ⁹ Ch. IX., 9, *part. perf. pass.*   ¹⁰ *τίκτω, 2. aor. part.*   ¹¹ *τρέφω.*   ¹² No. 2.   ¹³ *ἐκπίπτω, part. 2. aor. act.*   ¹⁴ Ch. I., 80.   ¹⁵ *ταριχεύω.*   ¹⁶ *καταβιβρώσκω,* page 44, Rem. 3.   ¹⁷ *εὐλή.*

B. ¹ *ἔρχομαι.*   ² *διαφέρω.*   ³ Gen.   ⁴ Dat.   ⁵ *γιγνώσκω.*   ⁶ *ἐκπίπτω τινός.*   ⁷ Ch. X., 10.   ⁸ *ὑπερβάλλω, c. acc.*   ⁹ (*ἔθω*) *part. perf.*   ¹⁰ Always being.   ¹¹ *ἀποβαίνω.*   ¹² 2. aor. pass.   ¹³ *χωλός, ή, όν.*

— Dionysus taught men the cultivation [14] of the vine.[15] — Cleobis [16] and Biton [17] put [18] themselves under the yoke,[19] and drove [20] the chariot [21] of their mother. — Three times the outbreak [22] of fire from Ætna is said to have taken place [23] since [24] Sicily has been inhabited by Greeks.

C. Pindar says that (the) hopes are the dreams [1] of those that are awake.[2] — The eye of the gods is sharp [3] to see [4] everything. — To the unhappy it is agreeable to forget [5] for a short time the present suffering. — At Pasargadæ the kings of the Persians received [6] the royal [7] consecration [8] by the priests. The one to be consecrated [9] had [10] to put off his own garment [11] and put [12] on the one that Cyrus wore [13] before he had become king, then [14] eat [15] figs,[16] chew [17] turpentine,[18] and drink [19] a cup of curdled milk.[20] — When Athens had been taken,[21] and the Corinthians and Thebans asked [22] that peace [23] should not [24] be made [25] with the Athenians, but that they should be crushed,[25] the Spartans declared [26] that they would not [26] enslave [27] a Greek city which, in the greatest dangers that had befallen [28] Attica, had rendered a most valuable service.[29]

D. The Thebans, having assaulted [1] the Attic territory, secured [2] great booty.[3] — Many acknowledged [4] having received many good things [5] from Agesilaus. — By [6] cunning, these animals were caught by men. — Conon, who had been unsuccessful [7] in a naval engagement, was afraid [8] to return home.[9]

---

[14] φυτεία. [15] Ch. II., 4. [16] Κλέοβις. [17] Βίτων. [18] ὑποδύω, part. 2. aor., c. acc. [19] ζεύγλη. [20] ἄγω. [21] ἅμαξα. [22] ῥεῦμα. [23] γίγνομαι, perf. [24] ἀφ' οὗ.

C. [1] ἐνύπνιον. [2] ἐγείρω, 2. perf. [3] Ch. VI., 83. [4] εἰς τό —, inf. 2. aor. [5] ἐπιλανθάνεσθαι, c. gen. 2. aor. [6] τελέω, aor. pass. [7] βασιλικός, 8. [8] τελετή, dat. [9] No. 6, part. pres. pass. [10] δεῖ, acc. with inf. [11] στολή. [12] ἀναιρέω, 2. aor. [13] φορέω. [14] καί. [15] ἐνεσθίω, c. gen. 2. aor. part. [16] σῦκον. [17] κατατρώγω, c. gen. 2. aor. [18] τερέβινθος, ἡ. [19] ἐκπίνω. [20] ὀξύγαλα, ακτος. [21] ἁλίσκομαι. [22] ἀξιόω, c. inf. [23] σπένδεσθαι, c. dat. [24] μή. [25] ἐξαιρέω. [26] οὔ φημι. [27] ἀνδραποδίζω. [28] γίγνομαι, c. dat. [29] μέγα ἀγαθὸν ἐργάζεσθαι.

D. [1] ἐσβάλλω, 2. aor. [2] λαμβάνω. [3] λεία. [4] Ch. IX., 35. [5] εὖ πάσχειν, 2. perf. [6] Ch. I., 84. [7] Ch. IX., 6. [8] καταισχύνομαι, aor. pass. [9] οἴκαδε.

— The country of the Athenians had been devastated [10] by the Peloponnesians. — Tydeus died wounded [11] by Melanippus. — Some letters that had been found [12] drew [13] the suspicion [14] of treason [15] on Pausanias.

E. My mind is daring [1] after I have suffered [2] a great many things. — If you possess [3] virtue you will possess everything. — Actæon is said to have been devoured by his own dogs. — When Leonidas had heard that by the darts [4] of the Persians the sun was darkened, [5] he said: (Then) We shall fight in [6] the shade. [7] — If you do not ask [8] for much, the little will seem much to you. — Agesilaus, king of the Lacedæmonians, refrained [9] from satiety [10] and drunkenness. — Xenophon says that wide [11] (open) nostrils [12] are fitter [13] for breathing, [13] and make [14] a (the) horse look [14] more courageous, [15] than contracted [16] ones.

F. When Hermes was yet a child, he secretly drew [1] the sword of Ares out of the scabbard. [2] — Minos sent the wicked to the place [3] of the evil-doers, [4] that [5] they might suffer punishment [6] for their misdeeds. [7] — Gelon, by one victory, gained [8] a wide [9] renown among the Sicilians. [10] — Pelops obtained [11] the royal power at Pisa, collected [12] most of those who lived in [13] the Peloponnesus, and called [14] the country, after himself, Peloponnesus. — It is said that Heracles, having been burned [15] on the Œta, became a god. — Artaxerxes sent Pharnabazus to take [16] (*part. fut.*) all the cities on [17] the seashore.

G. Danaus, having fled from Egypt, took [1] possession [1] of

[10] τέμνω. [11] τιτρώσκω, 1. aor. [12] ἀνευρίσκω, aor. [13] εἰσβάλλω τινὰ εἰς. [14] ὑποψία. [15] προδοσία.

E. [1] τολμήεις, ήεσσα, ῆεν. [2] πάσχω. [3] ἔχω, part. [4] τόξευμα. [5] ἐπισκιάζω. [6] ὑπό, c. dat. [7] σκιά. [8] ἐπιθυμέω τινός. [9] ἀπέχομαί τινος. [10] κόρος. [11] ἀναπετάννυμι, part. perf. pass. [12] μυκτήρ, ῆρος. [13] εὔπνοος, ον. [14] ἀποδείκνυμι. [15] γοργός, 8. [16] συμπίπτω, part. perf. act.

F. [1] Was hidden (λανθάνω, 2. aor.), drawing (ἐξελκύω, part. aor.). [2] κολεός, gen. [3] χῶρος. [4] ἀσεβής, ές. [5] Part. fut. [6] δίκην ὑπέχω τινός. [7] Ch. IV., 3. [8] ἔχω. [9] περιβόητος, 2. [10] Σικελιώτης. [11] παραλαμβάνω. [12] προσάγω. [13] κατά, acc. [14] προσαγορεύω. [15] κατακαίω. [16] καταλαμβάνω. [17] ἐπί, c. dat.

G. [1] κατέχω.

Argos. — Sinope, having been taken away by Apollo, was brought[2] to the place where[3] there is now the city of Sinope, called after her. — Time did not destroy[4] the beauty of the gods. — Xerxes mutilated[5] the body of the fallen[6] Leonidas. — Will you not understand[7] that the native country is the fairest treasure? — The island of Atlantis[8] sank[9] into[10] the sea and disappeared.[11] — The Sicilians came,[12] on rafts,[13] from Italy to Sicily. — Have you not heard of[14] Dædalus, that, being caught[15] by Minos, he was compelled to serve him by his art? — The Athenians did not perceive[16] that Brasidas had fallen[17]; but those[18] that were near[18] picked him up[19] and carried him away.[20]

H. The earthen[1] vases[1] were broken[2] by the servant.[3] — The buckling on[4] of the weapons the ancients called girding themselves.[5] — The Greeks used[6] to drink the wine mixed.[7] — We know that Agamemnon was killed[8] by Ægisthus and Clytemnestra through deceit.[9] — After the soldiers had made[10] tents,[11] the leader ordered the sign to be given (*act.*) with the trumpet. — You will greatly[12] benefit[13] the army if you bring provisions[14] to the place[15] of assembling. — Alexander broke[16] through the lines[17] of the enemies to capture[18] himself the king alive.[18]

I. Fear does not represent[1] what has happened,[2] nor what is,[3] but what is expected.[4] — No one of the Persians is excluded[5] by law from honors and offices.[6] — Hephæstus split[7]

---

[2] ἀποφέρω. [3] Ch. XIV., 27. [4] ἀναλίσκω. [5] αἰκίζομαι. [6] πίπτω, *perf.* [7] γιγνώσκω. [8] Ἀτλαντίς, ἡ. [9] δύω, 2. aor. part. [10] κατά, c. gen. [11] ἀφανίζω, 1. aor. pass. [12] διαβαίνω, 2. aor. [13] σχεδία. [14] Acc. [15] λαμβάνω. [16] αἰσθάνομαι. [17] The fallen B. [18] οἱ πλησίον. [19] Ch. XII., 2, *part.* [20] ἀποφέρω.

H. [1] κέραμος. [2] ἄγνυμι, 2. aor. [3] θεράπαινα. [4] ἐνδύω τι, *inf.* 2. aor. [5] ζώννυμι, 1. aor. mid. [6] (ἔθω) *perf.* [7] κεράννυμι. [8] ὄλλυμι, 2. aor. mid. [9] δόλος. [10] πήγνυμι, 1. aor. part. [11] σκηνή. [12] μέγα. [13] ὀνίνημι. [14] ἀγοράν παρέχειν. [15] συναγωγή. [16] ῥήγνυμι, 1. aor. mid. [17] φάλαγξ, γγος, ἡ. [18] ζωγρέω, *part. fut.*

I. [1] παρέχω. [2] 2. perf. [3] πάρειμι. [4] προσδοκάω, *part. pres. pass.* [5] ἀπελαύνω, *perf. pass.* [6] Ch. I., 13. [7] πλήσσω.

the head of Jupiter with his axe,[8] and from the top[9] of the head[9] Athene came forth[10] in arms.[11] — Apollo invented[12] music and the lyre.[13] — Heracles received a sword from[14] Hermes, darts[15] from Apollo, a golden armor from Hephæstus. — Agesilaus, being upwards of eighty years old,[16] attacked[17] the Egyptians. The enemies, however, did not resist[18] a long time, but took to flight. Many were killed,[19] but the fleeing (were) scattered[20] and routed.[21]

K. When Epaminondas, the Theban, had seen[1] a large and beautiful army, which had no[2] leader, he said: What a large[3] animal, and it has no head. — The Greeks swore[4] at Platææ to transmit[5] their hatred[6] against the Persians to the children[7] of their children.[7] — Neither[8] (the) heat[9] nor (the) cold[10] we could endure[11] if[12] it should come[12] at once.[13] — One might not easily find[14] as healthy[15] men as the Spartans (were). — Among the Thracians tripods[16] were brought[17] to every one during[18] the banquet, but these were full[19] of pieces of carved[20] meat.[21]

L. To those that have erred[1] without any intention[2] pardon is granted.[3] — God alone knows everything, what[4] has happened[5] as well as what is present and what will come.[6] — Men send the boys to[7] teachers that they may learn (the) science. — Zeus sees[8] whatever[9] is[10] born.[11] — It becomes[12] the younger to honor old age, at which all of us will arrive if[13] we remain[14] alive.[14] — Nothing is sweeter than our native

---

[8] πέλεκυς, εως, ὁ. [9] κορυφή. [10] ἐκθρώσκω, aor. [11] ὁπλίζω, part. perf. [12] ἐξευρίσκω. [13] κιθάρα. [14] Ch. XV., 18. [15] τόξον. [16] γίγνομαι, 2. perf. act. [17] προσπίπτω, c. dat. [18] ἀνθίστημι, part. 2. aor. ("however" is not translated). [19] ἀναιρέω. [20] σκεδάννυμι. [21] διαῤῥέω, part. 2. aor.

K. [1] 2. aor. part. [2] οὐκ. [3] ἡλίκος, 8. [4] ὄμνυμι. [5] Inf. fut. [6] Ch. I., 40. [7] παίδων παῖδες. [8] οὔτε. [9] καῦμα, τό. [10] ψῦχος, τό. [11] ὑποφέρω, 2. aor. opt. with ἄν. [12] γίγνομαι, 2. aor. part. [13] ἐξαίφνης. [14] 2. aor. [15] ὑγιής. [16] τρίπους, οδος, ὁ. [17] εἰσφέρω. [18] ἐν. [19] ἔμπλεως, ων. [20] διατέμνω, part. perf. pass. [21] κρέας, τό.

L. [1] ἁμαρτάνω, part. aor. [2] ἀνεπιτηδεύτως. [3] μέτεστι. [4] καί—καί. [5] Part. perf. [6] Ex. B., No. 11. [7] εἰς διδασκάλων (supply οἰκίαν). [8] καθοράω. [9] Ch. III., 50. [10] μεταλαμβάνω, perf. act. [11] γένεσις, εως. [12] πρέπει, acc. c. inf. [13] Ch. XVI., 8. [14] διαγίγνομαι.

country; therefore[15] there is nothing harder[16] than to live[17] in[18] a strange country, being deprived[19] of our home.[20]

M. The Athenians drove away[1] the barbarians from the islands, and there they settled[2] those that were most in need[3] of (the) provisions.[4] — Pythagoras so much[5] surpassed the rest in renown,[6] that[7] the younger men also wished to be his pupils. — Eurystheus ordered Heracles to fetch[8] the apples[9] of the Hesperides, to bring up[10] Cerberus, and other works[11] of this kind,[12] by[13] which he should[14] not profit[15] others, but expose himself to danger.[16] — Demosthenes compared[17] the character of Æschines to the Sirens; for by them, too, those that heard[18] (them) were not charmed,[19] but ruined.[20]

N. When Agesilaus had learned[1] that a great battle had been fought[2] near[3] Corinth, and very brave men had fallen,[4] moreover that few of the Spartans but very many of the enemies had been slain, he did not appear[5] cheerful[6] nor insolent,[7] but with a deep[8] sigh, he said: Woe[9] to Greece, that has, through her own fault,[10] lost[11] so many[12] men who[13] could have conquered[14] all the barbarians in contest. — At[15] Leuctra fell one thousand Lacedæmonians, with their king, Cleombrotus, and the bravest of the Spartans around him. Among[15] them was also Cleonymus, the son of Sphodrias, having three times fallen before the king, and risen as many[16] times; he[17] is said to have died fighting against the Thebans.

O. Ariæus tried to injure[1] the Greeks by neither fearing[2] the gods nor reverencing[3] the dead Cyrus. — A large boy

---

[15] διὰ τοῦτο. [16] Ch. III., 74. [17] βιόω. 2. aor. [18] Ch. XV., 16, c. gen. [19] ἀποστερέω, part. perf. (acc. c. inf.). [20] Ch. III., 45.

M. [1] ἐκβάλλω, 2. aor. [2] κατοικίζω. [3] δέομαι. [4] βίος. [5] τοσοῦτον. [6] εὐδοξία. [7] Ch. XVI., 34. [8] (Bring) 2. aor. [9] μῆλον. [10] ἀνάγω. [11] ἆθλος, ὁ. [12] τοιοῦτος. [13] Ch. XV., 1. [14] μέλλω. [15] Ch. IX., 55. [16] Ch. VIII., 11. [17] ἀφομοιόω τινί. [18] ἀκροάομαι, part. [19] κηλέω, acc. w. inf. [20] ἀπ-ολ.

N. [1] πυνθάνομαι, part. [2] γίγνομαι, 2. perf. [3] περί, c. acc. [4] ἀπόλλυμι, 2. perf. [5] He was seen. [6] περιχαρής. [7] ἐπαίρω, perf. pass. [8] βαρύ (deeply sighing). [9] φεῦ, c. gen. [10] ὑφ' αὑτῆς. [11] No. 4, 1. perf. part. [12] τοσοῦτος. [13] ὅσος. [14] Imperf. [15] ἐν. [16] τοσαυτάκις. [17] Acc. c. inf.

O. [1] κακῶς ποιεῖν τινα. [2] δείδω, part. aor. [3] αἰδέομαι.

who had a small coat[4] saw another small boy who had a large coat. He made[5] him take it off[5] and put[6] on him his own coat, but the coat of the other he put[7] on himself. — Tissaphernes swore to Agesilaus that, if he made[8] a truce,[8] he would effect[9] that the Greek cities in Asia should be declared[10] free[11] until[12] the envoys whom he had sent to the king had come back. — Death[13] is opposed[14] to life,[15] as waking[16] is to sleeping.[17] — The Athenians have saved the Greeks and punished[18] the barbarians.

PART II.

I. FABLES.

1. Γυνὴ καὶ Ὄρνις.

Γυνὴ χήρα ὄρνιν ἔχουσα, καθ' ἑκάστην ἡμέραν ᾠὸν τίκτουσαν, ὑπέλαβεν, ὅτι, ἐὰν πλείονα τροφὴν αὐτῇ παραβάλῃ, καὶ δὶς τῆς ἡμέρας τέξεται. Καὶ δὴ τοῦτο αὐτῆς ποιησάσης, συνέβη τὴν ὄρνιν πίονα γενομένην μηκέτι μηδὲ ἅπαξ τίκτειν.

2. Λέων καὶ Βάτραχος.

Λέων ἀκούσας βατράχου κεκραγότος, ἐπεστράφη πρὸς τὴν φωνήν, οἰόμενος μέγα τι ζῷον εἶναι· προσμείνας δὲ μικρὸν χρόνον, ὡς ἐθεάσατο αὐτὸν ἀπὸ τῆς λίμνης ἐξελθόντα, προσελθὼν κατεπάτησεν, εἰπών· Μηδένα ἀκοὴ ταραττέτω πρὸ τῆς θέας.

3. Ἀηδὼν καὶ Ἱέραξ.

Ἀηδὼν ἐφ' ὑψηλῆς τινος δρυὸς καθημένη κατὰ τὸ εἰωθὸς[1] ᾖδεν. Ἱέραξ δὲ θεασάμενος καὶ τροφῆς ἀπορῶν, ἐπιπτόμενος[2]

---

[4] χιτών. [5] ἐκδύω, 1. aor. part. [6] ἀμφιέννυμί τινά τι. [7] ἐνδύω, 2. aor. [8] σπένδω, opt. aor. mid. [9] διαπράττεσθαι, inf. fut. [10] ἀφίημι, aor. (acc. w. inf.). [11] αὐτόνομος, ον. [12] ἕως, c. opt. [13] καταθνῄσκω, inf. perf. [14] ἐναντίος. [15] Inf. [16] ἐγείρω, 2. perf. inf. [17] καθεύδω. [18] δίκην λαμβάνω παρά τινος.

[1] According to its habit.   [2] Resolve: "flew near — and —."

συνέλαβεν. Ἡ δὲ ἀναιρεῖσθαι μέλλουσα, τοῦ ἱέρακος μεθεῖναι ἐδεῖτο· μηδὲ γὰρ¹ ἱκανὴ εἶναι ἱέρακος γαστέρα πληροῦν, δεῖν δὲ αὐτὸν τροφῆς προσδεόμενον ἐπὶ τὰ μείζονα τῶν ὀρνέων τρέπεσθαι. Ὁ δὲ ἱέραξ ὑπολαβὼν εἶπεν· Ἀλλ' ἐγὼ ἄφρων ἂν εἴην, εἰ τὴν ἐν χερσὶν ἑτοίμην βορὰν ἀφεὶς² τὰ μηδέπω φαινόμενα διώκοιμι.

4. Κόραξ καὶ Ἀλώπηξ.

Κόραξ, κρέας ἁρπάσας, ἐπί τινος δένδρου ἐκάθισεν. Ἀλώπηξ δὲ θεασαμένη αὐτὸν καὶ βουλομένη τοῦ κρέως περιγενέσθαι στᾶσα κάτωθεν ἐπῄνει αὐτὸν ὡς εὐμεγέθη τε καὶ καλόν, λέγουσα, ὡς πρέπει αὐτῷ μάλιστα τῶν ὀρνέων βασιλεύειν, καὶ τοῦτο πάντως ἂν γένοιτο,³ εἰ φωνὴν εἶχεν. Ὁ δὲ παραστῆσαι αὐτῇ βουλόμενος, ὅτι καὶ φωνὴν ἔχει, βαλὼν τὸ κρέας μέγα ἐκεκράγει, ἐκείνη δὲ προσδραμοῦσα καὶ τὸ κρέας ἁρπάσασα ἔφη· Ὦ κόραξ, ἔχεις τὰ πάντα· νοῦν μόνον κτῆσαι.

5. Λέων καὶ Ἄρκτος.

Λέων καὶ ἄρκτος ἔλαφον εὑρόντες περὶ τούτου ἐλάχοντο· δεινῶς οὖν ὑπ' ἀλλήλων διατεθέντες ἡμιθανεῖς ἔκειντο. Ἀλώπηξ δὲ παριοῦσα ὡς ἐθεάσατο τοὺς μὲν παρειμένους, τὸν δὲ ἔλαφον εἴσω κείμενον, ἀραμένη αὐτὸν διὰ μέσου αὐτῶν ἀπηλλάττετο. Οἱ δὲ ἐξαναστῆναι μὴ δυνάμενοι ἔφασαν· Ἄθλιοι ἡμεῖς, εἴ γε ἀλώπεκι⁴ ἐμοχθοῦμεν.

6. Ἀλώπηξ καὶ Βότρυς.

Βότρυς πεπείρους ἀλώπηξ κρεμαμένους ἰδοῦσα ἐπειρᾶτο καταφαγεῖν· πολλὰ δὲ καμοῦσα καὶ μὴ δυνηθεῖσα ψαῦσαι, τὴν λύπην παραμυθουμένη ἔλεγεν· Ὄμφακες ἔτι εἰσίν.

7. Ὁδοιπόροι καὶ Ἄρκτος.

Δύο φίλοι τὴν αὐτὴν ὁδὸν ἐβάδιζον· ἄρκτου δὲ φανείσης, ὁ μὲν εἰσανέβη ἐπί τι δένδρον, κἀκεῖ κατεκρύπτετο, ὁ δὲ ἕτερος ἐπὶ τοῦ ἐδάφους πεσὼν νεκρὸν ἑαυτὸν προσεποιεῖτο. Τῆς δὲ ἄρκτου προσενεγκούσης αὐτῷ τὸ ῥύγχος καὶ περιοσφραινομένης αὐτὰς τὰς ἀναπνοάς, οὗτος συνεῖχεν αὐτάς· νεκροῦ γάρ φασι

---

¹ Supply εἶπε, cf. p. 25, Rem. 2.   ² Cf. p. 97, Rem. 2.
³ Repeat ὡς, "and that this would certainly —."   ⁴ For.

μὴ ἅπτεσθαι τὸ ζῶον. Ἀπαλλαγείσης δὲ τῆς ἄρκτου ὁ ἀπὸ τοῦ δένδρου καταβὰς ἐπυνθάνετο· Τί ἡ ἄρκτος πρὸς τὸ οὖς εἴρηκεν; Ὁ δὲ εἶπεν, τοιούτοις[1] τοῦ λοιποῦ μὴ συνοδοιπορεῖν[2] φίλοις, οἳ ἐν κινδύνοις οὐ παραμένουσιν.

8. Γεωργοῦ παῖδες.

Γεωργοῦ παῖδες ἐστασίαζον· ὁ δ', ὡς πολλὰ παραινῶν οὐκ ἠδύνατο πεῖσαι αὐτοὺς λόγοις μεταβάλλεσθαι, ἔγνω δεῖν πρᾶγμα τόδε πρᾶξαι. Καὶ παρῄνεσεν αὐτοῖς ῥάβδων δέσμας κομίσαι. Τῶν δὲ τὸ προσταχθὲν ποιησάντων, τὸ μὲν πρῶτον δοὺς αὐτοῖς ἀθρόας τὰς ῥάβδους ἐκέλευσε κατᾶξαι[3]· ἐπειδὴ δὲ οὐκ ἠδύναντο, ἐκ δευτέρου λύσας τὴν δέσμην ἀνὰ μίαν[4] αὐτοῖς ῥάβδον ἐδίδουτῶν δὲ ῥαδίως κατακλώντων, ἔφη· Ἀτὰρ οὖν καὶ ὑμεῖς, ὦ παῖδες, ἐὰν μὲν ὁμοφρονῆτε, ἀχείρωτοι τοῖς ἐχθροῖς ἔσεσθε· ἐὰν δὲ στασιάζητε, εὐάλωτοι.

9. Λύκος καὶ Ἀμνός.

Λύκος θεασάμενος ἄρνα ἀπό τινος ποταμοῦ πίνοντα, ἐβουλήθη αὐτὸν μετ' εὐλόγου αἰτίας καταθοινήσασθαι. Διόπερ στὰς ἀνωτέρω ᾐτιάσατο αὐτὸν ὡς θολοῦντα τὸ ὕδωρ καὶ πίνειν αὐτὸν οὐκ ἐῶντα. Τούτου δὲ λέγοντος, ὡς ἄκροις χείλεσι πίνει καὶ ἄλλως οὐ δυνατὸν[5] ἐπάνω ταράσσειν τὸ ὕδωρ, ὁ λύκος ἀποτυχὼν ταύτης τῆς αἰτίας, ἔφη· Ἀλλὰ πέρυσι τὸν πατέρα μου ἐλοιδόρησας. Εἰπόντος δὲ ἐκείνου· Ἀλλ' ἔγωγε ἐν τούτῳ τῷ χρόνῳ οὔποτε ἐγενόμην, ὁ λύκος· Σὺ μέν, ἔφη, ἀπολογίας οὐκ ἀπορεῖς, ἐγὼ δέ, τέως ἄδειπνος ὤν, οὐ φείδομαί σου.

10. Λύκος καὶ Γραῦς.

Λύκος λιμώττων περιῄει ζητῶν ἑαυτῷ τροφήν· ὡς δὲ ἐγένετο κατά τινα τόπον, ἀκούσας γραὸς παιδὶ κλαίοντι ἀπειλούσης, ὡς, ἂν μὴ παύσηται, βαλεῖ λύκῳ, οἰόμενος ἀληθεύειν προσέμενεν. Ἑσπέρας δὲ γενομένης, ὡς οὐδὲν τοῖς λόγοις ἀκόλουθον ἐγένετο, ἀπαλλαττόμενος ἔφη· Ἐν ταύτῃ τῇ ἐπαύλει οἱ ἄνθρωποι ἄλλα μὲν λέγουσιν, ἄλλα δὲ ποιοῦσιν.

---

[1] Dative, on account of the preposition in συνοδοιπορεῖν.
[2] That one should not.   [3] κατάγνυμι,   [4] One to each.
[5] And that it was not possible.

11. Γέρων καὶ Θάνατος.

Γέρων ποτὲ ξύλα κόψας καὶ ταῦτα φέρων πολλὴν ὁδὸν ἐβάδιζεν. Διὰ δὲ τὸν τῆς ὁδοῦ κόπον ἀποθέμενος τὸ φορτίον τὸν θάνατον ἐπεκαλεῖτο· τοῦ δὲ Θανάτου φανέντος καὶ πυθομένου, δι' ἣν αἰτίαν αὐτὸν παρακαλεῖται, ὁ γέρων ἔφη· Ἵνα τὸ φορτίον ἄρῃς· θανεῖν δὲ οὐ θέλω.

12. Ξυλευόμενος καὶ Ἑρμῆς.

Ξυλευόμενός τις κατά τινα ποταμὸν τὸν πέλεκυν ἀπέβαλεν· ἀμηχανῶν τοίνυν παρὰ τὴν ὄχθην καθίσας ὠδύρετο. Ἑρμῆς δὲ μαθὼν τὴν αἰτίαν, καὶ οἰκτείρας τὸν ἄνθρωπον, καταδὺς εἰς τὸν ποταμὸν χρυσοῦν ἀνήνεγκε πέλεκυν, καί, εἰ[1] οὗτός ἐστιν, ὃν ἀπώλεσεν, ἤρετο· τοῦ δὲ μὴ τοῦτον εἶναι φαμένου, αὖθις καταβὰς ἀργυροῦν ἀνεκόμισεν. Τοῦ δὲ μηδὲ τοῦτον εἶναι εἰπόντος, ἐκ τρίτου καταβὰς ἐκεῖνον τὸν οἰκεῖον ἀνήνεγκεν· τοῦ δέ, τοῦτον ἀληθῶς εἶναι τὸν ἀπολωλότα, φαμένου, Ἑρμῆς ἀποδεξάμενος αὐτοῦ τὴν δικαιοσύνην ἅπαντας αὐτῷ ἐδωρήσατο. Ὁ δὲ παραγενόμενος πρὸς τοὺς ἑταίρους πάντα τὰ συμβάντα αὐτοῖς διεξῆλθεν· ὧν εἷς τις τὰ ἴσα διαπράξασθαι ἐβουλεύσατο, καὶ παρὰ τὸν ποταμὸν ἐλθὼν καὶ τὴν ἀξίνην ἐπιτηδες ἀφεὶς εἰς τὸ ῥεῦμα κλαίων ἐκάθητο. Ἐπιφανεὶς οὖν ὁ Ἑρμῆς κἀκείνῳ, καὶ τὴν αἰτίαν μαθὼν τοῦ θρήνου, καταβὰς ὁμοίως χρυσῆν ἀξίνην ἐξήνεγκε καὶ ἤρετο, εἰ ταύτην ἀπέβαλεν· τοῦ δὲ σὺν ἡδονῇ, Ναὶ ἀληθῶς ἥδ' ἐστί, φήσαντος, μισήσας ὁ θεὸς τὴν τοσαύτην ἀναίδειαν, οὐ μόνον ἐκείνην κατέσχεν, ἀλλ' οὐδὲ τὴν οἰκείαν αὐτῷ ἀπέδωκεν.

13. Γυνὴ καὶ Θεράπαιναι.

Γυνὴ χήρα φίλεργος θεραπαινίδας ἔχουσα ταύτας εἰώθει νυκτὸς ἐπὶ τὰ ἔργα ἐγείρειν πρὸς ἀλεκτρυοφωνίαν. Αἱ δὲ συνεχεῖ τῷ πόνῳ ταλαιπωρούμεναι ἔγνωσαν, δεῖν τὸν ἐπὶ τῆς οἰκίας[2] ἀποκτεῖναι ἀλεκτρυόνα, ὡς ἐκείνου νύκτωρ ἐξανιστάντος τὴν δέσποιναν. Συνέβη δ' αὐταῖς τοῦτο διαπραξαμέναις χαλεπωτέροις περιπεσεῖν τοῖς δεινοῖς. Ἡ γὰρ δέσποινα ἀγνοοῦσα τὴν τῶν ἀλεκτρυόνων φωνὴν ἐννυχώτερον αὐτὰς ἀνίστη.

---

[1] Whether.   [2] The—belonging to the house.

14. Ἔλαφος καὶ Λέων.

Ἔλαφος δίψει συσχεθεῖσα¹ παρεγένετο ἐπί τινα πηγήν· πιοῦσα δὲ ὡς ἐθεάσατο τὴν ἑαυτῆς σκιὰν κατὰ τοῦ ὕδατος, ἐπὶ μὲν τοῖς κέρασιν ἠγάλλετο, ὁρῶσα τὸ μέγεθος καὶ τὴν ποικιλίαν, ἐπὶ δὲ τοῖς ποσὶ σφόδρα ἤχθετο ὡς² λεπτοῖς οὖσι καὶ ἀσθενέσιν. Ἔτι δ᾽ αὐτῆς διανοουμένης, λέων ἐπιφανεὶς ἐδίωκεν αὐτήν, κἀκείνη εἰς φυγὴν τραπεῖσα κατὰ πολὺ αὐτοῦ προεῖχεν. Μέχρι μὲν οὖν ψιλὸν ἦν τὸ πεδίον, ἡ μὲν προθέουσα ἐσώζετο· ἐπεὶ δὲ ἐγένετο κατά τινα ὑλώδη τόπον, τηνικαῦτα συνέβη, τῶν κεράτων αὐτῆς ἐμπλακέντων τοῖς κλάδοις,³ μὴ δυναμένην⁴ τρέχειν συλληφθῆναι ὑπὸ τοῦ λέοντος. Μέλλουσα δὲ ἀναιρεῖσθαι ἔφη πρὸς ἑαυτήν· Δειλαία ἐγώ, ἥτις, ὑφ᾽ ὧν ᾠόμην προδοθήσεσθαι, ἐσωζόμην ὑπὸ τούτων, οἷς δὲ καὶ σφόδρα ἐπεποίθειν, ὑπὸ τούτων ἀπωλόμην.

II. NARRATIVES.

1. Lycurgus.

Λυκοῦργος ὁ Λακεδαιμόνιος, πηρωθεὶς ὑπό τινος τῶν πολιτῶν ὀφθαλμῶν τὸν⁵ ἕτερον, καὶ παραλαβὼν τὸν νεανίσκον παρὰ τοῦ δήμου, ἵνα τιμωρήσαιτο, ὅπως αὐτὸς βούληται, τούτου μὲν ἀπέσχετο, παιδεύσας δὲ αὐτὸν καὶ ἀποφήνας ἄνδρα ἀγαθόν, παρήγαγεν εἰς τὸ θέατρον. Θαυμαζόντων δὲ τῶν Λακεδαιμονίων, Τοῦτον, ἔφη, λαβὼν παρ᾽ ὑμῶν ὑβριστὴν καὶ βίαιον, ἀποδίδωμι ὑμῖν ἐπιεικῆ καὶ δημοτικόν.

2. Xenophon.

Γρύλλος, ὁ Ξενοφῶντος υἱός, ἐν τῇ μάχῃ περὶ Μαντίνειαν ἰσχυρῶς ἀγωνισάμενος ἐτελεύτησεν. Τηνίκα καὶ τὸν Ξενοφῶντά φασι θύειν ἐστεμμένον· ἀπαγγελθέντος δὲ αὐτῷ τοῦ

---
¹ συνέχω. ² Because they were.
³ Dat. on account of the compound with ἐν.
⁴ Could not — and —; μή, on account of the acc. w. inf.
⁵ Cf. p. 57, Rem. 1.

θανάτου τοῦ παιδός, ἀποστεφανώσασθαι· ἔπειτα μαθόντα,[1] ὅτι γενναίως ἀπέθανε, πάλιν ἐπιθέσθαι τὸν στέφανον. Ἔνιοι δὲ οὐδὲ δακρῦσαί φασιν αὐτόν, ἀλλ' εἰπεῖν· ᾔδειν γὰρ θνητὸν γεγεννηκώς.[2]

3. The House of Pindar.

Ἐπεὶ τὰς Θήβας εἷλεν ὁ Ἀλέξανδρος, τοῖς συμμάχοις, οἷς δ'/ καὶ ἐπέτρεψεν Ἀλέξανδρος τὰ κατὰ τὰς Θήβας διαθεῖναι, τὴν μὲν Καδμείαν φρουρᾷ κατέχειν ἔδοξε, τὴν δὲ πόλιν κατασκάψαι, καὶ τὴν χώραν κατανεῖμαι τοῖς συμμάχοις· παῖδας δὲ καὶ γυναῖκας καὶ ὅσοι ὑπελείποντο Θηβαίων, πλὴν τῶν ἱερέων καὶ ὅσοι πρόξενοι Μακεδόνων ἐγένοντο, ἀνδραποδίσαι. Τὴν δὲ Πινδάρου οἰκίαν καὶ τοὺς ἀπογόνους Πινδάρου λέγουσιν ὅτι διεφύλαξεν Ἀλέξανδρος αἰδοῖ τοῦ ποιητοῦ.

4. Philippus.

Ἐν Χαιρωνείᾳ τοὺς Ἀθηναίους μεγάλῃ νίκῃ ἐνίκησε Φίλιππος. Ἐπαρθεὶς δὲ τῇ εὐπραγίᾳ, ᾤετο δεῖν αὐτὸν ὑπομιμνήσκεσθαι, ὅτι ἄνθρωπός ἐστι, καὶ προσέταξε παιδί τινι τοῦτο ἔργον ἔχειν. Τρὶς δὲ ἑκάστης ἡμέρας ὁ παῖς ἔλεγεν αὐτῷ· Φίλιππε, ἄνθρωπος εἶ.

5. Thrasyllus.

Θράσυλλός τις παράδοξον καὶ καινὴν ἐνόσησε μανίαν. Ἀπολιπὼν γὰρ τὸ ἄστυ,[3] καὶ κατελθὼν εἰς τὸν Πειραιᾶ, καὶ ἐνταῦθα οἰκῶν τὰ πλοῖα τὰ καταίροντα ἐν αὐτῷ πάντα ἑαυτοῦ ἐνόμιζεν εἶναι, καὶ ἀπεγράφετο αὐτὰ καὶ αὖ πάλιν ἐξέπεμψεν, καὶ τοῖς περισωζομένοις καὶ εἰσιοῦσιν εἰς τὸν λιμένα ὑπερέχαιρεν. Χρόνους δὲ διετέλεσε[4] πολλοὺς συνοικῶν τῷ ἀρρωστήματι τούτῳ. Ἐκ Σικελίας δὲ ἀναχθεὶς ὁ ἀδελφὸς αὐτοῦ, παρέδωκεν αὐτὸν ἰατρῷ ἰάσασθαι, καὶ ἐπαύσατο τῆς νόσου. Ἐμέμνητο δὲ πολλάκις τῆς ἐν μανίᾳ διατριβῆς καὶ ἔλεγε μηδέποτε ἡσθῆναι[5] τοσοῦτον, ὅσον τότε ἥδετο ἐπὶ ταῖς μηδὲν αὐτῷ προσηκούσαις ναυσὶν ἀποσωζομέναις.

---

[1] Supply αὐτόν.   [2] Did I not know that —?   [3] Athens.
[4] διετέλεσε συνοικῶν, he was continually.   [5] Cf. p. 25, Rem. 2.

6. Arion.

Ἀρίων, ὁ κιθαρῳδός, χρήματα μεγάλα ἐργασάμενος ἐν Ἰταλίᾳ καὶ Σικελίᾳ, πρὸς Περίανδρον, τῶν Κορινθίων τύραννον, ὃς μάλιστα αὐτὸν ἐτίμα, ἀφικέσθαι καὶ ἐπιδείξασθαι τὸν πλοῦτον ἐπεθύμησεν. Ἐμισθώσατο οὖν πλοῖον ἀνδρῶν[1] Κορινθίων, μάλιστα δὴ τούτοις πιστεύων. Οἱ δὲ νοήσαντες, πολὺν χρυσὸν καὶ ἄργυρον ἄγειν τὸν Ἀρίονα, ἐπεὶ κατὰ μέσην τὴν θάλασσαν ἐγένοντο, ἐπεβούλευον αὐτῷ. Ὁ δὲ συνεὶς τὸ γιγνόμενον καὶ μάτην ψυχὴν παραιτησάμενος, Ἐπεὶ ταῦτα ὑμῖν δέδοκται, ἔφη, ἀλλὰ[2] τὴν σκευὴν ἀναλαβόντα με καὶ ᾄσαντα, ἑκόντα ἐάσατε ῥῖψαι ἐμαυτὸν εἰς τὴν θάλασσαν. Ἐπιτρεψάντων δὲ τῶν ναυτῶν, πᾶσαν τὴν σκευὴν ἐνδὺς ὁ Ἀρίων καὶ λαβὼν τὴν κιθάραν ᾖσε πάνυ λιγυρὸν[3] καὶ ἔπεσεν εἰς τὴν θάλασσαν. Λέγουσι δὲ δελφῖνα ὑπολαβόντα ἐξενεγκεῖν αὐτὸν εἰς Ταίναρον. Ἀφικόμενον[4] δὲ εἰς Κόρινθον ἀφηγεῖσθαι πᾶν τὸ γεγονός. Περίανδρον δὲ τοὺς ναύτας, ἐπεὶ παρῆσαν, κληθέντας ἐξετάζειν, εἴ τι λέγοιεν περὶ Ἀρίονος. Φαμένων δὲ ἐκείνων, ὡς εὖ πράσσοντα λίποιεν αὐτὸν ἐν Τάραντι, ἐπιφανῆναι αὐτοῖς τὸν Ἀρίονα, ὥσπερ ἔχων[5] ἐξεπήδησε τῆς νεώς. Καὶ ἐκείνους ἐκπλαγέντας οὐκ ἔχειν ἔτι ἀρνεῖσθαι.

7. Diogenes.

Πήγει τὸν ὦμον Διογένης, ἢ τρωθείς, οἶμαι, ἢ ἐξ ἄλλης τινὸς αἰτίας. Ἐπεὶ δὲ ἐδόκει σφόδρα ἀλγεῖν, τῶν ἀχθομένων τις αὐτῷ[6] κατεκερτόμει λέγων· Τί οὖν οὐκ ἀποθνήσκεις, ὦ Διόγενες, καὶ σεαυτὸν ἀπαλλάττεις κακῶν; Ὁ δὲ εἶπε· Τοὺς εἰδότας, ἃ δεῖ πράττειν ἐν τῷ βίῳ, καὶ ἃ δεῖ λέγειν, τούτους γε ζῆν προσήκει. Σοὶ μὲν οὖν, ἔφη, οὐκ εἰδότι τά τε λεκτέα καὶ τὰ πρακτέα, ἀποθανεῖν ἐν καλῷ ἐστιν· ἐμὲ δὲ τὸν ἐπιστήμονα ἐκείνων πρέπει ζῆν.

8. Antisthenes and Diogenes.

Ἐπεὶ ὁ Ἀντισθένης πολλοὺς προὔτρεπεν ἐπὶ φιλοσοφίαν, οἱ

---
[1] With.
[2] ἀλλὰ—ἐάσατε. Change the following participles into the verbum finitum. [3] Acc. (adverbial).
[4] Repeat αὐτόν. [5] Clothed as he was when —. [6] ἄχθομαί τινι.

δὲ οὐδὲν[1] αὐτῷ προσεῖχον, τέλος ἀγανακτήσας οὐδένα προσίετο. Καὶ Διογένην οὖν ἤλαυνεν ἀπὸ τῆς συνουσίας. Ἐπεὶ δὲ ἦν λιπαρέστερος ὁ Διογένης, καὶ ἐνέκειτο, ἐνταῦθα ἤδη τῇ βακτηρίᾳ καθίξεσθαι αὐτοῦ[2] ἠπείλει· καί ποτε καὶ ἔπαισε κατὰ[3] τῆς κεφαλῆς. Ὁ δὲ οὐκ ἀπηλλάσσετο, ἀλλ' ἔτι μᾶλλον ἐνέκειτο φιλοπόνως, ἀκούειν αὐτοῦ διψῶν, καὶ ἔλεγε· Σὺ μὲν παῖε, εἰ βούλει, ἐγὼ δὲ ὑποθήσω τὴν κεφαλήν· καὶ οὐκ ἂν οὕτως[4] ἐξεύροις βακτηρίαν σκληράν, ὥστε μ' ἀπελάσαι τῶν διατριβῶν τῶν σῶν. Ὁ δὲ ὑπερησπάσατο αὐτόν.

9. Leonidas.

Περσῶν μετὰ πεντακοσίων μυριάδων ἐπὶ τὴν Ἑλλάδα φερομένων, Λακεδαιμόνιοι τριακοσίους εἰς Θερμοπύλας ἔπεμψαν, στρατηγὸν αὐτοῖς δόντες Λεωνίδαν. Οὗτος τὸ ἐπερχόμενον θεασάμενος τῶν πολεμίων πλῆθος, εὐωχουμένοις εἶπε τοῖς συμμάχοις· Οὕτως ἀριστᾶτε, ὦ τριακόσιοι, ὡς ἐν Ἅιδου δειπνήσοντες. Ἐπιφανέντων οὖν τῶν βαρβάρων, Λεωνίδας πολλοῖς περιπεπαρμένος δόρασι, μεθ' ὁρμῆς ἐπὶ Ξέρξην ἠπείχθη, καὶ αἱμορραγήσας ἐξέπνευσεν. Ἀνατεμὼν δὲ ὁ βασιλεὺς τοῦ προειρημένου τὸ στῆθος, εὗρεν αὐτοῦ τὴν καρδίαν τριχῶν γέμουσαν.

10. Alcibiades.

Ἀλκιβιάδης ἔτι μικρὸς ὢν ἔπαιζεν ἀστραγάλοις ἐν στενωπῷ. Τῆς δὲ βολῆς καθηκούσης εἰς αὐτόν, ἅμαξα φορτίων[5] ἐπῄει· πρῶτον μὲν οὖν ἐκέλευε περιμεῖναι τὸν ἄγοντα τὸ ζεῦγος· ὑπέπιπτε γὰρ ἡ βολὴ τῇ παρόδῳ τῆς ἁμάξης. Μὴ πειθομένου δὲ ἐκείνου, ἀλλ' ἐπάγοντος, οἱ μὲν ἄλλοι παῖδες διέσχον, ὁ δ' Ἀλκιβιάδης καταβαλὼν ἐπὶ στόμα πρὸ τοῦ ζεύγους καὶ παρατείνας ἑαυτὸν ἐκέλευεν οὕτως, εἰ βούλεται, διεξελθεῖν, ὥστε τὸν μὲν ἄνθρωπον ἀνακροῦσαι τὸ ζεῦγος ὀπίσω δείσαντα, τοὺς δ' ἰδόντας ἐκπλαγῆναι καὶ μετὰ βοῆς συνδραμεῖν πρὸς αὐτόν.

11. Cimon.

Κίμων ἐπ' Εὐρυμέδοντι ποταμῷ ἐνίκησε τοὺς βασιλέως σατράπας, καὶ πολλὰ σκάφη βαρβαρικὰ ἑλὼν εἰς ταῦτα τοὺς Ἕλληνας ἐμβῆναι ἐκέλευσε καὶ στολὰς ἐνδῦναι Μηδικὰς καὶ πλεῦσαι

---

[1] Not at all.
[2] On.
[3] καθίκνεομαι, implying "to touch," takes the gen.
[4] To be joined with σκληράν.
[5] With goods.

ἐπὶ Κύπρου. Κύπριοι, τῇ ὄψει τοῦ βαρβαρικοῦ ἐξαπατώμενοι σχήματος, τὸν στόλον ὡς φίλιον ὑποδέχονται. Οἱ δὲ ἀποβάντες ἐφάνησαν Ἕλληνες, καὶ Κυπρίους ἐνίκησαν.

12. Menecrates.

Μενεκράτης ὁ ἰατρὸς εἰς τοσοῦτον[1] προῆλθε τύφου, ὥστε ἑαυτὸν ὀνομάζειν Δία. Εἱστία ποτὲ μεγαλοπρεπῶς Φίλιππος, ὁ Μακεδόνων βασιλεύς, καὶ δὴ καὶ τοῦτον ἐπὶ θοίνην ἐκάλεσε καὶ ἰδίᾳ κλίνην αὐτῷ ἐκέλευσε παρασκευάζεσθαι, καὶ παρακλιθέντι θυμιατήριον παρέθηκε καὶ ἐθυμιᾶτο αὐτῷ· οἱ δὲ λοιποὶ εἱστιῶντο, καὶ ἦν μεγαλοπρεπὲς τὸ δεῖπνον. Ὁ τοίνυν Μενεκράτης τὰ μὲν πρῶτα ἐκαρτέρει, καὶ ἔχαιρε τῇ τιμῇ· ἐπεὶ δὲ ὁ λιμὸς περιῆλθεν αὐτῷ καὶ ἠλέγχετο, ὅτι ἦν ἄνθρωπος, ἐξαναστὰς ἀπιὼν ᾤχετο. Ἐμμελῶς πάνυ ὁ Φίλιππος τὴν ἄνοιαν αὐτοῦ ἐξεκάλυψεν.

13. The Security.

Διονυσίῳ, τῷ Συρακουσῶν τυράννῳ, Φιντίας τις Πυθαγόρειος ἐπεβεβουλεύκει· μέλλων δὲ τῆς τιμωρίας τυγχάνειν, ᾐτήσατο παρὰ τοῦ Διονυσίου χρόνον εἰς[2] τὸ περὶ τῶν ἰδίων, ἃ βούλεται, διοικῆσαι· δώσειν δ' ἔφησεν ἐγγυητὴν τοῦ θανάτου τῶν φίλων ἕνα. Τοῦ δὲ δυνάστου θαυμάσαντος, εἰ τοιοῦτος ἔστι φίλος, ὃς ἑαυτὸν εἰς τὴν εἱρκτὴν ἀντ' ἐκείνου παραδώσει, προεκαλέσατό τινα τῶν γνωρίμων ὁ Φιντίας, Δάμωνα ὄνομα, καὶ αὐτὸν Πυθαγόρειον φιλόσοφον· ὃς οὐδὲ διστάσας ἔγγυος εὐθὺς ἐγένετο θανάτου. Τινὲς μὲν οὖν ἐπῄνουν τὴν ὑπερβολὴν τῆς πρὸς φίλους εὐνοίας· τινὲς δὲ τοῦ ἐγγύου προπέτειαν καὶ μανίαν κατεγίγνωσκον. Πρὸς δὲ τὴν τεταγμένην ὥραν ἅπας ὁ δῆμος συνέδραμε καραδοκῶν, εἰ φυλάξει τὴν πίστιν ὁ Φιντίας· ἤδη δὲ τῆς ὥρας συγκλειούσης, πάντες μὲν ἀπεγίγνωσκον· ὁ δὲ Φιντίας ἀνελπίστως ἐπὶ τῆς ἐσχάτης τοῦ χρόνου ῥοπῆς δρομαῖος ἦλθε, τοῦ Δάμωνος ἀπαγομένου πρὸς τὴν ἀνάγκην. Θαυμαστῆς δὲ τῆς φιλίας φανείσης ἅπασιν, ἀπέλυσεν ὁ Διονύσιος τῆς τιμωρίας τὸν ἐγκαλούμενον καὶ παρεκάλεσε τοὺς ἄνδρας, τρίτον ἑαυτὸν εἰς τὴν φιλίαν προσλαβέσθαι.

---

[1] Went so far in his p.   [2] In order to,

14. Alexander.

Ἀλέξανδρος ἔτι παῖς ὢν πολλὰ τοῦ Φιλίππου κατορθοῦντος, οὐκ ἔχαιρεν, ἀλλὰ πρὸς τοὺς συντρεφομένους ἔλεγε παῖδας· Ἐμοὶ δὲ ὁ πατὴρ οὐδὲν ἀπολείψει. Τῶν δὲ παίδων λεγόντων· Ὅτι ταῦτά σοι κτᾶται, Τί δ' ὄφελος, εἶπεν, ἐὰν ἔχω μὲν πολλά, πράξω δὲ οὐδέν; — Ἐλαφρὸς δ' ὢν καὶ ποδώκης καὶ παρακαλούμενος ὑπὸ τοῦ πατρὸς Ὀλύμπια δραμεῖν στάδιον, Εἴγ', ἔφη, βασιλέας ἕξειν ἔμελλον[1] ἀνταγωνιστάς. — Δαρείου διδόντος[2] αὐτῷ μύρια τάλαντα καὶ τὴν Ἀσίαν νείμασθαι πρὸς αὐτὸν ἐπ' ἴσης, καὶ Παρμενίωνος εἰπόντος· Ἔλαβον ἄν, εἰ Ἀλέξανδρος ἦν· Κἀγώ, νὴ Δία, εἶπεν, εἰ Παρμενίων ἦν. — Τῶν Ἰνδῶν τὸν ἄριστα τοξεύειν δοκοῦντα καὶ λεγόμενον, διὰ δακτυλίου τὸν ὀϊστὸν ἀφιέναι, λαβὼν αἰχμάλωτον ἐκέλευσεν ἐπιδείξασθαι, καὶ μὴ βουλόμενον ὀργισθεὶς ἀνελεῖν προσέταξεν. Ἐπεὶ δὲ ἀγόμενος ὁ ἄνθρωπος ἔλεγε πρὸς τοὺς ἄγοντας, ὅτι πολλῶν ἡμερῶν[3] οὐ μεμελέτηκε καὶ ἐφοβήθη διαπεσεῖν, ἀκούσας ὁ Ἀλέξανδρος ἐθαύμασε, καὶ ἀπέλυσε μετὰ δώρων αὐτόν, ὅτι μᾶλλον ἀποθανεῖν ὑπέμεινεν, ἢ τῆς δόξης ἀνάξιος φανῆναι.

15. Æneas.

Τῆς Τροίας ἁλούσης, Αἰνείας μετά τινων καταλαβόμενος μέρος τῆς πόλεως, τοὺς ἐπιόντας ἠμύνετο. Τῶν δὲ Ἑλλήνων ὑποσπόνδους τούτους ἀφέντων καὶ συγχωρησάντων ἑκάστῳ λαβεῖν, ὅσα δύναιτο, τῶν ἰδίων, οἱ μὲν ἄλλοι πάντες ἄργυρον ἢ χρυσὸν ἢ τινα τῆς ἄλλης πολυτελείας ἔλαβον, Αἰνείας δὲ τὸν πατέρα πάνυ γεγηρακότα ἀράμενος ἐπὶ τοὺς ὤμους ἐξήνεγκεν. Ἐφ' ᾧ θαυμασθεὶς ὑπὸ τῶν Ἑλλήνων, ἔλαβεν ἐξουσίαν πάλιν ὃ βούλοιτο τῶν οἴκοθεν ἐκλέξασθαι. Ἀνελομένου δὲ αὐτοῦ τὰ ἱερὰ τὰ πατρῷα, πολὺ μᾶλλον ἐπαινεθῆναι συνέβη τὴν ἀρετὴν καὶ[4] παρὰ πολεμίων ἐπισημασίας τυγχάνουσαν. Διόπερ φασὶν αὐτῷ συγχωρηθῆναι μετὰ τῶν ὑπολειφθέντων Τρώων ἐκχωρῆσαι τῆς Τρωάδος μετὰ πάσης ἀσφαλείας καὶ ὅποι βούλεται.

16. The Faithful Dog.

Πύῤῥος ὁ βασιλεὺς ὁδεύων ἐνέτυχε κυνὶ φρουροῦντι σῶμα

---

[1] Yes, if I should have.
[2] To offer.
[3] Gen. of time.
[4] Since it even —.

πεφονευμένου, καὶ πυθόμενος, τρίτην ἤδη ἡμέραν τὸν κύνα ἄσιτον παραμένειν, τὸν μὲν νεκρὸν ἐκέλευσε θάπτειν, τὸν δὲ κύνα μεθ᾽ ἑαυτοῦ κομίζειν. Ὀλίγαις δὲ ὕστερον ἡμέραις ἐξέτασις ἦν τῶν στρατιωτῶν καὶ πάροδος, καθημένου τοῦ βασιλέως, καὶ παρῆν ὁ κύων ἡσυχίαν ἔχων. Ἐπεὶ δὲ τοὺς φονέας τοῦ δεσπότου παριόντας εἶδεν, ἐξέδραμε μετὰ φωνῆς καὶ θυμοῦ ἐπ᾽ αὐτοὺς καὶ καθυλάκτει, πολλάκις μεταστρεφόμενος εἰς τὸν βασιλέα, ὥστε μὴ μόνον ἐκείνῳ, ἀλλὰ καὶ πᾶσι τοῖς παροῦσιν ὑποψίους γενέσθαι τοὺς ἀνθρώπους. Διὸ συλληφθέντες εὐθὺς καὶ ἀνακρινόμενοι, μικρῶν τινων τεκμηρίων ἔξωθεν προσγενομένων, ὁμολογήσαντες τὸν φόνον ἐκολάσθησαν.

17. The Spartans.

Λακεδαιμονίοις τέχνας μανθάνειν ἄλλας, ἢ τὰς εἰς πόλεμον, αἰσχρόν ἐστιν. Ἑστιῶνται δὲ πάντες ἐν κοινῷ. Τοὺς δὲ γέροντας αἰσχύνονται οὐδὲν ἧττον ἢ πατέρας. Γυμνάσια δ᾽ ὥσπερ ἀνδρῶν ἐστιν, οὕτω καὶ παρθένων. Ξένοις δ᾽ ἐμβιοῦν οὐκ ἔξεστιν ἐν Σπάρτῃ, οὔτε Σπαρτιάταις ξενιτεύειν. Χρηματίζεσθαι δ᾽ αἰσχρὸν Σπαρτιάταις. Νομίσματι δὲ χρῶνται σκυτίνῳ· ἐὰν δὲ παρά τινι εὑρεθῇ χρυσὸς ἢ ἄργυρος, θανάτῳ ζημιοῦται. Σεμνύνονται δὲ πάντες ἐπὶ[1] τῷ ταπεινοὺς αὐτοὺς παρέχειν καὶ κατηκόους ταῖς ἀρχαῖς. Μακαρίζονται δὲ μᾶλλον παρ᾽ αὐτοῖς οἱ γενναίως ἀποθνήσκοντες, ἢ οἱ εὐτυχῶς ζῶντες. Οἱ δὲ παῖδες νομίμως περί τινα βωμὸν περιόντες μαστιγοῦνται, ἕως ἂν ὀλίγοι λειφθέντες στεφανωθῶσιν. Αἰσχρὸν δέ ἐστι δειλῶν σύσκηνον ἢ συγγυμναστὴν ἢ φίλον γενέσθαι. Ὅταν δὲ στρατεύωνται ἔξω χώρας, πῦρ ἀπὸ τοῦ βωμοῦ τοῦ Ἀγήτορος Διὸς σύνεστι τῷ βασιλεῖ. Συνεκπέμπονται δὲ τῷ βασιλεῖ μάντεις καὶ ἰατροὶ καὶ αὐληταί, οἷς ἐν ταῖς μάχαις ἀντὶ σαλπίγγων ἀεὶ χρῶνται, μάχονται δὲ ἐστεφανωμένοι. Ὑπανίστανται δὲ τῷ βασιλεῖ πάντες, πλὴν τῶν ἐφόρων. Ὄμνυσί τε πρὸ τῆς ἀρχῆς ὁ βασιλεύς, κατὰ τοὺς τῆς πόλεως νόμους βασιλεύσειν. — Ὁ Λυκοῦργος, ἀντὶ μὲν τοῦ[2] ἰδίᾳ ἕκαστον παιδαγωγοὺς δούλους ἐφιστάναι, ἄνδρα ἐπέστησεν, ὃς δὴ καὶ παιδονόμος καλεῖται. Τοῦτον δὲ κύριον ἐποίησε καὶ ἀθροίζειν τοὺς παῖδας, καί, εἴ τις ῥᾳδιουργοίη, κολάζειν· ἔδωκε δ᾽ αὐτῷ καὶ

---

[1] Of the fact that.   [2] Instead that every one.

τῶν ἡβώντων μαστιγοφόρους, ὅπως τιμωροῖεν, ὅτε δέοι, ὥςτε πολλὴν μὲν αἰδῶ, πολλὴν δὲ πειθὼ ἐκεῖ συμπαρεῖναι. Ἀντί γε μὴν τοῦ ἁπαλύνειν τοὺς πόδας ὑποδήμασιν, ἔταξεν ἀνυποδησίᾳ κρατύνειν, ἀντὶ δὲ τοῦ ἱματίοις διαθρύπτεσθαι, ἐνόμισεν ἑνὶ ἱματίῳ δι' ἔτους προσεθίζεσθαι. Σῖτόν γε μὴν τοσοῦτον ἔχειν συνεβούλευεν, ὥσθ' ὑπὸ πλησμονῆς μὲν μήποτε βαρύνεσθαι, τοῦ δὲ ἐνδεεστέρως διάγειν μὴ ἀπείρως ἔχειν. Ὡς δὲ μὴ ὑπὸ λιμοῦ ἄγαν αὖ πιέζοιντο, ἀπραγμόνως μὲν οὐκ ἔδωκεν αὐτοῖς λαμβάνειν, κλέπτειν δὲ ἐφῆκεν, πολλὰς δὲ πληγὰς ἐπέβαλε τῷ ἁλισκομένῳ. Ὅπως δὲ μή, εἰ ὁ παιδονόμος ἀπέλθοι, ἔρημοί ποτε οἱ παῖδες εἶεν ἄρχοντος, ἐποίησε τὸν ἀεὶ παρόντα τῶν πολιτῶν κύριον εἶναι, καὶ ἐπιτάττειν τοῖς παισίν, εἴ τι ἀγαθὸν δοκοίη εἶναι, καὶ κολάζειν, εἴ τι ἁμαρτάνοιεν. Πρὸς δὲ τούτοις τό τε αἰδεῖσθαι ἰσχυρῶς ἐμφῦσαι βουλόμενος αὐτοῖς, καὶ ἐν ταῖς ὁδοῖς ἐπέταξεν ἐντὸς μὲν τοῦ ἱματίου τὼ χεῖρε ἔχειν, σιγῇ δὲ πορεύεσθαι, περιβλέπειν δὲ μηδαμῶς, ἀλλ' αὐτὰ τὰ πρὸ ποδῶν ὁρᾶν. Ἔνθα δὴ καὶ δῆλον γεγένηται, ὅτι τὸ ἄῤῥεν φῦλον καὶ εἰς τὸ σωφρονεῖν ἰσχυρότερόν ἐστι τῆς τῶν θηλειῶν φύσεως. Αἰδημονεστέρους γὰρ ἂν αὐτοὺς ἡγήσαιο καὶ αὐτῶν τῶν ἐν τοῖς θαλάμοις παρθένων. Περί γε μὴν τῶν ἤδη ἡβώντων πολὺ μάλιστα ἐσπούδασεν. Τοῖς δὲ τὴν ἡβητικὴν ἡλικίαν πεπερακόσιν ὁ Λυκοῦργος νόμιμον ἐποίησε κάλλιστον εἶναι τὸ θηρᾶν, εἰ μή τι δημόσιον κωλύοι. Εἴς γε μὴν τὸν ἐν ὅπλοις ἀγῶνα τοιάδε ἐμηχανήσατο· στολὴν μὲν ἔχειν φοινικίδα καὶ χαλκῆν ἀσπίδα. Ἐφῆκε δὲ καὶ κομᾶν τοῖς ὑπὲρ τὴν ἡβητικὴν ἡλικίαν, νομίζων οὕτω καὶ μείζους ἂν καὶ ἐλευθεριωτέρους καὶ γοργοτέρους φαίνεσθαι. Ἐπεὶ δὲ ἔγνω τὸ πείθεσθαι μέγιστον ἀγαθὸν εἶναι καὶ ἐν πόλει καὶ ἐν στρατιᾷ καὶ ἐπ' οἴκῳ, τὴν τῆς ἐφορείας δύναμιν κατεσκεύασεν. Ἔφοροι οὖν δυνατοὶ μέν εἰσι ζημιοῦν ὃν ἂν βούλωνται, κύριοι δὲ ἐκπράττειν παραχρῆμα, κύριοι δὲ καὶ ἄρχοντας μεταξὺ καταπαῦσαι, καὶ εἷρξαί τε καὶ περὶ ψυχῆς εἰς ἀγῶνα καταστῆσαι.

18. Theuth.

Ἤκουσα περὶ Ναύκρατιν τῆς Αἰγύπτου γενέσθαι τῶν ἐκεῖ παλαιῶν τινα θεῶν, οὗ καὶ τὸ ὄρνεον τὸ ἱερόν, ὃ δὴ καλοῦσιν Ἴβιν· αὐτῷ δὲ ὄνομα τῷ δαίμονι εἶναι Θεύθ. Τοῦτον δὲ πρῶτον ἀριθμόν τε καὶ λογισμὸν εὑρεῖν καὶ γεωμετρίαν καὶ ἀστρονομίαν, έτι δε πεττείας τε και κυβείας και δη και γράμματα. Βασιλέως δ' αύ τότε όντος Αιγύπτου όλης Θαμού περί την μεγάλην πόλιν του άνω τόπου,[1] ην οι "Ελληνες Αιγυπτίας Θήβας καλούσι, παρά τούτον έλθων ο Θευθ τας τέχνας απέδειξε, και έφη δείν διαδοθήναι[2] τοις άλλοις Αιγυπτίοις. Ο δε ήρετο, ήντινα εκάστη έχοι ωφέλειαν. Διεξιόντος δέ, ό τι καλώς ή μη καλώς δοκοί λέγειν, το μεν έψεγε, το δ' επήνει. Πολλά μεν δη περί εκάστης της τέχνης επ' αμφότερα Θαμούν τω Θευθ λέγεται αποφήνασθαι, α λόγος πολύς αν είη διελθείν· επειδή δε επί τοις γράμμασιν ην, Τούτο δέ, ώ βασιλεύ, το μάθημα, έφη ο Θευθ, σοφωτέρους Αιγυπτίους και μνημονικωτέρους παρέξει· μνήμης τε γαρ και σοφίας φάρμακον εύρέθη. Ο δ' είπεν, Ω τεχνικώτατε Θευθ, άλλος μεν τεκείν δυνατός τα της τέχνης, άλλος δε κρίναι, τίν' έχει μοίραν βλάβης τε και ωφελείας τοις μέλλουσι χρήσθαι. Και νυν σύ, πατήρ ών γραμμάτων, δι' εύνοιαν[3] τουναντίον είπες ή δύναται. Τούτο γαρ των μαθόντων λήθην μεν εν ψυχαίς παρέξει, μνήμης αμελετησία, άτε δια πίστιν γραφής έξωθεν υπ' αλλοτρίων τύπων, ουκ ένδον αυτούς υφ' αυτών[4] αναμιμνησκομένους. Ούκουν μνήμης αλλ' υπομνήσεως φάρμακον εύρες. Σοφίας δε τοις μαθηταίς δόξαν, ουκ αλήθειαν πορίζεις· πολυήκοοι γαρ σοι γενόμενοι άνευ διδαχής, πολυγνώμονες είναι δόξουσιν, αγνώμονες ως επί το πλήθος όντες και χαλεποί[5] ξυνείναι, δοξόσοφοι γεγονότες αντί σοφών.

19. Pupils of Chiron.

Το μεν εύρημα θεών Απόλλωνος και Αρτέμιδος άγραι και κύνες· έδοσαν δε και ετίμησαν τούτω Χείρωνα δια δικαιότητα. Ο δε λαβών εχάρη τω δώρω και εχρήτο· και εγένοντο αυτώ μαθηταί κυνηγεσίων τε και ετέρων καλών Κέφαλος, Ασκληπιός, Νέστωρ, Αμφιάραος, Πηλεύς, Τελαμών, Μελέαγρος, Θησεύς, Ιππόλυτος, Παλαμήδης, Οδυσσεύς, Μενεσθεύς, Διομήδης, Κάστωρ, Πολυδεύκης, Μαχάων, Ποδαλείριος, Αντίλοχος, Αινείας, Αχιλλεύς· ών κατά χρόνον έκαστος υπό θεών ετιμήθη. Κέφαλος μεν και υπό θεάς ηρπάσθη. Ασκληπιός δε μειζόνων ετυ-

---

[1] Of the upper part of the country.   [2] Supply αυτάς.
[3] Out of benevolence.
[4] Because they — are not reminded of themselves.   [5] Insupportable.

... ... τεθνεῶτα τοσοῦτ... ... μᾶλον ... δ...
... ... Νε-
... ... τὸ ...των τ... ειδος
... ... λέγω ... ...
... ... παρὰ θεῶν αὐ τοῦ
Λημ... ... ...πισται κρού... και θεοῦ ουτ...
... ... νόμον ... ... τυπωσε. Τελ...
... ...ος εγέν... ωστ... ... μετ... ... της ... ης. Ἡ
... γήμαι Περινώα... τ... ...εκέινο. ὅτε δὲ ὁ χρο-
... ὸν ἐδιδου τι ...οιστε. Ἡρακλῆς ὁ Διὸς. Λέον
... ... αὐτῷ τουκει. Μέλ...γος ὅτι τις μεν τινες
... ... πατρὸς δ' ἐν γημ... ἐκκαπτόμενον τῆς θεοῦ.[3]
... ιδιότ... ...σι τοιαύτη. ὁ τοὺς μεν τῆς Ἑλ-
λάδος μόνα εκλαβες τι... αυτοὶ πατρίδι
... ..., ἔτι και ...ν ...αλ... τε. Ἱππόττος δὲ
...ειδος ετ... τη υπραῦσε... ὁ και οσιότητι
... ερου. Πλα... ... ... μεν ... πλέι των
... ...χε δοφι... εκ...πλεκοι ἐ αιτιας τοσαύτης
... ... ουδεις αλλη αντιμωται. Μετώπτες δὲ εκ
... των κυ...ημιαυω τοιαύταν υπερεσία φιλο-
... ...μειν τοὺς των Ἐ... νῶν χρωτους ὑστέρους
... ...λεμον εκείνον και Νέστορος. και οὗτος
γ..., ἀλλ' ἐρέζειν. ...νασπις δὲ και Διομήδης
ι... ἕκαστον, τὸ δὲ ισ... αἰτιον Τροίαν εἰδῶ-
... και Πολυδεύκης εως ... επεδέξατο ἐν τῇ
... Σιμωνις, διὰ τὸ ειξ... τε εκ τοιτον εθά-
... ...ου δὲ και Ποδαλείμος κατεπέπτως τὰ
... ...εν και τέχνας και λόγος και καίρος ἀγε-
... ... του πατρὴς υπεραποδανον. τοσαύτης επι-

[3] Resolve by "that"

..., ὡς Μελέαγρος ἔλαβε, φανεραί; by attraction.

χεν εὐκλείας, ὥστε μόνος φιλοπάτωρ παρὰ τοῖς Ἕλλησιν ἀναγορευθῆναι. Αἰνείας δὲ σώσας μὲν τοὺς πατρῴους καὶ μητρῴους θεούς, σώσας δὲ καὶ αὐτὸν τὸν πατέρα, δόξαν εὐσεβείας ἐξηνέγκατο, ὥστε καὶ οἱ πολέμιοι μόνῳ ἐκείνῳ, ὧν[1] ἐκράτησαν ἐν Τροίᾳ, ἔδοσαν μὴ συληθῆναι. Ἀχιλλεὺς δ', ἐν ταύτῃ τῇ παιδείᾳ τραφείς, οὕτω καλὰ καὶ μεγάλα μνημεῖα παρέδωκεν, ὥστε οὔτε λέγων οὔτε ἀκούων περὶ ἐκείνου οὐδεὶς ἀπαγορεύει. Οὗτοι τοιοῦτοι[2] ἐγένοντο ἐκ τῆς ἐπιμελείας τῆς παρὰ Χείρωνος, ὧν οἱ μὲν ἀγαθοὶ ἔτι καὶ νῦν ἐρῶσιν, οἱ δὲ κακοὶ φθονοῦσιν.

20. Distichs.

Θεοῖς εὔχου, θεοῖσιν γὰρ ἔτι κράτος· οὗτοι ἄτερ θεῶν
γίγνεται ἀνθρώποις οὔτ' ἀγάθ' οὔτε κακά.

Ἀνθρώπους μὲν ἴσως λήσεις ἄτοπόν τι ποιήσας·
οὐ λήσεις δὲ θεούς, οὐδὲ λογιζόμενος.

Πλοῦτος ὁ τῆς ψυχῆς πλοῦτος μόνος ἐστὶν ἀληθής·
τἆλλα δ' ἔχει λύπην πλείονα τῶν ἀγαθῶν.

Τίκτει τοι κόρος ὕβριν, ὅταν κακῷ ὄλβος ἕπηται
ἀνθρώπῳ, καὶ ὅτῳ μὴ νόος ἄρτιος ᾖ.

Οὐ χαλεπὸν ψέξαι τὸν πλησίον, οὐδὲ μὲν αὐτὸν
αἰνῆσαι· δειλοῖς ἀνδράσι ταῦτα μέλει·

σιγᾶν δ' οὐκ ἐθέλουσι κακοὶ κακὰ λεσχάζοντες·
οἱ δ' ἀγαθοὶ πάντων μέτρον ἴσασιν ἔχειν.

Ἀνδράσι τοῖς ἀγαθοῖς ἕπεται γνώμη τε καὶ αἰδώς·
οἳ νῦν ἐν πολλοῖς ἀτρεκέως ὀλίγοι.

Ἐλπὶς καὶ κίνδυνος ἐν ἀνθρώποισιν ὅμοιοι·
οὗτοι γὰρ χαλεποὶ δαίμονες ἀμφότεροι.

Οὐκ ἔστιν θνητοῖσι πρὸς ἀθανάτους μαχέσασθαι,
οὐδὲ δίκην εἰπεῖν· οὐδενὶ τοῦτο θέμις.

Ἔστιν ὁ μὲν χείρων, ὁ δ' ἀμείνων ἔργον ἕκαστον,
οὐδεὶς δ' ἀνθρώπων αὐτὸς ἅπαντα σοφός.

---

[1] Join: μὴ συληθῆναι, ὧν ἐκράτησαν.
[2] Such renowned men came forth —.

χεν, ἀνιστάναι μὲν τεθνεῶτας, νοσοῦντας δὲ ἰᾶσθαι· διὰ δὲ ταῦτα, θεὸς ὥς, παρ' ἀνθρώποις ἀείμνηστον κλέος ἔχει. Νέστορος δὲ προδιελήλυθεν¹ ἡ ἀρετὴ τῶν Ἑλλήνων τὰς ἀκοάς, ὥστε εἰδόσιν ἂν λέγοιμι. Ἀμφιάραος δέ, ὅτε ἐπὶ Θήβας ἐστράτευσε, πλεῖστον κτησάμενος ἔπαινον, ἔτυχε παρὰ θεῶν ἀεὶ ζῶν τιμᾶσθαι.² Πηλεὺς δ' ἐπιθυμίαν παρέσχε³ καὶ θεοῖς, δοῦναί τε Θέτιν αὐτῷ καὶ τὸν γάμον παρὰ Χείρωνι ὑμνῆσαι. Τελαμὼν δὲ τοσοῦτος ἐγένετο, ὥστε ἐκ μὲν πόλεως τῆς μεγίστης, ἣν αὐτὸς ἐβούλετο, γῆμαι Περίβοιαν τὴν Ἀλκάθου· ὅτε δὲ ὁ πρῶτος τῶν Ἑλλήνων ἐδίδου τὰ ἀριστεῖα Ἡρακλῆς ὁ Διός, ἑλὼν Τροίαν, Ἡσιόνην αὐτῷ ἔδωκεν. Μελέαγρος δὲ τὰς⁴ μὲν τιμὰς ἃς ἔλαβε, φανεραί· πατρὸς δ' ἐν γήρᾳ ἐπιλαθομένου τῆς θεοῦ,⁵ οὐχ αὐτοῦ αἰτίαις ἐδυστύχησεν. Θησεὺς δὲ τοὺς μὲν τῆς Ἑλλάδος ἐχθροὺς πάσης μόνος ἀπώλεσε· τὴν δ' αὐτοῦ πατρίδα πολλῷ μείζω ποιήσας, ἔτι καὶ νῦν θαυμάζεται. Ἱππόλυτος δὲ ὑπὸ μὲν τῆς Ἀρτέμιδος ἐτιμᾶτο, σωφροσύνῃ δὲ καὶ ὁσιότητι μακαρισθεὶς ἐτελεύτησε. Παλαμήδης δέ, ἕως μὲν ἦν, πολὺ τῶν ἐφ' ἑαυτοῦ⁶ ὑπερέσχε σοφίᾳ, ἀποθανὼν δ' ἀδίκως τοσαύτης ἔτυχε τιμῆς, ὅσης⁷ οὐδεὶς ἄλλος ἀνθρώπων. Μενεσθεὺς δὲ ἐκ τῆς ἐπιμελείας τῆς τῶν κυνηγεσίων τοσοῦτον ὑπερέβαλε φιλοπονίᾳ, ὥστε ὁμολογεῖν τοὺς τῶν Ἑλλήνων πρώτους ὑστέρους εἶναι τὰ⁸ εἰς τὸν πόλεμον ἐκείνου πλὴν Νέστορος· καὶ οὗτος οὐ προέχειν λέγεται, ἀλλ' ἐρίζειν. Ὀδυσσεὺς δὲ καὶ Διομήδης λαμπροὶ μὲν καθ' ἓν ἕκαστον, τὸ δὲ ὅλον αἴτιοι Τροίαν ἁλῶναι.⁹ Κάστωρ δὲ καὶ Πολυδεύκης ὅσα¹⁰ ἐπεδείξαντο ἐν τῇ Ἑλλάδι τῶν παρὰ Χείρωνος, διὰ τὸ ἀξίωμα τὸ ἐκ τούτων ἀθάνατοί εἰσιν. Μαχάων δὲ καὶ Ποδαλείριος, παιδευθέντες τὰ αὐτὰ πάντα, ἐγένοντο καὶ τέχνας καὶ λόγους καὶ πολέμους ἀγαθοί. Ἀντίλοχος δὲ τοῦ πατρὸς ὑπεραποθανών, τοσαύτης ἔτυ-

---

[1] Has pervaded long ago.   [2] Resolve by "that."
[3] Made even the gods desire.
[4] Instead of: αἱ τιμαί, ἃς Μελέαγρος ἔλαβε, φανεραί; by attraction, the noun has taken the case of the relative.
[5] Oeneus, the father of Meleager, had forgotten to sacrifice to Artemis.
[6] His contemporaries.   [7] As (supply ἔτυχε).   [8] In the science of war.
[9] Resolve by "that," or take a substantive.
[10] Join: διὰ τὸ ἀξίωμα τὸ ἐκ τούτων, ὅσα ἐπ. τῶν π. Χ., have given so many proofs of the arts learned from Chiron that by the renown a. s. f.

χεν εὐκλείας, ὥστε μόνος φιλοπάτωρ παρὰ τοῖς Ἕλλησιν ἀναγορευθῆναι. Αἰνείας δὲ σώσας μὲν τοὺς πατρῴους καὶ μητρῴους θεούς, σώσας δὲ καὶ αὐτὸν τὸν πατέρα, δόξαν εὐσεβείας ἐξηνέγκατο, ὥστε καὶ οἱ πολέμιοι μόνῳ ἐκείνῳ, ὧν[1] ἐκράτησαν ἐν Τροίᾳ, ἔδοσαν μὴ συληθῆναι. Ἀχιλλεὺς δ᾽, ἐν ταύτῃ τῇ παιδείᾳ τραφείς, οὕτω καλὰ καὶ μεγάλα μνημεῖα παρέδωκεν, ὥστε οὔτε λέγων οὔτε ἀκούων περὶ ἐκείνου οὐδεὶς ἀπαγορεύει. Οὗτοι τοιοῦτοι[2] ἐγένοντο ἐκ τῆς ἐπιμελείας τῆς παρὰ Χείρωνος, ὧν οἱ μὲν ἀγαθοὶ ἔτι καὶ νῦν ἐρῶσιν, οἱ δὲ κακοὶ φθονοῦσιν.

20. Distichs.

Θεοῖς εὔχου, θεοῖσιν γὰρ ἔπι κράτος· οὗτοι ἄτερ θεῶν
γίγνεται ἀνθρώποις οὔτ᾽ ἀγάθ᾽ οὔτε κακά.

Ἀνθρώπους μὲν ἴσως λήσεις ἄτοπόν τι ποιήσας·
οὐ λήσεις δὲ θεούς, οὐδὲ λογιζόμενος.

Πλοῦτος ὁ τῆς ψυχῆς πλοῦτος μόνος ἐστὶν ἀληθής·
τἄλλα δ᾽ ἔχει λύπην πλείονα τῶν ἀγαθῶν.

Τίκτει τοι κόρος ὕβριν, ὅταν κακῷ ὄλβος ἕπηται
ἀνθρώπῳ, καὶ ὅτῳ μὴ νόος ἄρτιος ᾖ.

Οὐ χαλεπὸν ψέξαι τὸν πλησίον, οὐδὲ μὲν αὐτὸν
αἰνῆσαι· δειλοῖς ἀνδράσι ταῦτα μέλει·

σιγᾶν δ᾽ οὐκ ἐθέλουσι κακοὶ κακὰ λεσχάζοντες·
οἱ δ᾽ ἀγαθοὶ πάντων μέτρον ἴσασιν ἔχειν.

Ἀνδράσι τοῖς ἀγαθοῖς ἕπεται γνώμη τε καὶ αἰδώς·
οἳ νῦν ἐν πολλοῖς ἀτρεκέως ὀλίγοι.

Ἐλπὶς καὶ κίνδυνος ἐν ἀνθρώποισιν ὅμοιοι·
οὗτοι γὰρ χαλεποὶ δαίμονες ἀμφότεροι.

Οὐκ ἔστιν θνητοῖσι πρὸς ἀθανάτους μαχέσασθαι,
οὐδὲ δίκην εἰπεῖν· οὐδενὶ τοῦτο θέμις.

Ἔστιν ὁ μὲν χείρων, ὁ δ᾽ ἀμείνων ἔργον ἕκαστον,
οὐδεὶς δ᾽ ἀνθρώπων αὐτὸς ἅπαντα σοφός.

---

[1] Join: μὴ συληθῆναι, ὧν ἐκράτησαν.
[2] Such renowned men came forth —.

Πολλοῖς ἀντιλέγειν μὲν ἔθος περὶ παντὸς ὁμοίως,
ὀρθῶς δ' ἀντιλέγειν, οὐκέτι τοῦτ' ἐν ἔθει.

Καὶ πρὸς μὲν τούτους ἀρκεῖ λόγος εἷς ὁ παλαιός·
"Σοὶ μὲν ταῦτα δοκοῦντ' ἔστω, ἐμοὶ δὲ τάδε."

Τοὺς συνετοὺς δ' ἄν τις πείσειε τάχιστα λέγων εὖ,
οἵπερ καὶ ῥᾷστης εἰσὶ διδασκαλίας.

Ἡγοῦμαι σοφίας εἶναι μέρος οὐκ ἐλάχιστον,
ὀρθῶς γιγνώσκειν οἷος ἕκαστος ἀνήρ.

Πρὸς σοφίᾳ μὲν ἔχειν τόλμαν μάλα σύμφορόν ἐστιν,
Χωρὶς δὲ βλαβερὰ καὶ κακότητα φέρει.

Δακρύων γενόμην καὶ δακρύσας ἀποθνήσκω·
δάκρυσι δ' ἐν πολλοῖς τὸν βίον εὗρον ὅλον.

Ὦ γένος ἀνθρώπων πολυδάκρυτον, ἀσθενές, οἰκτρόν,
συρόμενον κατὰ γῆς καὶ διαλυόμενον·

Γῆς ἐπέβην γυμνός, γυμνός θ' ὑπὸ γαῖαν ἄπειμι·
καὶ τί μάτην μοχθῶ, γυμνὸν ὁρῶν τὸ τέλος:

III. NARRATIVES.

1. The Argonauts.

1. Jason, the son of Æson,[1] lived at Iolkus,[2] but Pelias was King of Iolkus. When the latter consulted the oracle regarding[3] his kingdom, the god told[4] him he should beware[5] of the man of one shoe.[6] At first he did[7] not understand[7] the oracle, but afterwards he did.[8] For when he offered sacrifice to Poseidon on[9] the sea-shore, he invited[10] Jason and many others. But Jason had crossed the river of Anaurus,[11] and arrived[12] with one shoe, as he had lost the other shoe[13] in the river.[14] Now, after Pelias had eyed him, and compared[15] the

---

1. [1] Αἴσων, ονος. [2] Ἰωλκός, οῦ, ἡ. [3] Ch. XV., 15. [4] ἀναιρέω. [5] Infin. [6] μονοσάνδαλος. [7] ἀγνοέω. [8] γιγνώσκω. [9] ἐπί τινος. [10] μεταπέμπομαι. [11] Ἄναυρός, ὁ. [12] ἥκω. [13] πέδιλον. [14] ῥεῖθρον. [15] συμβάλλω, part. 2. aor.

oracle, he accosted him and said: What will you do if one of the citizens wishes [16] to kill you? And Jason (replied): I will command him, said he, to fetch the golden fleece.[17] When Pelias had heard this, he ordered him to go directly [18] in search [19] of the fleece. But this was at Colchis,[20] hanging on [21] an oak [22] in the grove of Ares, and was watched by a never-sleeping [23] dragon.

2. Now, Jason and the Argonauts sailed [1] past the Caucasus, and came to the river Phasis. After the vessel had cast anchor,[2] Jason went to Æetes,[3] the ruler of Colchis, and told him what Pelias had ordered, and asked [4] (him) to deliver the fleece. But Æetes promised to give it to him if,[5] by himself, he would yoke [6] the two brazen-footed,[7] fire-breathing [8] bulls, and sow the teeth of a dragon. Now, as Jason was at a loss [9] how he might [10] yoke the two bulls, Medea, daughter of Æetes, without the knowledge [11] of her father, offered [12] to assist [13] (him) if he would promise her on oath to take [14] her as his wife. After he had done so she gave him poison,[15] and told him to anoint [16] with it his shield, his lance, and his body.

3. Jason, being thus anointed, yoked the two fire-breathing bulls. Then he sowed the teeth of the dragon, and armed [1] men grew [2] out of the earth. But he threw a stone among them, and killed them as they were fighting for it. When Æetes refused to give him the fleece, and tried to burn [3] the vessel of the Argonauts, the so-called [4] Argo,[5] Medea secretly, by night, brought Jason to the fleece, by her charms lulled [6] to sleep [6] the guarding dragon, delivered the fleece to Jason, and, with him, secretly [7] fled to Argo. Her brother, Apsyrtus,[8] followed [9] her. The Argonauts set sail [10] during the

---

[16] μέλλω. [17] τὸ χρυσόμαλλον δέρμα. [18] εὐθύς. [19] Ch. XV., 16. [20] Κολχίς, ίδος, ἡ. [21] ἐκ. [22] δρῦς. [23] ἄυπνος.

2. [1] παραπλέω τι. [2] καθορμίζω. [3] Αἰήτης, ου. [4] παρακαλέω. [5] Ch. XVI., 8. [6] καταζεύγνυμι, aor. subj. [7] χαλκόπους, οδος. [8] φυσάω. [9] ἀπορέω. [10] Opt. with ἄν. [11] Ch. XIV., 22. [12] ἐπαγγέλλομαι, with inf. fut. [13] συνεργέω. [14] ἔχω. [15] Ch. II., 78. [16] χρίω.

3. [1] ἐξοπλίζω, part. perf. pass. [2] βλαστάνω. [3] καταφλέγω. [4] P. 54, Rem. 5. [5] Ἀργώ, οῦς, ἡ. [6] κατακοιμίζω. [7] λανθάνω. [8] Ἄψυρτος. [9] συνέπομαι. [10] ἀνάγω, aor. pass.

night to return[11] home.[12] But Æetes perceived what Medea had done, and started[13] to pursue the vessel. When Medea saw him near,[14] she tore to pieces[15] her brother Apsyrtus, and threw the limbs[16] into the sea. As Æetes was collecting[17] the limbs he was much detained.[18] But the Argonauts, thus saved, came to Iolkus, having completed the whole journey in five months.[19]

2. Orpheus.[1]

Orpheus was the son of Oiagrus[2] and the Muse Calliope,[3] a Thracian[4] by race.[5] He practised[6] music,[7] and surpassed[8] all by[9] his art. For he became[10] so renowned[11] that[12] it[13] was believed that he moved stones and trees by his playing.[14] But when he sang[15] of the gods the wild beasts followed[16] him, charmed[17] by his song.[18] When his wife Eurydice[19] had died, he undertook[20] to descend[21] into the nether-world[22] to[23] take her up[24] again.[25] When he had come[26] to the nether-world and charmed, by his playing, the three-headed[27] dog Cerberus,[28] he moved[29] by his sounds[14] Pluto and Proserpina so that they pitied[30] him. Nay,[31] they allowed[32] him to take[33] his departed wife out of Hades, on[34] condition that in walking[35] he should not look back[36] before[37] he came[38] home.[39] But when Orpheus had turned back,[40] Eurydice returned.[41] From[42] that time he conceived a hatred[43] against all women and also thereby[44] occasioned his own death. For one day,[45]

---

[11] P. 26, Rem. 1. [12] ἐπ᾽ οἴκου. [13] ὁρμάω, aor. pass. [14] πλησίον ὤν. [15] κατατέμνω. [16] μέλος, τό. [17] λυλλέγω. [18] λείπομαι, pass. [19] μήν, νός, ὁ.

2. [1] Ὀρφεύς, έως. [2] Οἴαγρος. [3] Καλλιόπη. [4] Ch. IV., 34. [5] Ch. V., 9, cf. p. 56, Rem. 5. [6] Ch. IX., 5, part. [7] μουσική. [8] προέχειν τινός. [9] Dat. [10] προβαίνω. [11] ἐς τοσοῦτο τῆς δόξης. [12] ὥστε, with inf. [13] He seemed to move—δοκέω. [14] Playing the lyre—κιθαρῳδέω, part. [15] ὑμνέω τινά, part. dat. [16] ἕπομαι. [17] θέλγω. [18] μελῳδία. [19] Εὐρυδίκη. [20] ὑφίστημι, 2. aor. [21] καταβαίνω, 2. aor. [22] εἰς Ἅιδου. [23] P. 26, Rem. 1. [24] ἀναλαμβάνω. [25] πάλιν. [26] ἀφικνέομαι, aor. part. [27] τρικέφαλος. [28] Κέρβερος. [29] Made merciful (ἵλεως, ω). [30] Ch. IX, 14. [31] καὶ δή. [32] συγχωρέω. [33] ἀνάγω, 2. aor. [34] ἐφ᾽ ᾧ μή, acc. c. inf., cf. p. 60, Rem. 3. [35] Walking. [36] εἰς τὰ ὄπισθεν. [37] πρὶν ἄν, w. subj. [38] ἀπέρχομαι, aor. [39] οἴκαδε. [40] μεταστρέφω, 2. aor. pass. [41] ὑποχωρέω. [42] ἐκ. [43] μισέω, with acc. (aor.). [44] διὰ τοῦτο. [45] ποτέ.

when a feast was celebrated,⁴⁶ he was torn to pieces⁴⁷ by furious⁴⁸ Thracian women,⁴⁹ and perished. But it is said that his head and (his) lyre,⁵⁰ being thrown⁵¹ into the sea, floated⁵² to the island of Lesbos.

3. Meleager.¹

1. Oeneus,² King of Kalydon,³ and Althæa,⁴ daughter of Thestius,⁵ had⁶ a son (named) Meleager. When the latter was seven days old,⁷ the Fates⁸ are said to have come⁹ and declared¹⁰ that¹¹ Meleager would then¹² die when¹³ the fire-brand¹⁴ burning¹⁵ on the hearth¹⁶ should be consumed.¹⁷ When Althæa had heard this, she took the fire-brand and put¹⁸ it into a box.¹⁹ Thus Meleager was saved. He grew up,²⁰ and surpassed all his equals²¹ in beauty and strength. A long time after,²² Oeneus offered sacrifice,²³ and while he offered²⁴ to all the gods the first fruits,²⁵ he forgot²⁶ Artemis alone.²⁷ But she, being incensed,²⁸ sent a wild boar, distinguished²⁹ for strength and ferocity,³⁰ which devastated³¹ the country and injured³² the inhabitants³³ and herds of cattle.³⁴ Against³⁵ this wild boar Meleager called together³⁶ the bravest³⁷ of all Greece, and promised³⁸ as a reward³⁹ to give⁴⁰ its skin to him who should kill⁴¹ the beast. Quickly⁴² there came together many others, and⁴³ a woman from Arcadia,⁴⁴ named Atalanta.⁴⁵ But there were also present⁴⁶ the sons of Thestius, the brothers of Althæa.

---

⁴⁶ ἑορτὴν ἄγειν. ⁴⁷ διασπάω, part. ⁴⁸ μαίνομαι. ⁴⁹ Θρᾷττα, ης. ⁵⁰ λύρα. ⁵¹ ῥίπτω, 2. aor. pass. ⁵² διανέω.

1. ¹ Μελέαγρος. ² Οἰνεύς, έως. ³ Καλυδών, ῶνος. ⁴ Ἀλθαία. ⁵ Θέστιος. ⁶ γεννάω, aor. ⁷ εἶναι, with the genitive of the number. ⁸ Μοῖρα. ⁹ παραγίγνομαι, part. 2. aor. ¹⁰ εἶπον. ¹¹ ὅτι, w. opt. ¹² Ch. XIV., 53. ¹³ ὅταν. ¹⁴ δαλός. ¹⁵ καίομαι. ¹⁶ ἐσχάρα. ¹⁷ κατακαίω, 1. aor. pass. subj. ¹⁸ κατατίθημι. ¹⁹ λάρναξ, ἡ. ²⁰ τρέφω, pass. ²¹ ἡλικιώτης, ου. ²² χρόνῳ ὕστερον. ²³ θυσίαν ἄγειν. ²⁴ Part. ²⁵ ἀπαρχαί. ²⁶ ἐπιλανθάνομαι, 2. aor., w. gen. ²⁷ Ch. III., 41. ²⁸ χαλεπῶς φέρειν. ²⁹ διαφέρω. ³⁰ ἀγριότης, ητος. ³¹ σίνομαι, imperf. ³² διαφθείρω. ³³ ἐνοικέω, part. ³⁴ βόσκημα. ³⁵ ἐπί, w. acc. ³⁶ συγκαλέω. ³⁷ οἱ ἄριστοι. ³⁸ ἐπαγγέλλομαι. ³⁹ ἀριστεῖον, τό. ⁴⁰ Inf. fut. ⁴¹ Part. aor. ⁴² κατὰ τάχος. ⁴³ καὶ δὴ καί. ⁴⁴ Ἀρκαδία. ⁴⁵ Ἀταλάντη. ⁴⁶ πάρειμι.

2. Now, when the hunting¹ took place,² some were killed by the beast. Atalanta first wounded³ the wild boar by hitting⁴ it on the back,⁵ but Meleager killed it with the sword. Then⁶ he took the skin and gave it to Atalanta. But the sons of Thestius thought it disgraceful⁷ that⁸ a woman should carry off⁹ the prize when men were there,¹⁰ and took¹¹ it from her, saying that according to sex¹² it belonged¹³ to them, unless¹⁴ Meleager preferred¹⁵ to take it. But Meleager became angry,¹⁶ killed the sons of Thestius, and¹⁷ returned¹⁸ the skin to Atalanta. When Althæa had heard this she was sorry¹⁹ for²⁰ the murder²¹ of her brothers, and kindled²² the firebrand. At once²³ Meleager was afflicted²⁴ with a horrible²⁵ disease, and died miserably.²⁶ But after the death of Meleager Althæa felt sorry,²⁷ and lamenting²⁸ over the fate²⁹ of her son, she hanged³⁰ herself³¹ by³² a rope and died, having been strangled.³³

4. Cadmus.¹

1. Cadmus was the son of Agenor,² King³ of the Phœnicians,⁴ and²¹ the brother of Europa.⁵ But when Europa had been taken away by Zeus, Cadmus was sent⁶ by his father to seek her. But he had been ordered⁷ not⁸ to return⁹ home before¹⁰ he had found¹¹ his sister. After he had wandered¹² around in many places,¹³ he also came to Delphi¹⁴ to consult¹⁵ the oracle about¹⁶ his sister. But the god ordered¹⁷ him to give up¹⁸ the search¹⁹ after²⁰ Europa, and²¹ to take²² a cow²³

---

2. ¹ θήρα. ² γίγνομαι. ³ τιτρώσκω. ⁴ Ch. VIII., 20. ⁵ νῶτον. ⁶ καί. ⁷ δεινὸν ποιεῖσθαι, part. ⁸ εἰ, w. ind. fut. ⁹ λαμβάνω. ¹⁰ πάρειμι. ¹¹ ἀφαιρέομαι (τινά τι). ¹² κατὰ γένος. ¹³ προσήκω. ¹⁴ εἰ μή, w. optat. ¹⁵ προαιρέομαι. ¹⁶ ὀργίζω, aor. pass. part. ¹⁷ μέν—δέ. ¹⁸ ἀποδίδωμι. ¹⁹ λυπέω, part. 1. aor. pass. ²⁰ ἐπί, w. dat. ²¹ φόνος. ²² ἅπτω. ²³ παραχρῆμα. ²⁴ πίπτω (to fall), 2. aor. part. ²⁵ δεινός. ²⁶ οὐκ ἀξίως. ²⁷ μεταγιγνώσκω, part. 2. aor. ²⁸ οἰμώζω, part. aor. ²⁹ Ch. I., 80. ³⁰ ἀναρτάω. ³¹ ἑαυτήν. ³² ἐξ ἀγχόνης. ³³ σφίγγω, part. perf. pass.

1. ¹ Κάδμος. ² Ἀγήνωρ, ορος. ³ βασιλεύω, part. w. gen. ⁴ Φοῖνιξ, κος. ⁵ Εὐρώπη. ⁶ ἀποστέλλω, 2. aor. pass. ⁷ ἐντέλλω, pluperf. pass. ⁸ μή. ⁹ ἐπανέρχομαι, aor. ¹⁰ E. 2, No. 37. ¹¹ εὑρίσκω. ¹² πλανάομαι, 1. aor. pass. part. ¹³ πολλά. ¹⁴ Δελφοί, ῶν. ¹⁵ χράομαι θεῷ. ¹⁶ περί, w. gen. ¹⁷ εἶπον. ¹⁸ ἀπογιγνώσκω. ¹⁹ Inf. w. article. ²⁰ Acc. ²¹ Connect the sentences by μέν—δέ. ²² χρῆσθαί τινι. ²³ βοῦς, ἡ.

as a guide,[24] and to found a city in that place where [25] she should lie down [26] from fatigue.[27] After he had received this answer [28] he traveled [29] through the country of the Phocians,[30] met [31] a cow, and followed [32] her. But when the cow had lain down in Bœotia,[33] he founded the city of Thebes and called the citadel,[34] after [35] himself, Cadmea.[36] Now, when he wished to sacrifice the cow to Athene, he sent some [37] of his companions [38] to the neighboring [39] fountain [40] of Ares to fetch [41] water. But a dragon happened [42] to watch [43] the fountain, which partly [44] killed, partly drove away,[45] the men (that had been) sent.

2. When these had announced[1] what had happened,[2] Cadmus himself went to the fountain and killed the dragon. Upon the advice[3] of Athene, he took its teeth and sowed [4] them. When the teeth had been sown, there happened something wonderful.[5] For [6] many armed [7] men grew [8] out of the dug-up [9] earth; but these immediately [10] came [11] into conflict,[12] and fought with [13] one another. Five remained [14] after the others had been killed. These sons [15] of the earth [15] were called Spartoi [16] (the sown race), and are said to have been the ancestors [17] of the noblest [18] families [19] of Thebes. For Cadmus, however, Athene procured [20] the royal power, but Zeus gave him in marriage Harmonia,[21] the daughter of Ares and Aphrodite,[22] and when they celebrated their wedding [23] all the gods left [24] the Olympus and feasted [25] with Cadmus. But afterwards Cadmus left Thebes, went,[26] with Harmonia, to the Enchelians,[27] and was appointed [28] king. After he had ruled [29]

[24] καθοδηγός. [25] ἔνθα ἄν. [26] κατακλίνω, 1. aor. pass. subj. [27] κάμνω, 2. aor. part. [28] χρησμός. [29] Ch. VIII, 18, aor. [30] Only οἱ Φωκεῖς, ἑων. [31] συντυγχάνω, c. dat. [32] ἕπομαι. [33] Βοιωτία. [34] Ch. V., 1. [35] ἀπό. [36] Καδμεία. [37] τινές. [38] οἱ μεθ' ἑαυτοῦ. [39] πλησίον ὤν. [40] κρήνη. [41] λαμβάνω, part. fut. (acc.). [42] τυγχάνω, with part. of the verb following. [43] φρουρέω. [44] τοὺς μέν—τοὺς δέ. [45] ἀποστρέφω.

2. [1] ἀπαγγέλλω, gen. abs. [2] γίγνομαι, part. [3] ὑποτίθημι, 2. aor. mid., gen. abs. [4] σπείρω. [5] θαυμάσιος, 3. [6] γάρ. [7] ὁπλίζω. [8] βλαστάνω. [9] ἀρόω, perf. pass. part. [10] παραχρῆμα. [11] ἔρχεσθαι. [12] ἔρις. [13] Dat. [14] περισώζομαι. [15] γηγενής. [16] Σπαρτοί. [17] πρόγονος. [18] προφερής, ἐς. [19] γένος, τό. [20] κατασκευάζω. [21] Ἁρμονία. [22] Ἀφροδίτη. [23] γάμους ποιέομαι, gen. abs. [24] καταλείπω. [25] ἑστιάομαι. [26] ἀπέρχεσθαι. [27] Ἐγχελεῖς, ἑων. [28] καθίστημι, 1. aor. pass. [29] βασιλεύω τινός.

over them for a long time he gave[30] the government to his son Illyrius[31]; but he himself and Harmonia, being changed[32] into dragons, departed to the Elysian fields.[33]

5. Dionysus.[1]

1. When Dionysus, the son of Zeus and Semele,[2] had discovered[3] the vine, Hera[4] made him insane,[5] and he wandered through[6] Egypt and Syria. Then[7] he came[8] to Kybela[9] in[10] Phrygia. There[11] he was purified[12] by Rhea,[13] learned[14] the mysteries,[15] and went to Thrace.[16] But Lycurgus, the son of Dryas,[17] King of the Edoni,[18] who live along[19] the river Strymon,[20] expelled him by violence.[21] Dionysus, indeed, fled[22] into the sea to Thetis,[23] the daughter of Nereus.[24] The priestesses[25] of Bacchus,[25] however, were made prisoners,[26] and with them the accompanying[27] crowd[28] of Satyrs.[29] But Lycurgus destroyed[30] all the vines that were in the country. Now, the priestesses of Bacchus were suddenly[31] set free,[32] as the fetters[33] fell[34] off of themselves[35]; but Lycurgus was rendered insane by Dionysus. Lycurgus went about[36] raging,[37] and, believing that he was destroying a vine, he struck[38] with his axe[39] his son Dryas, and killed him; but finally[40] he regained his senses,[41] having mutilated his own feet. But as the country remained infertile,[42] the inhabitants consulted the oracle, and the god answered them that it would bring forth fruit[43] if Lycurgus were killed. When the Edoni had heard this they took him to the mountain Pangæum,[44] and chained[45] him. There Lycurgus perished, being devoured[46] by his horses.

---

[30] παραδίδωμι. [31] Ἰλλυριός. [32] μεταμορφόομαι. [33] Ἠλύσιον πεδίον.

1. [1] Διόνυσος. [2] Σεμέλη. [3] Had become discoverer (εὑρετής) of the v. [4] Ἥρα. [5] ἐμβάλλω μανίαν τινί. [6] κατά τι. [7] ἔνθεν. [8] ἀφικνέομαι. [9] Κύβελα, τά. [10] Gen. (Φρυγία). [11] Ch. XIV., 11. [12] καθαίρω. [13] Ῥέα. [14] ἐκμανθάνω. [15] αἱ τελεταί. [16] Θρᾴκη. [17] Δρύας, αντος. [18] Ἠδωνοί. [19] παρά, w. acc. [20] Στρυμών, όνος, ὁ. [21] ὑβρίζω, part. aor. [22] καταφεύγω. [23] Θέτις, ιδος. [24] Νηρεύς, έως. [25] Βάκχαι. [26] Ch. II., 3. [27] συνέπομαι. [28] πλῆθος, τό. [29] Σάτυρος. [30] ἐκκόπτω. [31] ἐξαίφνης. [32] λύω. [33] πέδη. [34] περιρρέω, 2. aor. pass., gen. abs. [35] αὐτόματος, ον. [36] περιιέναι. [37] μαίνομαι, 2. perf. [38] πλήσσω, part. aor. [39] πέλεκυς, ὁ. [40] τὸ τελευταῖον. [41] σωφρονέω, aor. [42] ἄκαρπος, 2. [43] καρποφορέω. [44] Τὸ Παγγαῖον ὄρος. [45] δέω. [46] καταβιβρώσκω, 1. aor. pass.

2. After Dionysus had traversed[1] Thrace he came to Thebes, and proved[2] to the Thebans, who did not honor him, that he was[3] a god. For he compelled the women to leave[4] their houses,[5] and to revel[6] on Mount Cythæron.[7] But Pentheus,[8] son of Echion[9] and Agaue,[10] who had received[11] the government from[12] Cadmus, wished[13] to prevent[13] it. He ascended[14] the Cythæron himself, to look[15] at the Bacchanals, but when these had seen him they seized[16] him, and he was torn[17] by mad Agaue; for[18] she thought that he was a wild beast. Some time after, Dionysus wished[19] to cross[20] to Naxus,[21] and hired[22] a trireme with[23] Tyrrhenian men.[23] They took[24] him, but sailed[25] by Naxus and steered[26] for Asia, to sell[27] him as a slave.[27] Then[28] he revealed[29] himself as a god[30]; the mast[31] and oars[32] he changed into serpents,[33] but the vessel he filled[34] with ivy[35] and the sound of the flute.[36] But they, being frightened,[37] jumped[38] from the vessel, and became dolphins[39]; the pilot[40] alone, who had recognized[41] and adored[42] the god, was saved.

6. Dædalus.[1]

Dædalus was an Athenian by descent,[2] for he was the son of Metion[3]; but his forefather[4] on the father's side[5] was Erechtheus.[6] He applied himself[7] to architecture[8] and sculpture,[9] and became the best architect[10]; in sculpture he thus[11]

---

2. [1] διέρχομαι. [2] δείκνυμι. [3] Ind. [4] Part. [5] οἰκία. [6] βακχεύω. [7] Κιθαιρών, ῶνος. [8] Πενθεύς, έως. [9] Ἐχίων, ονος. [10] Ἀγαυή, ῆς. [11] λαμβάνω, part. perf. [12] παρά τινος. [13] Imperf. of διακωλύω. [14] παραγίγνομαι εἰς, 2. aor. [15] καθοράω, part. fut. [16] συλλαμβάνω. [17] διασπάω. [18] γάρ. [19] βούλομαι. [20] διακομίζω, 1. aor. pass. [21] Νάξος, ἡ. [22] μισθόομαι. [23] Τυῤῥηνὸς ἀνήρ, gen. plur. [24] ἐντίθημι, 2. aor. mid. part. [25] παραπλέω, w. acc. [26] ἐπείγομαι. [27] ἀπεμπολάω, part. fut. [28] ἐνταῦθα δή. [29] ἀποφαίνω, aor. [30] Being a god, acc. [31] ἱστός. [32] κώπη. [33] ὄφις, acc. plur. [34] πίμπλημι. [35] κισσός, gen. [36] αὐλῶν βοή. [37] ἐκπλήττω, 2. aor. pass. [38] καθάλλομαι, 1. aor. [39] δελφίς, ῖνος. [40] κυβερνήτης. [41] ἀναγιγνώσκω. [42] προσκυνέω.

6. [1] Δαίδαλος. [2] γένος, τό, cf. p. 55, Rem. 4. [3] Μητίων, ονος. [4] πρόγονος. [5] πατρόθεν. [6] Ἐρεχθεύς, έως. [7] σπουδάζω περί τι, part. perf. [8] τέχνη τεκτονική. [9] ἡ τῶν ἀγαλμάτων κατασκευή. [10] ἀρχιτέκτων. [11] τοσοῦτο.

distinguished [12] himself before all other men, that [13] men [14] of a later period [14] related [15] that his statues [16] had been altogether [17] similar to living [18] beings. [19] For the artists (who lived) before him manufactured [20] statues with closed [21] eyes, but the arms were hanging down [22] and joined [23] to [24] the side [25]; Dædalus, however, first made [26] them with eyes, [26] represented the legs [27] (in the act of) walking, [28] the arms stretched out, [29] so that his statues seemed to see and walk about. [30] But when he had killed Talos, [31] the son of his sister, and been condemned [32] to death on account of this murder, [33] he fled from his country. He escaped [34] to Crete, became a friend of King Minos, and built the so-called labyrinth. [35] But afterwards Minos was angry [36] with him because he had assisted [37] Theseus, and he was cast [38] into prison, [39] with his son Icarus. There [40] Dædalus manufactured wings, [41] attached [42] them to the body of his son and to his own, [43] flew away [44] and escaped. Now Icarus, who directed his flight upwards, [45] fell into the sea, when the wax [46] which held the wings together [47] had been melted [48] by the sun; but Dædalus escaped [49] to Sicily, and remained [50] for a long time [51] with King Cocalus. [52]

7. Diogenes.

When Thebes had been taken, [1] and the Greeks had assembled [2] on [3] the isthmus, Alexander was elected [4] general against the Persians. Since, now, many statesmen [5] and philosophers had come [6] to converse with him, he hoped that Diogenes of

---

[12] διαφέρω, aor. (dat. of the thing, gen. of the person). [13] ὥστε. [14] οἱ μεταγενέστεροι. [15] μυθολογέω. [16] ἄγαλμα. [17] Superl. [18] Ch. VI., 22. [19] ζῶον. [20] κατασκευάζω. [21] Closed as to the e.—μύω, part. perf. act. [22] καθίημι, part. perf. pass. [23] κολλάω. [24] πρός. [25] πλευρά. [26] ὀμματόω. [27] σκέλος, τό. [28] διαβαίνω, part. perf. [29] διατείνω, part. perf. pass. [30] περιπατέω. [31] Τάλως, ω. [32] καταδικάζω. [33] φόνος, gen. [34] διαδιδράσκω, 2. aor. part. [35] λαβύρινθος. [36] ὀργίζομαί τινι, 1. aor. pass. [37] συνεργέω, 1. aor. part. [38] δέω. [39] ἐν δεσμῷ. [40] ἐνταῦθα δή. [41] πτέρυξ, γος, ἡ. [42] ἐπιτίθημι, 2. aor. part. [43] τὸ ἑαυτοῦ. [44] ἐκπέτομαι. [45] μετέωρον τὴν πτῆσιν ποιεῖσθαι. [46] κηρός. [47] συνέχω, part. [48] τήκω, 2. aor. part., gen. abs. [49] διασώζεσθαι. [50] διατρίβω. [51] πλείων. [52] Κώκαλος.

7. [1] ἁλίσκομαι. [2] συλλέγω, 2. aor. [3] εἰς. [4] ἀναγορεύω. [5] ἀνὴρ πολιτικός. [6] εἰς λόγους ἔρχεσθαί τινι.

Sinope,[7] who was just then[8] sojourning[9] at Corinth, would do the same. But as Diogenes did not mind[10] him, Alexander himself went to him. He was just[8] lying[11] in the sun; and as so many people came near[12] he rose[13] a little,[14] and looked[15] at Alexander. When the latter greeted[16] and addressed[17] him, and asked whether[18] he was in need[19] of anything, Diogenes replied: Go[20] a little out of the sun! Alexander retired smiling, and said: If[21] I were not[22] Alexander, I should wish to be Diogenes.

8. Leonidas, the Tutor[1] of Alexander.

Leonidas, the tutor of Alexander, had trained the boy to temperance[2] and simple habits.[3] One day, when he saw, at[4] the sacrifice,[5] that Alexander took[6] (the) incense[7] with both[8] hands, and burned[9] it, he said: When[10] you shall have conquered[11] the country producing incense,[12] you may offer[13] in this manner, O Alexander! but now you must use your supply[14] economically.[15] Many[16] years later, when Alexander had taken the city of Gaza,[17] and sent many objects of his booty[18] to his mother and friends, he also sent to his tutor Leonidas five hundred talents of incense[19] and one hundred talents of myrrhs,[20] being mindful[21] of those words. But he wrote to him: We have sent you plenty[22] of incense and myrrhs, that[23] you may no longer[24] be parsimonious[25] to the Gods.

9. Aristomenes.

Aristomenes, the leader of the Messenians, achieved[1] many

---

[7] ὁ Σινωπεύς, έως. [8] τυγχάνω. [9] διατρίβω, part. [10] οὐδένα λόγον ποιεῖσθαί τινος. [11] κατάκειμαι, part. [12] ἐπέρχεσθαι. [13] ἀνακαθίζομαι. [14] μικρόν. [15] διαβλέπω εἴς τινα. [16] ἀσπάζομαι, part. [17] προσειπεῖν. [18] εἰ. [19] δέομαί τινος, ind. pres. [20] μεθίστημι, 2. aor. [21] Cf. p. 57, Rem. 2. [22] μή.

8. [1] παιδαγωγός. [2] καρτερία. [3] εὐτέλεια, sing. [4] ἐν. [5] θυσία. [6] ἐπιδράττομαί τινος, part. [7] λιβανωτός. [8] ἀμφότερος, 3. [9] καθαγίζω. [10] ὅταν, c. conj. aor. [11] κρατέω τινός. [12] ἡ ἀρωματοφόρος (χώρα). [13] Fut. [14] τὰ παρόντα. [15] φειδομένως. [16] Dat. [17] Γάζα. [18] λάφυρα, τά, gen. [19] Gen. [20] σμύρνα, ἡ. [21] ἀναμιμνήσκω. [22] ἄφθονος, ον. [23] P. 44, Rem. 3. [24] No more = you cease (παύομαι), with participle. [25] μικρολογέομαι.

9. [1] ἀποφαίνομαι.

(and) great deeds² of bravery, and often incurred³ the greatest dangers. One day, when he had encountered⁴ a division⁵ of Spartans, and had not only⁶ received⁷ other wounds,⁸ but also been struck⁹ by a stone, the Spartans rushed¹⁰ upon him and seized him alive, with fifty of his companions.¹¹ All were thrown¹² into the Caiadas, and perished except¹³ Aristomenes. He covered himself¹⁴ with his garment,¹⁵ since¹⁶ death¹⁷ was undoubtedly¹⁸ destined¹⁹ for him. But on the third day he heard²⁰ a noise,²¹ and saw a fox gnawing²² at the corpses. Of this he took hold with his hand, and followed²³ the fleeing one. At last he perceived an opening²⁴; he made it wider²⁵ with his hands; and having thus been saved in a wonderful manner,²⁶ he escaped²⁷ to his home,²⁸ Eira.

10. Continued.¹

Once the Lacedæmonians had made² a truce² of³ forty days with⁴ the inhabitants⁵ of Eira; and having returned⁶ home, they celebrated⁷ a feast.⁷ But seven Cretan⁸ archers⁹ were roaming¹⁰ around in¹¹ Messenia; they found Aristomenes, and bound¹² him with the straps¹³ which they had at¹⁴ their quivers¹⁵; for the evening was drawing nigh.¹⁶ Two of them ran to Sparta to announce that Aristomenes was captured¹⁷; the rest brought him to a city in Messenia. There¹⁸ lived a maid¹⁹ with her mother; but the girl had a dream²⁰ the night before²¹ that²² wolves²³ had brought²⁴ a bound lion to their field, but she had delivered²⁵ the lion from the fetters, and so the wolves had been torn²⁶ by the lion.

---

² ἔργον. ³ καθίστημι, 2. aor. ⁴ συμβάλλω, 2. aor. part., w. dat. ⁵ λόχος. ⁶ τέ—καί. ⁷ λαμβάνω. ⁸ τραῦμα, τό. ⁹ πλήσσω, 2. aor. pass. ¹⁰ ἐπιτρέχω. ¹¹ οἱ περὶ αὐτόν. ¹² ἐμβάλλω. ¹³ πλήν. ¹⁴ ἐφελκύω, aor. mid. ¹⁵ χλαμύς, ὐδος, ἡ, acc. ¹⁶ ὡς. ¹⁷ Inf. ¹⁸ πάντως. ¹⁹ μείρομαι, part. perf. ²⁰ αἰσθάνομαί τινος. ²¹ ψόφος. ²² κατατρώγω τινός. ²³ συνέπομαι. ²⁴ ὀπή. ²⁵ εὐρύς. ²⁶ παραδόξως. ²⁷ διαδιδράσκω. ²⁸ οἴκαδε.

10. ¹ τὰ ἐφεξῆς. ² σπονδὰς ποιεῖσθαι. ³ Gen. ⁴ πρός, w. acc. ⁵ Those in E. ⁶ ἀναχωρέω. ⁷ ἑορτάζω. ⁸ Κρής, τός. ⁹ τοξότης, ου. ¹⁰ πλανάομαι, aor. pass. ¹¹ ἀνά, w. acc. ¹² δέω. ¹³ ἱμάς, άντος, ὁ. ¹⁴ ἐπί, w. dat. ¹⁵ φαρέτρα. ¹⁶ ἐπιέναι. ¹⁷ ἁλίσκομαι. ¹⁸ ἐνταῦθα. ¹⁹ παρθένος. ²⁰ ὄψιν ὁρᾶν. ²¹ πρότερος, 3. ²² ὡς. ²³ λύκος. ²⁴ ἄγω, 2. aor. indic. ²⁵ ἀπολύω τινός. ²⁶ διασπάω.

11. Continued.

Now,[1] as the Cretans introduced Aristomenes, the girl knew that what she had seen in her dream[2] was indeed[3] fulfilled.[4] After she had learned[5] from her mother who he was, she took courage,[6] looked[7] at Aristomenes, and understood[8] the hint.[9] She poured in[10] wine for the Cretans, and gave them some (of it), and when they were drunk[11] and sleeping[12] she took[13] the sword[14] of one (of them), and cut off[15] the fetters of Aristomenes. But he took the sword and killed[16] the Cretans before[17] they awaked.[18] So Aristomenes was saved again with[19] wonderful luck; but the maid married[20] the son of Aristomenes. For Aristomenes gave him to her, thus rendering[21] thanks[22] to the maid for his rescue.[23]

12. Naxus.

The island of Naxus is the largest among all the Cyclades. It is very fertile[1] and has[2] an abundance of wine,[2] and the Naxians relate that Dionysus was brought up among them. He is also said to have found and married, in Naxus, Ariadne, left there by Theseus. At a later period Naxus was distinguished[3] for wealth, and had many vessels and 8000 heavy-armed men. Up to that age[4] the island had not been subdued,[5] but when Datis and Artaphernes sailed[6] against[7] Greece they also approached[8] Naxus. Then the Naxians, mindful[9] of the former[10] (events), fled to the mountains, and could not resist[11]; but the Persians caught many of them, and burned[12] the temple and city. Thus conquered,[13] they aided[14]

---

11. [1] τότε δή. [2] ὄναρ, τό (indecl.). [3] ὕπαρ, τό (indecl.). [4] ἀποτελέω. [5] πυνθάνομαί τινος. [6] ἐπιρρώννυμι, aor. pass. [7] ἀφοράω εἴς τινα. [8] συνίημι. [9] The thing ordered = προστάσσω. [10] ἐγχέω. [11] μεθύω. [12] καθεύδω. [13] ὑφαιρέομαι. [14] ἐγχειρίδιον. [15] κατατέμνω. [16] διεργάζομαι. [17] Ch. XVI., 29. [18] ἐγείρω, 2. aor. mid. [19] Using a w. l. (χράομαι). [20] γαμέω τινί, aor. mid. [21] ἐκτίνω. [22] σῶστρον.

12. [1] καρποφόρος, ον. [2] πολύοινος, ον. [3] διαφέρω. [4] πρότερον. [5] ἁλίσκομαι. [6] πλέω. [7] ἐπί, w. acc. [8] προσμίγνυμι, w. dat. [9] μιμνήσκομαι, part. perf. [10] τὸ πρότερον. [11] ὑπομένω. [12] ἐμπίπρημι. [13] καταστρέφω, part. perf. pass. [14] παρέχεσθαί τι.

Xerxes with four vessels; but the Naxians (who were) on the vessels which had been sent to the Persians did not care [15] for the orders,[16] came to the Greeks, and gloriously [17] fought at Salamis. From that time they were allies of the Athenians.

13. Lesbos.

The Æolians settled [1] on the island of Lesbos, and Lesbos was the parent state [2] of the Æolian cities in Asia. The island had many seaports and cities, among which the following [3] were the most famous. Mitylene was the home [4] of Pittacus, one of the seven sages, and of the poet Alcæus; their [5] contemporary was [5] the poetess [6] Sappho. Then [7] (comes) Methymna; from there [8] came (were) Arion, who is said to have escaped [9] to Tænarum on a dolphin,[10] and Terpander, who first used the lyre with seven chords [11] instead [12] of the one with four.[13] Pyrrha [14] was destroyed [15] by an earthquake.[16] The fourth city was called Antissa [17]; the fifth was Eressus [18]; from there came Theophrastus [19] and Phanias,[20] disciples of Aristotle.

14. Rhodes.

It is said that after the death of Codrus some Dorians, with the Argive Althæmenes, took possession [1] of the island of Rhodes, and founded three cities: Lindus,[2] Ialysus,[3] and Cameirus.[4] But in the time of the Peloponnesian war [5] the city of Rhodes was built,[6] and at [7] Rhodes assembled [8] the inhabitants of Lindus, Ialysus, and Cameirus. The city was very well provided [9] with harbors and walls, and many monuments [10] were there. The most renowned of them was the colossus [11] of Helios, one of the seven wonders,[12] the work of Chares,[13] seventy yards

---

[15] ἀμελέω, w. gen. [16] ἐντέλλω, part. perf. pass. [17] εὐκλεής, adv.

13. [1] κατοικίζω, pass. [2] μητρόπολις. [3] ὅδε. [4] πατρίς, ίδος. [5] συνακμάζω τινί. [6] ποιήτρια. [7] ἔπειτα. [8] ἐντεῦθεν. [9] σώζομαι. [10] δελφίς, ῖνος, ὁ. [11] ἑπτάχορδος, ον. [12] ἀντί. [13] τετράχορδος, ον. [14] Πύῤῥα. [15] καταστρέφομαι. [16] σεισμός. [17] Ἄντισσα. [18] Ἐρεσσός, ἡ. [19] Θεόφραστος. [20] Φανίας.

14. [1] κατέχω, 2. aor. [2] Λίνδος, ἡ. [3] Ἰάλυσος. [4] Κάμειρος. [5] κατὰ τὰ Πελοποννησιακά. [6] κτίζω. [7] εἰς. [8] συνοικίζω, pass. [9] κοσμέω. [10] ἀνάθημα. [11] κολοσσός. [12] θέαμα, τό. [13] Χάρης, ητος.

high. But as in the course of time it crumbled [14] by an earthquake,[15] and lay in pieces,[16] it was not erected again,[17] on account [18] of an oracle.[19] From Rhodes came (were) many conspicuous men [20]—generals, philosophers, and poets—as [21] Memnon,[22] Panætios,[23] Peisandros.[24]

15. Crete.

Among the islands of Greece, Crete is the largest. It is washed [1] on the north [2] by the Ægean and Cretan, on the south [3] by the Libyan Sea. It extends [4] from west to [5] east [6] about [7] the length [8] of 2000 stadia, and is mountainous [9] and rugged.[10] In the middle lies the mountain of Ida,[11] and around it, in a circle,[12] are most and the largest cities. It is said [13] that Rhadamanthus, the most just man, first civilized [14] the Cretans, under the pretence [15] of having received [16] the laws from Jupiter. Minos is said to have become his imitator,[17] for he, too, is said to have ascended [18] to the grotto [19] of Jupiter and brought thence[20] the orders [21] of the god. After [22] the Trojan war Dorians took possession [23] of the island, when Althæmenes led [24] a colony [25] to Crete.

16. Salamis.[1]

The island of Salamis is situated on the Saronian [2] Gulf,[3] near [4] the continent. For [5] it is separated [6] by a strait,[7] about [8] two stadia [9] in width, which Xerxes intended [10] to cover [11]; but the naval battle and the defeat [12] of the Persians anticipated [13]

---

[14] πίπτω, 2. aor. [15] σεισμός. [16] περικλάω. [17] ἀνίστημι, 1. aor. [18] κατά, w. acc. [19] λόγιον. [20] μνήμης ἄξιος, 3. [21] οἷος, 3. [22] Μέμνων, ονος. [23] Παναίτιος. [24] Πείσανδρος.

15. [1] κλύζομαι. [2] ἀπὸ τῶν ἄρκτων. [3] νότος. [4] ἐκτείνω, perf. pass. [5] ἐπί, w. acc. [6] ἕως, ἡ. [7] ὅσον. [8] ἐπὶ μῆκος. [9] ὀρεινός, 3. [10] δασύς, 3. [11] τὸ Ἰδαῖον ὄρος. [12] κύκλῳ. [13] μυθολογέω. [14] ἐξημερόω. [15] σκήπτομαι, part. [16] λαμβάνω. [17] ζηλωτής. [18] ἀναβαίνω. [19] ἄντρον. [20] ἐντεῦθεν. [21] πρόσταγμα, τό. [22] μετὰ τὰ Τρωικά. [23] κατέχω. [24] στέλλω. [25] ἀποικία.

16. [1] Σαλαμίς, ῖνος, ἡ. [2] Σαρωνικός, 3. [3] κόλπος. [4] Ch. XIV., 10. [5] γάρ. [6] ὁρίζω. [7] πορθμός. [8] ὅσον. [9] διστάδιος, 2. [10] ἐπινοέομαι, 1. aor. pass. [11] καταχώννυμι. [12] τροπή. [13] φθάνω, with participle of γίγνομαι = it anticipated happening.

him. The island became renowned [14] by [15] the Æacides,[16] who ruled over it, and most of all by Ajax,[17] the son of Telamon; and also because [18] near [19] this island Xerxes was defeated by the Greeks in a naval engagement,[20] and fled homewards. The Athenians were [21] in possession [21] of the island, but at an early age [22] they had [23] a conflict with [24] the Megarians [25] about it, and, having suffered great [26] disasters [27] in war, they gave it up,[28] and issued [29] a law that he [30] should die who [31] would advise them to sail against [32] Salamis. But Solon is said to have infringed [33] this law in the following manner. He pretended [34] to be insane,[35] went [36] to the market-place, and sang [37] elegies [38] by which he encouraged [39] the Athenians to the combat [40] with the Megarians. At once the Athenians resolved [41] (to make) war, and amid [42] war-cries [42] they sailed against Salamis. (But) The Megarians were defeated,[43] and the island became [44] again subject to the Athenians.

17. Miltiades, the Son of Kypselus.

Miltiades, the son of Kypselus, became [1] ruler of the Chersonesus in the following [2] manner.[3] The Dolonci, who were [4] in possession [4] of the Chersonesus, were fighting against the Apsynthians. But when they perceived [5] that [6] the enemies were stronger, they sent ambassadors to Delphi to consult [7] the god about [8] the war. Pythia answered [9] them that they should take [10] him as their ruler who [11] should first offer [12] them hospitality.[12] Now, the ambassadors traveled through Phocis and Bœotia,

---

[14] Ch. IX., 17. [15] διά τινα. [16] Αἰακίδης, ου. [17] Αἴας ὁ Τελαμώνιος. [18] διὰ τό, *with acc. c. inf.* [19] περί τι. [20] καταναυμαχέω. [21] ἔχω. [22] τὸ παλαιόν. [23] καθίστημι εἰς, 2. aor. [24] πρός τινα. [25] Μεγαρεύς, έως. [26] πολλά. [27] πταίω, *part. perf. pass.* [28] ἀφίστημί τινος, 2. aor. [29] τιθέναι. [30] Acc. c. inf. [31] ὅς ἄν, *w. aor. subj.* [32] ἐπί, *w. acc.* [33] λύω. [34] προσποιέομαι. [35] To rage. [36] προέρχομαι. [37] ᾄδω. [38] ἐλεγεῖον. [39] παρακαλέω. [40] To fight. [41] ψηφίζομαι. [42] ἀλαλάζω, *part.* [43] ἡττάομαι, *gen. abs.* [44] γίγνεσθαι ὑπό τινι.

17. [1] καθίστημι, 2. aor. [2] τοιόσδε. [3] Ch. II., 74. [4] κατέχω. [5] γιγνώσκω, 2. aor. part. [6] Acc. of participle. [7] χράομαι, *w. dat.* (*part. fut.*). [8] Ch. XV., 15. [9] ἀναιρέω, 2. aor. [10] ἐπάγομαι, *inf.* [11] ὅς ἄν, *aor. subj.* [12] ἐπὶ ξένια καλεῖν.

and as no one invited them, they came to Athens. Miltiades was just [13] then sitting [14] in the porch.[15] He saw the Dolonci, in [16] their foreign [17] dress, pass by,[18] and offered them hospitality. The ambassadors informed [19] him of the whole affair,[20] and asked [21] him to obey the god. Miltiades, being dissatisfied [22] with the rule of Pisistratus, who had changed [23] the actual [24] (state of affairs), sailed [25] with the Dolonci, and took possession [26] of the country; and those that had brought him there made [27] him their ruler.

18. Themistocles.

When Themistocles had been exiled [1] from Athens and was living [2] at Argos, the Spartans accused [3] him as [4] an accomplice [5] of the treachery [6] of King Pausanias, and the Athenians sent men who were ordered [7] to seize [8] him, that [9] he might be judged among [10] the Greeks. But Themistocles surmised [11] this, and escaped [12] to Corcyra; thence [13] he fled to King Admetus, seized [14] his son, and, as a suppliant,[15] sat down [16] at [17] his hearth.[18] Admetus received [19] him kindly,[20] and did not deliver [21] him up. But when Xerxes had died and Artaxerxes received [22] the government, Themistocles went [23] to Asia, and was highly favored [24] by the king, for he admired him, and gave him three cities: Magnesia, Lampsacus, and Myus. Themistocles died by disease, as Thucydides says; others relate that he drank the blood [25] of an ox, and so ended his life, thinking impossible to be done [26] what he had promised [27] the king with [28] regard to Greece.

---

[13] τυγχάνω. [14] κάθημαι, part. [15] πρόθυρα, τά. [16] Having. [17] οὐκ ἐγχώριος. [18] παριέναι. [19] ἀποφαίνεσθαι. [20] λόγος. [21] δέομαί τινος. [22] ἄχθομαί τινι. [23] μεταβάλλω. [24] καθίστημι, part. perf. neut. plur. [25] ἐκπλέω. [26] κατέχω. [27] καθίστημι, aor. mid.

18. [1] ἐκπίπτω, perf. act. [2] διατρίβω. [3] κατηγορέω τινός. [4] ὡς, with part. [5] μετέχω τινός. [6] προδοσία. [7] ἐντέλλομαι. [8] συλλαμβάνω. [9] Part. fut. pass. [10] ἐν. [11] προαισθάνομαι. [12] διαδιδράσκω. [13] ἐκεῖθεν. [14] λαμβάνω, part. [15] ἱκέτης. [16] καθέζομαι. [17] ἐπί, w. acc. [18] ἑστία. [19] δέχομαι. [20] φιλοφρόνως. [21] ἐκδίδωμι. [22] παραλαμβάνω. [23] διαβαίνω, 2. aor. part. [24] μέγας γίγνομαι. [25] αἷμα ταύρειον. [26] ἐπιτελέω. [27] ὑπισχνέομαι. [28] Ch. XV., 15.

19. The Battle at [1] Leuctra.

The battle at Leuctra was very [2] severe,[3] and exposed [4] Sparta to the greatest danger. At that time, Agesilaus happened [5] to be sick and unfit [6] for military service [7]; but Cleombrotus was, with an army, in the territory [8] of the Phocians; he was ordered [9] by the Ephori to lead the army directly [10] against [11] the Thebans. Now, the army of the Spartans was more numerous,[12] but [13] the cavalry [14] was very poor. When, therefore, the cavalry had met [15] in combat,[15] that of the Spartans was soon defeated,[16] and had in their flight fallen upon [17] their own heavy-armed men. Pelopidas, however, who led the holy cohort,[18] did not miss [19] the favorable [20] moment,[20] but hastened on,[21] and threw [22] the Spartans into confusion.[22] Then [23] the phalanx of Epaminondas also came near,[24] and scattered [25] the enemies. There fell one thousand Spartans and their king, Cleombrotus; many were wounded.[26] But of the Thebans no more than forty-seven are said to have fallen.

20. The Expedition [1] of Alexander.

When Alexander was about [2] to cross [3] to Asia, he took with him about [4] 30,000 foot-soldiers,[5] upwards [6] of 5000 horsemen, and no more than seventy talents. For ere he set out [7] he had distributed [8] all his property [9] among his friends in Macedonia; to one he gave a country-seat,[10] to another either a village [11] or a revenue.[12] When almost all his wealth had been used up [13] and distributed, Perdiccas said: But what do you keep [14] for yourself, O king? And as Alexander said: Hope, the former answered: This, therefore, will also suffice [15] for us

---

19. [1] ἐν. [2] πάνυ. [3] ἰσχυρός, 3. [4] καθίστημι. [5] τυγχάνω. [6] ἀδυνάτως ἔχω. [7] στρατεία. [8] = with (ἐν) the Ph. [9] ἐπιστέλλω. [10] εὐθύς. [11] ἐπί, w. acc. [12] ἄθροος. [13] Ch. XVI., 19. [14] ἱππικόν, τό. [15] συμβάλλω. [16] ἡττάομαι. [17] ἐμπίπτω, w. dat. [18] λόχος. [19] παρίημι, 2. aor. part. [20] καιρός. [21] προεκτρέχω, 2. aor. part. [22] συγχέω. [23] τότε δή. [24] ἐπιφέρομαι. [25] διασκεδάννυμι. [26] τιτρώσκω.

20. [1] ἀνάβασις. [2] μέλλω. [3] διαβαίνειν, inf. fut. [4] ἀμφί, w. acc. [5] πεζός. [6] ὑπέρ, w. acc. [7] ἐξελαύνω. [8] διανέμω. [9] κτῆσις. [10] ἀγρός. [11] κώμη. [12] πρόσοδος, ἡ. [13] καταναλίσκω. [14] καταλείπω. [15] ἀρκέω.

who set out with you. Thus, full of hope [16] and courage,[17] he crossed [18] the Hellespont. It is said that he (was) the first (that) landed [19] from the vessel; then he went [20] to Ilion and offered sacrifice to Athene. His own armor [21] he hung [22] up in the temple, and instead of it took [23] some of the sacred arms which had been preserved [24] from [25] (the time of) the Trojan war. He decorated [26] the tomb of Achilles, and called him blessed,[27] because during life [28] he had found [29] a faithful friend, and after death,[28] the best herald [30] of his renown.

---

[16] εὔελπις, ιδος. [17] θαῤῥαλέος. [18] No. 8. [19] ἐκβαίνω. [20] ἀνέρχομαι, part. aor. [21] πανοπλία, ἡ. [22] ἀνατίθημι. [23] καθαιρέω. [24] σώζομαι, part. [25] ἐκ. [26] στεφανόω. [27] εὐδαιμονίζω. [28] Participle. [29] τυγχάνω τινός, ind. [30] κῆρυξ.

SYNTAX.

CHAPTER XXXV.
THE USE OF THE ARTICLE.
(See Spiers' Grammar, Ch. XXXI.)

Apries, King of Egypt, led[1] an army against Sidon, and fought[2] a naval battle[2] against the Tyrians. — The priest Chryses came into the camp of the Achæans, bringing ransom[3] for[4] his daughter. — The Persians and all the Greeks acknowledged[5] that the Hellespont belonged[6] to the Athenians. — The wealth of Tantalus, the dominion of Pelops, and the power of Eurystheus are celebrated by the ancient poets. — Through the park[7] in Celænæ[8] flows the river Mæander.[9] — Thrace extends[10] from the river Strymon to the river Ister, which flows[11] into the Black Sea.[12] — A good education is the source and root of righteousness.[13] — The law, says Pindar, is the ruler of all mortal and immortal things. — Innumerable men have fallen into great misfortunes by the intemperance of their tongues. — Wisdom is worthy of all exertion. — The earth bears and nourishes everything fair and everything good. — Diomedes said: The laws of Draco are not written with ink,[14] but with blood. — For every man it is easy to know that the condition[15] of the healthy (man) is better than that of the sick. — Every passion of the soul is very detrimental as to its welfare,[16] but ignorance is the mother of all passions. — When Darius was sick and expecting[17] the end of his life, he desired that[18] both his sons

---

[1] ἐλαύνω. [2] ναυμαχέω. [3] λύτρον. [4] Gen. [5] γιγνώσκω. [6] εἰμί, with gen. [7] παράδεισος. [8] Κελαιναί. [9] Μαίανδρος. [10] διήκω. [11] ἔξειμι. [12] ὁ Εὔξεινος πόντος. [13] καλοκἀγαθία. [14] μέλαν, ανος. [15] ἑξία. [16] σωτηρία. [17] ὑποπτεύω. [18] Acc. with inf.

might be present before him.[19] — The city lies on the edge[20] of the island. — Those who were born of the same parents and have grown[21] up in the same house, and have been loved by the same parents, are indeed[22] the most intimate[23] of all. — The Athenians, persuaded by Alcibiades to strive for power on[24] the sea, lost even their dominion on the land. — All the soldiers were placed in the middle of the market-place. — The whole number we divided[25] into two parts.[26] — Darius ruled fully thirty-six years. — The Ionians founded many cities on both[27] sides[27] of the continent, and peopled[28] most of the islands. — He that has justice in his soul will profit[29] not only his fellow-men,[30] but also himself.

CHAPTER XXXVI.

PRONOUNS.

(See Spies' Grammar, Ch. XXXIII.)

He that does not love his parents is hated by God and men. — Isocrates, the Athenian, says: It is generally[1] known[1] that our city is the oldest and greatest and the most renowned amongst[2] men. — Archidamus, King of the Lacedæmonians, said, in the assembly[3] of the people[3]: If[4] we imitate our ancestors, we shall both be delivered[5] from these misfortunes and be the preservers, not only of our country, but of all the Greeks. — He bade you come in, if you wished to sail out with him. — Jupiter created Athene from his own head, from which she is said to have come forth[6] armed. — We cannot esteem a man happy who[7] enjoys nothing of that which he possesses. — We never speak of those things which we do not understand. — I sent this wine to my friend that he might drink it with those whom he loves most. — Always remember

---

[19] Reflexive. [20] ἔσχατος. [21] αὐξάνομαι, aor. pass. [22] δή. [23] οἰκεῖος.
[24] κατά, acc. [25] διαλαμβάνω. [26] δίχα. [27] ἑκάτερος. [28] κατοικίζω.
[29] ὠφέλιμος, with εἰμί. [30] οἱ ἄλλοι.

[1] ὁμολογέω. [2] παρά, w. dat. [3] ἐκκλησία. [4] ἐάν. [5] ἀπαλλάσσω, w. gen.
[6] ἐκ-θρώσκω. [7] Part.

the oath which you have sworn. — Of what profit[8] to the gods are those gifts which they receive from us? — To a man like me, this is quite impossible. — We have always esteemed a man like you. — In such a man as you are, the citizens of the state will always cheerfully confide. — I should be ashamed,[9] if I would seem to care more for my own renown than for the common welfare. — When the Persians approached, the Athenians removed[10] their own (property) to Salamis, and left their city.

CHAPTER XXXVII.

GENITIVE.

(See Spies' Grammar, Ch. XXXIV.)

It is disgraceful to be accused of theft. — Many citizens were condemned[1] for treason. — When Pisistratus, being[2] already a ruler,[2] was accused[3] of murder, he humbly[4] appeared[5] before the court[5] to justify himself,[6] but the accuser did not appear.[7] — Antipater said: I admire Demosthenes not so much for his powerful[8] eloquence[8]; for this I place in the second rank,[9] considering[10] it only an instrument.[10] Far more do I admire his person[11] on account of his generosity,[12] his prudence, and his firmness[13] in all the storms[14] of fortune. — The orator Pythias said of Demosthenes that his speeches smelled of the wick[15] of lamps.[15] — What has been taken in war belongs[16] to the victors. — Give[17] your servants part[17] of what you have, that[18] they may not only fear you as their masters, but also honor you as their benefactors. — Those citizens are bad who share[19] in the advantages[20] of a state, but do not consider the same worthy[21] of their aid in dangerous[22] times.[22] — All men strive after what is good, and shun

---

[8] ὠφέλεια. [9] αἰσχύνομαι, opt. aor. with ἄν. [10] ὑπεκτίθημι, aor. mid.
[1] ἁλίσκομαι, aor. [2] τυραννέω. [3] προσκαλέω. [4] κοσμίως. [5] ἀπαντάω.
[6] ἀπολογέομαι. [7] ὑπακούω. [8] ἡ τῶν λόγων δεινότης. [9] As the second.
[10] ἐν χώρᾳ ὀργάνου τιθέναι. [11] Himself. [12] φρόνημα. [13] βεβαιότης.
[14] τρικυμία. [15] ἐλλύχνιον. [16] εἰμί. [17] μεταδίδωμι. [18] ἵνα, w. subj.
[19] μετέχω. [20] ἀγαθόν. [21] ἀξιόω. [22] ἀτυχία.

the bad. — Herodotus relates: Wherever [23] Cyrus, King of the Persians, traveled, water from the river Choaspes was taken along,[24] for of this only he drank, and of no other river. — Bias said: Happy is he who is rich and enjoys what he wishes, but happier is he that has no desires. — As soon as the horses scented the camels, they turned [25] back.[26] — The soul, if [27] it depart from the body polluted and impure, is not immediately with God. — He who does not consider the highest good, but in [28] every way seeks to do that which is most agreeable, how can he differ from irrational animals? — As man in his perfection [29] is the best of creatures, so is he the worst of all (if) separated [30] from law and justice. — An enemy who speaks the truth is to be esteemed [31] far more than a friend who speaks to please us.[32] — One day, when some one introduced [33] his son to Aristippus for instruction,[33] the latter asked 500 drachms.[34] When the former said: For so much I can buy a slave, he replied: Buy one, and you will have two. — Busiris, King of Lydia, had [35] as his father Poseidon, as his mother Libye, who is said to have ruled first in those regions, and to have given [36] the country her name. — It is almost impossible to build a city in such a place where it will need no import [37] from without.[37] — It is said that the Thynes, a Thracian nation, were most warlike [38] by night. — Keep away [39] from a talkative man who cannot conceal [40] what he has heard.[41] — The pains of the sick are at night more violent than by day. — Apollo led the nine Muses, hence he was called the Muse-leader.[42] — Why are the educated more prominent [43] than the uneducated? — Govern appetite,[44] sleep, and hunger. — All things are everywhere subject to God, and God rules alike over all. — You will become worthy of God, if you do (*fut.*) nothing unworthy of yourself. — He can never be just who entirely depends [45] on money. — You should try neither to know everything nor to

---

[23] ὅποι, *w. opt.* [24] ἅμα ἄγω. [25] ἀναστρέφω. [26] ὀπίσω. [27] ἐάν, *w. subj.* [28] ἐκ. [29] τελειόω, *aor. pass.* [30] χωρίζω. [31] αἱρετός. [32] πρὸς χάριν εἰπεῖν. [33] συνιστάναι. [34] δραχμή. [35] εἰμί. [36] To have made the country of the same name (ὁμώνυμος, ον) with herself. [37] ἐπεισαγώγιμα, ων. [38] πολεμικός. [39] φεύγω. [40] στέγω. [41] μετέχω. [42] Μουσηγέτης. [43] προέχω. [44] γαστήρ. [45] ἥσσων ἐστίν.

be ignorant [46] of everything. — Troezen, a city in the country of the Argives, was sacred to Poseidon, for which reason [47] it was once called Poseidonia. — What is [48] your opinion about the gods which the Greeks worshipped? — Where in the world [49] have you been, my friend?

CHAPTER XXXVIII.

DATIVE.

(See Spies' Grammar, Ch. XXXV.)

Out of a desire [1] for learning,[1] Pythagoras went to Babylon, where he conversed with the first of the Chaldeans and magi.[2] — Those may be the best judges who have had intercourse with different characters. — Those free cities which,[3] not knowing their own power, fight against too powerful (ones), are partly destroyed, partly become subject. — When the thirty tyrants forbade [4] Socrates to converse with young men, he did not obey, because this was commanded [5] against the laws. — The poet Simonides said that not even the gods fought against necessity. — For those that are good and know (how) to use their riches, it is good to be rich, but for the wicked and imprudent [6] it is bad. — After we had prayed to God, we went to the city. — By the changes [7] of time,[8] even the most powerful are [9] in need [10] of the weaker. — To most men it is the most difficult thing to be satisfied [11] with their condition.[12] — In the first year of the twenty-eighth Olympiad, Messenia was united [13] with the state [14] of the Laconians. — In the sixtieth year after the taking [15] of Ilion, the Boeotians, driven [16] out of Arne by the Thessalians, occupied [17] Boeotia, which formerly had been called the Cadmean country.

[46] ἀμαθής. [47] ἀφ' οὗ. [48] πῶς ἔχεις —. [49] γῆ.
[1] φιλομαθία. [2] μάγος. [3] Relative, *with* ἄν *and subj.* [4] ἀπαγορεύω, μή.
[5] προστάσσω. [6] ἀνεπιστήμων. [7] μεταβολή. [8] καιρός. [9] γίγνομαι.
[10] ἐνδεής. [11] στέργω. [12] τὰ παρόντα. [13] προστίθημι. [14] πολιτεία.
[15] ἅλωσις. [16] ἐξανίστημι, 2. aor. act. [17] οἰκέω.

—— When Alexander saw some one who had [18] the same name with him,[18] but was a coward, he said: Man, either change [19] thy name or thy character. —— Helen, the daughter of Jupiter and Leda, surpassed by far [20] all women of her age [21] in nobility, beauty, and renown. —— Speech, says a philosopher, has the same power as an ointment,[22] for it profits us when we suffer,[23] and delights [24] us when we are well. —— Beware [25] lest you do yourself what you blame in others as bad. —— We will justly blame those who spend [26] their life in debauchery.[27] —— The common people [28] are accustomed [29] to envy those who are eminent [30] for [31] their wisdom or something else. —— Do not think that it is frankness [32] of speech [32] to revile [33] and inveigh [34] against everything. —— One day Bias was sailing [35] on the sea with impious [36] men; when the vessel was exposed [37] to a storm and they invoked [38] the gods for help,[38] he said: Be silent, lest they perceive that you are sailing [39] here.[40]

CHAPTER XXXIX.

ACCUSATIVE.

(See Spies' Grammar, Ch. **XXXVI**.)

It is the same to foster [1] a serpent [2] and to bestow [3] a benefit [3] on a wicked man, for in neither of them does the benefit beget benevolence.[4] —— If you can profit friends who are [5] in dangers, never neglect [6] it. —— Neither does a golden bed [7] profit a sick man, nor great prosperity a fool.[8] —— He who does disgraceful things should be most of all ashamed of himself. —— Pythagoras ordered that those animals which are hurtful [9] to men should not be killed. —— When the Lacedæmonians had lost [10] their

---

[18] ὁμώνυμος, *with* εἰμί. [19] ἀλλάσσω. [20] πολύ. [21] ἐφ' ἑαυτῆς. [22] μύρον. [23] κάμνω. [24] εὐφραίνω. [25] φυλάσσομαι. [26] διατρίβω. [27] ἀκολασία. [28] πολύς. [29] φιλέω. [30] προέχω. [31] κατά, *w.* acc. [32] παρρησία. [33] λοιδορέομαι. [34] ἐπιτιμάω. [35] συμπλέω; "on the sea" is not translated. [36] ἀσεβής. [37] περιπίπτω. [38] ἐπικαλέομαι. [39] πλέω. [40] ἐνθάδε.

[1] ἐκτρέφω. [2] ὄφις. [3] εὐεργετέω. [4] εὔνοια. [5] καθίστημι, *perf.* [6] καταλείπω, *aor.* [7] κλίνη. [8] ἀνόητος. [9] βλάπτω. [10] ἐκπίπτειν ἐκ τῶν πραγμάτων.

hegemony[10] the second time,[11] some generals of the Athenians thought[12] that if[13] they imitated the course[14] of the Spartans they would more easily check[15] the rebellious[16] states. — The laws not only punish the evil-doers, but also benefit the virtuous. — He who flatters friends does them much[17] wrong. — Do not revenge thyself on thy enemies. — It is said that Xerxes threw[18] fetters[19] into the Hellespont, in order to revenge himself upon it. — I swear to you by all the gods and all the goddesses that I have never injured any one of the citizens. — After the Thebans had conquered in the battle at Leuctra,[20] they misused[21] their advantage. — Those that are slaves of evil desires are enslaved[22] to the most disgraceful slavery. — To conquer our passions brings more renown than to conquer at Olympia. — Friends are always obliged[23] to do well to their friends, but never[24] (to do) ill. — We ought to teach our children some art, in order that if[25] they are bereft[26] of the rest of their property, they may[27] have recourse[28] to it, as to their nurse[29] and mother.[30] — Many accused[31] the Lacedæmonians that[32] they had unjustly taken[33] their country from the Messenians. — Astyages put[34] a beautiful garment on his grandson[35] Cyrus when he lived[36] with him, and honored and adorned him with necklaces[37] and bracelets.[38] — Oenotrus, the son of Lycaon, an Arcadian, asked money and men from his brother Nyctimus, the ruler of Arcadia; then he crossed over[39] on[40] vessels to Italy, and the Oenotrian country received[41] its name from him. — The mother reminded her children of the virtues of their deceased father. — As to the rest, you will ask those that know the present affairs. — You must obtain for your children such teachers as are blameless[42] as to their character and very able as to their knowledge.[43] — Cyrus the elder is said to have been of a very fine

---

[11] πάλιν. [12] ἐλπίζω. [13] ἐάν. [14] πρᾶξις, plur. [15] κατέχειν, inf. fut. [16] στασιάζω. [17] πολλά. [18] καθίημι. [19] πέδη. [20] Adjective. [21] οὐ καλῶς χράομαι. [22] δουλεύω. [23] ὀφείλω. [24] μηδέποτε. [25] ὅταν. [26] ἀποστερέω. [27] ἔχω. [28] καταφεύγω. [29] τροφεύς. [30] πατήρ. [31] καταγιγνώσκω, w. gen. [32] ὡς, w. ind. [33] ἀφαιρέομαι. [34] ἐνδύω. [35] ὁ τῆς θυγατρὸς υἱός. [36] διατρίβω. [37] στρεπτόν. [38] ψέλλιον. [39] περαιόω, aor. pass. [40] Dat. [41] ἔχω. [42] ἀνεπίληπτος. [43] ἐμπειρία.

appearance [44] and of a very kind [45] disposition. [46] — Although, for the rest, the Arcadians were of very rough [47] manners, [48] yet they adopted [49] music in their constitution. [50] — The island of Crete, which extends [51] from west [52] to [53] east, [54] is 1,450 stadia long. — Pythagoras commanded his disciples to be silent for five entire years. — Aristobulus, who is said to have lived upwards of ninety years, began to write [55] the history [56] of Alexander at the age [57] of eighty-four years.

CHAPTER XL.

VOICES AND TENSES OF THE VERB.

(See Spies' Grammar, Ch. XXXVIII., § 1.)

It is [1] not well to trust in one's self and to despise the power of God. — We saw the enemies gradually [2] advancing [2] against our city. — The river Acheron, which [3] flows through Thesprotia, empties [4] into the Acherusian lake. — Some came after they had exercised and anointed [5] themselves, others after they had bathed. — The youths had adorned themselves with garlands. — Ninus, the King of the Assyrians, collected a respectable [6] army, and made (for himself) an alliance with Ariæus, the King of the Arabians. — The combatants anointed their bodies with oil. — Agreeable is the man who [7] has adorned his mind with education. [8] — Liars are not believed, even if [9] they speak the truth. — We shall never be ashamed to express [10] our opinion. — The virtuous will always abstain from those things which lead to wickedness. — Diligent students will never neglect [11] to do their duty, but they will always try to make progress. [12] — In what does a coward differ from a

---

[44] εἶδος. [45] φιλάνθρωπος. [46] ψυχή. [47] αὐστηρός. [48] βίος, sing. [49] παραλαμβάνω. [50] πολιτεία. [51] τείνω, perf. pass. [52] ἡλίου δυσμαί. [53] πρός, w. acc. [54] ἡλίου ἀνατολαί. [55] συγγράφω. [56] τὰ ὑπ' Ἀλεξάνδρου πεπραγμένα. [57] γίγνομαι, 2. perf.

[1] ἔχω. [2] ὑπάγω. [3] Part. [4] εἰςβάλλω. [5] ἀλείφω. [6] ἀξιόλογος, 2. [7] Part. [8] παιδεία. [9] κἄν, w. subj. [10] ἀποφαίνομαι. [11] μεθίημι. [12] προκόπτω.

cautious man? — The robbers, being driven [13] from the country, tried to save themselves by speedy flight. — The Persians, putting forth [14] their weapons, marched on. — When Darius was sick,[15] he called [16] his son Cyrus from the province [17] of which he had made him satrap.[18] — On the following day [19] Xenophon, having sacrificed (for himself), led out the whole army during the night. — Fear the gods, honor parents, reverence [20] friends, and obey the laws. — Make no one your friend before [21] you have examined [22] how he has treated [23] his former [24] friends. — Homer relates how Hector was killed [25] by Achilles. — May God punish the evil-doers. — Always lay up [26] for thyself traveling-money [27] for [28] old age.

CHAPTER XLI.

TENSES OF THE VERB.

(See Spies' Grammar, Ch. XXXVIII, § 2.)

The bird has escaped [1] the fowler, and is gone [2]! — I came to my friend, but when I arrived he was dead. — As far as I have heard, he has not injured anybody. — The light-armed soldiers [3] attacked [4] the barbarians, and fought. — First Clearchus tried [5] to compel [5] his soldiers to march on,[6] but they shot [7] at him; but afterwards, when he saw [8] that he would not be able [9] to compel them, he called [10] a meeting. — After the battle at Cheronea, the Athenians left all Bœotia. — A short time dissolves the societies [11] of the bad. — Even a slow man (that is) considerate [12] overtakes [13] a swift man while pursuing (him). — After Darius was dead and Artaxerxes had ascended [14] the throne,[14] Tissaphernes traduced [15] Cyrus to [16] his brother, (pre-

---

[13] ἐκπίπτω. [14] προβάλλω. [15] ἀσθενέω. [16] μεταπέμπομαι. [17] ἀρχή.
[18] σατράπης. [19] ἡ ὑστεραία (ἡμέρα). [20] αἰσχύνομαι. [21] πρὶν ἄν, w. subj.
[22] ἐξετάζω. [23] χράομαι. [24] πρότερον. [25] ἀποθνῄσκω. [26] κατατίθημι.
[27] ἐφόδιον. [28] εἰς.

[1] Part. [2] οἴχομαι. [3] πελταστής. [4] δέχομαι. [5] βιάζομαι. [6] εἶμι.
[7] βάλλω τινά. [8] γιγνώσκω. [9] Ind. fut. [10] συνάγω. [11] συνουσία. [12] εὔβουλος. [13] αἱρέω. [14] καθιστάναι εἰς τὴν βασιλείαν. [15] διαβάλλω. [16] πρός.

tending) that [17] he was plotting against him. — Zeno scourged [18] a slave for [19] theft; upon his saying [20]: It was fated [21] for me to steal, Zeno said: To be scourged, too. — You must care for the welfare of the state, O king! if the state is to be saved. — Let those that are about to depart remember the benefits [22] which they have received [22] here. — Many, having become rich,[23] despise the poor. — The people resolved to choose thirty men, who should draw up [24] the laws of the country, in accordance with [25] which they should administer [26] the government.[26]

CHAPTER XLII.

LEADING AND DEPENDING SENTENCES.

(See Spies' Grammar, Ch. XXXIX, §§ 1-3.)

To do (something) is difficult, to command (it) easy. — If you have something to say against it,[1] do so [1]; but if not, cease to repeat [2] the same word. — Crœsus, having crossed [3] the Halys,[4] will destroy a great kingdom. — Well, let me defend myself before [5] you. — Do not revile [6] any one on account of misfortune. — Where shall I stand, where shall I go? — Will you receive us, or shall we leave? — Shall we speak, or be silent, or what shall we do? — O boy, may you become happier than your father! — Since [7] I see you, Athenians, setting out [8] for war,[9] it may be profitable [10] to you. — Without leaders, nothing good or beautiful can be achieved [11] anywhere,[12] but not at all [13] in military [14] affairs.[14] — At that time one might have understood that to rule over men is the most difficult of all things. — Who should believe that our army was conquered? — O that I had died in battle! — Let us shun the unseemly,[15] and aspire after the beautiful! — Let us not

---

[17] ὡς, w. opt. [18] μαστιγόω. [19] ἐπί, w. dat. [20] Gen. abs. [21] εἵμαρται (it is fated). [22] εὖ πάσχω. [23] πλουτέω. [24] συγγράφω. [25] κατά, w. acc. [26] διοικέω τὴν πόλιν.

[1] ἀντιλέγω. [2] λέγω, part. [3] διαβαίνω. [4] Ἅλυς. [5] πρός, w. acc. [6] ὀνειδίζω τινί τι. [7] ἐπειδή. [8] ὁρμάομαι. [9] στρατεύω. [10] συμφέρω. [11] γίγνομαι. [12] οὐδαμοῦ. [13] παντάπασιν. [14] πολεμικά. [15] ἀεικής, ές.

yield to the enemy! — No one can make the bad useful. — O God, that you might avert[16] this great danger from our house! — Would that you had lived then when I was a young man! — Never judge against[17] the laws, for you will be punished according to the laws. — It would have been necessary to encourage[18] the soldiers for the battle. — It would have been possible[19] to save the city, but the citizens neglected[20] to do their duty.

CHAPTER XLIII.

FINAL SENTENCES.

(See Spiers' Grammar, Ch. XXXIX., § 4.)

You have come in time[1] to hear the suit.[2] — A king is chosen, not to care well for himself, but that also those that[3] have chosen him may be happy through him. — I purposely[4] did not awaken you, that you might not see the great danger. — They burnt the vessels, that Cyrus might not sail across.[5] — Agamemnon commanded Chryses to leave,[6] and not to provoke[7] him, that he might come home safe.[8] — This I have resolved[9] to say, not that I might become hateful[10] to some of you. — I fear that we forget the way home.[11] — Cyrus thought that he needed friends, that he might have co-operators.[12] — The Athenians fear that the Boeotians will destroy[13] Attica. — The Athenians feared that the Boeotians would destroy Attica. — The general will take care that nothing be wanting to the army. — See to it that you be made worthy of the freedom which you possess. — Endeavor to fight as bravely as possible, that you may surpass all the rest in bravery. — The Lacedæmonians were not allowed to travel abroad,[14] lest the citizens might be filled with frivolity by[15] foreigners. — Remember absent as well as present friends, lest it may seem

---

[16] ἀποτρέπω. [17] παρά, acc. [18] παροξύνω. [19] ἔξεστιν. [20] μεθίημι.
[1] εἰς καιρόν. [2] δίκη. [3] Part. [4] ἐπίτηδες. [5] διαβαίνω. [6] ἄπειμι.
[7] ἐρεθίζω. [8] σῶς. [9] προαιρέομαι. [10] ἀπεχθάνομαι. [11] ἡ οἴκαδε ὁδός.
[12] συνεργός. [13] δῃόω. [14] ἀποδημέω. [15] ἀπό.

that you would also neglect the latter in their absence.¹⁶ — Beware lest the company of wicked friends corrupt your good manners.

CHAPTER XLIV.

CONSECUTIVE, TEMPORAL, AND CAUSAL SENTENCES.

(See Spies' Grammar, Ch. XXXIX, §§ 5–7.)

Some are so confident¹ that they obey before² they know what is commanded.³ — He did not come on the following day, so that the Greeks became alarmed.⁴ — There are⁵ vessels at your command,⁵ so that you can sail wherever⁶ you wish. — Cyrus had soon killed⁷ the beasts in the park, so that Astyages could⁸ no longer collect others for him. — As⁹ time went on,¹⁰ Cyrus became so filled¹¹ with modesty¹² that he even blushed¹³ when¹⁴ he met¹⁵ older persons. — Judge, when you have heard everything. — As long as the vessel¹⁶ is safe,¹⁷ the sailor, the pilot, and every one, must be courageous.¹⁸ — The tyrant is not safe even when he has entered his house. — He said that they would judge when they had heard everything. — As often as the Greeks would attack the enemies, the latter fled. — Having considered¹⁹ everything, accept²⁰ that which seems to you most beneficial²¹ to the state. — The horsemen of the barbarians killed all whomsoever of the Greeks they would meet.²² — Let the truce²³ remain till I come. — When they (each division) had eaten something, they arose and marched on.²⁴ — Judge, after you have heard everything; do not judge beforehand.²⁵ — Socrates said that it behooved one to study geometry until he should be able to measure²⁶ the earth correctly. — It is said that before Apollo

---

¹⁶ ἄπειμι, part.
¹ πιθανός. ² πρίν, w. inf. ³ Part. ⁴ φροντίζω. ⁵ πάρειμι. ⁶ ὅπη ἄν. ⁷ ἀναλίσκω. ⁸ ἔχω. ⁹ ὡς, w. ind. ¹⁰ προάγω. ¹¹ ἐμπίπλημι. ¹² αἰδώ. ¹³ ἐρυθραίνομαι. ¹⁴ ὁπότε. ¹⁵ συντυγχάνω. ¹⁶ σκάφος, τό. ¹⁷ σώζω. ¹⁸ πρόθυμος. ¹⁹ λογίζομαι, aor. ²⁰ χειροτονέω. ²¹ συμφέρω. ²² ἐντυγχάνω. ²³ σπονδαί. ²⁴ πορεύομαι. ²⁵ προλαμβάνω. ²⁶ διανέμω.

appeared to men, the island of Delos was hidden under the sea.
— When Darius had become sick, he called [27] Cyrus from the province [28] of which he had made him governor.[29] — For what other reason [30] is a trireme equipped [31] with men terrible to the enemies, and worth seeing [32] for friends, than because it sails quickly? — Indeed,[33] you also know how to rule, because you know that Homer praised [34] Agamemnon for [35] being a good king. — It behooves us not only to possess good things, but also to use them, since the possession is no advantage.[36] — Is that which is holy [37] loved by God because it is holy, or is it holy because it is loved? — Socrates was accused by the Athenians for having corrupted young men.

CHAPTER XLV.

HYPOTHETICAL SENTENCES.

(See Spies' Grammar, Ch. XXXIX, § 8.)

If there is a God, he will punish the impious. — If I should save you, you will be indebted to me.[1] — The city would have been in danger of being entirely destroyed, if a wind had arisen.[2] — Teach us, if you know [3] something sensible. — If you come to one of the nearest [4] cities, either to Thebes or to Megara, you will come as an enemy of their constitution.[5] — If I should ask why you leave this city, you might answer that the laws do not please you. — Alexander said: If I were not Alexander, I should be Diogenes. — It is necessary to suffer everything if God commands [6] us to suffer. — If you have to say something against my assertions,[7] say it.[8] — If you had said this, you would have been mistaken.[9] — If you should say this you would be mistaken. — If the danger

---

[27] $\mu\epsilon\tau\alpha\pi\acute{\epsilon}\mu\pi o\mu\alpha\iota$. [28] $\dot{\alpha}\varrho\chi\acute{\eta}$. [29] $\sigma\alpha\tau\varrho\acute{\alpha}\pi\eta\varsigma$. [30] = for what other thing. [31] $\sigma\acute{\alpha}\tau\tau\omega$. [32] $\dot{\alpha}\xi\iota o\vartheta\acute{\epsilon}\alpha\tau o\varsigma$. [33] $\ddot{\eta}$. [34] Aor. part. [35] $\dot{\omega}\varsigma$. [36] = there is no advantage ($\ddot{o}\varphi\epsilon\lambda o\varsigma$) of the p. [37] $\tau\dot{o}$ $\ddot{o}\sigma\iota o\nu$.

[1] $\chi\acute{\alpha}\varrho\iota\nu$ $\epsilon\iota\delta\acute{\epsilon}\nu\alpha\iota$. [2] $\dot{\epsilon}\pi\iota$-$\gamma\acute{\iota}\gamma\nu o\mu\alpha\iota$. [3] $\ddot{\epsilon}\chi\omega$. [4] $\dot{\epsilon}\gamma\gamma\acute{\nu}\tau\alpha\tau\alpha$. [5] $\pi o\lambda\iota\tau\epsilon\acute{\iota}\alpha$. [6] $\pi\varrho o\varsigma$-$\tau\acute{\alpha}\tau\tau\omega$. [7] $\lambda\acute{\epsilon}\gamma\omega$, gen. abs. [8] $\dot{\alpha}\nu\tau\iota$-$\lambda\acute{\epsilon}\gamma\omega$. [9] $\dot{\alpha}\mu\alpha\varrho\tau\acute{\alpha}\nu\omega$.

should [10] be greater here than there, it might perhaps be necessary to prefer the safer. — If you were willing to apply yourself [11] to philosophy, you would see, within a short time, how much you would differ from others. — As often as Astyages demanded anything, Cyrus perceived it first. — Time would not [12] suffice [12] us if we should enumerate all the benefits [13] which we have received [13] from God. — If Christ had not been crucified [14] for men, we would not have been saved from our sins. — If you are eager [15] for learning, [15] you will learn [16] many things. [16]

CHAPTER XLVI.

EXPLICATIVE CLAUSES.

(See Spiers' Grammar, Ch. XXXIX., § 9.)

It is clear that the things [1] of friends will be common. — Perhaps it is true, as it is said, [2] that the beautiful is difficult. — They asked the general whether he did not care for the affairs. [3] — This is [4] the only good thing about envy, that it is the greatest torment for those that have it. — We know that Darius and Parysatis had [5] two sons. — The Athenians fortified [6] the city in a short time, and it is even now evident that the building was done in [7] haste. — Many of those who pretend [8] to philosophize might perhaps say that the just man can never become unjust, nor the sober-minded arrogant. — Tell me, O boy, whether the father has come home. — It was evident to all that Cyrus tried to please [9] every one. — Tissaphernes traduced [10] Cyrus to [11] his brother, (accusing him) of plotting against him. — The Athenians accused Socrates of spoiling young men by saying that there were no gods.

---

[10] μέλλω. [11] ἅπτομαι. [12] ἐκ-λείπω. [13] εὖ πάσχω. [14] σταυρόω.
[15] φιλομαθής. [16] πολυμαθῆ εἶναι.
[1] Omitted. [2] τὸ λεγόμενον. [3] τὰ παρόντα. [4] προςεῖναί τινι. [5] γίγνεσθαί τινος. [6] τειχίζω. [7] κατά. [8] φάσκω. [9] χαρίζομαι. [10] διαβάλλω.
[11] πρός.

CHAPTER XLVII.

INDIRECT INTERROGATIVE AND RELATIVE SENTENCES.

(See Spies' Grammar, Ch. XXXIX., §§ 10 and 11.)

All men perform very quickly and easily the things which they understand. — The poets have used[1] such words about the gods as no one would dare to use about his enemies. — From this wise man you can[2] inquire[3] whether it is better to be rich or to be poor. — Our forefathers have undergone every[4] hardship and danger to defend their country. — I did not know where I should go or what I should do. — There was no one present, whom these women did not move by their weeping[5] and complaining.[6] — Having considered everything, resolve[7] upon that which you think to be most useful[8] to the city. — The horsemen of the enemies killed all whomsoever of the Greeks they met.[9] — You will receive as many as you have sent off. — Every one should practise[10] that art which he knows best. — I am at a loss[11] what I should mention first. — The Epidamnians asked the deity whether they should deliver their city to the Corinthians. — Socrates blamed[12] Xenophon that he had not asked the god whether it was better for him to go or to stay, but that, having decided[13] himself that he had to go,[14] he had asked him how he could go in the best manner. — Christ asked Peter whether he loved him more than the other apostles.[15]

CHAPTER XLVIII.

INFINITIVE.

(See Spies' Grammar, Ch. XL., §§ 1-3.)

Every one strives[1] to become the first. — To obey the laws of the country is the duty of good citizens. — To die bravely

---

[1] φημί, aor. [2] ἔξεστι(ν). [3] πυνθάνομαι. [4] οὐδεὶς ὅστις οὐ. [5] Part.
[6] ἀγανακτέω. [7] χειροτονέω τι. [8] συμφέρει. [9] ἐν-τυγχάνω. [10] ἔρδω.
[11] ἀπορέω. [12] αἰτιάομαι. [13] κρίνω. [14] Verbal adj. [15] ἀπόστολος.

[1] ὀρέγομαι, w. gen.

for the country was considered by the Romans the greatest renown. — The Bœotians threaten to attack Attica. — All persons ask the gods to grant a life without trouble.² — I do not fear to refute³ you, but I should fear very much to offend you. — Who shall prevent God from punishing the wicked? — Never defer⁴ aiding your friends whenever they need your assistance. — It happened to my brother that he fell. — The Greeks called⁵ on one another not to run, but to follow in order. — Give me (something) to eat, and I shall give you (something) to drink. — It behooves you⁶ to defend your country, in which you have been born and educated. — What prevents you from practising virtue and shunning vice? — Nothing will prevent good citizens from obeying the laws. — The generals resolved⁷ to enter the vessels and to cross the river.

CHAPTER XLIX.
INFINITIVE.
(See Spies' Grammar, Ch. XL., §§ 4–7.)

Xenophon left half of his army behind¹ to guard the camp. — The wounded soldier entrusted² himself to the surgeon (physician), to be cut and burned. — The father has given his son to me, that he might obey me. — It is difficult to love enemies,³ but we are commanded by Christ to love them like ourselves. — It is very pleasant⁴ to live⁵ in this house during winter. — Cicero⁶ was a very great orator.⁷ — The time is too short to relate in a becoming manner⁸ what has happened. — For the hungry⁹ one, bread is very good to eat, and for the thirsty one,⁹ water is very good to drink. — All men grant that concord¹⁰ is a very great good. — It happened that no one of the generals was present. — I maintain that the unjust

---

² ἔλυπος. ³ δι-ελέγχω. ⁴ ἀνα-βάλλομαι. ⁵ βοάω, w. dat. ⁶ δίκαιος εἶναι. ⁷ γιγνώσκω.

¹ κατα-λείπω. ² παρ-έχω. ³ Personal construction. ⁴ The house is v. pleasant to —. ⁵ ἐν-διαιτάομαι. ⁶ Κικέρων. ⁷ λέγω. ⁸ ἀξίως. ⁹ Verbs. ¹⁰ ὁμόνοια.

and wicked man is unhappy. — In my opinion, Demosthenes was a greater orator [7] than Cicero. — Those that do not believe that there is a God are, in short, the most foolish and ungrateful of men. — We were nearly deceived by this liar. — You try to frustrate [11] the laws as much as in you lies.

CHAPTER L.

PARTICIPLE.

(See Spies' Grammar, Ch. XLI., §§ 1 and 2.)

Those minds that seem to be the best need training most. — To save our country was not (in the power) of any one,[1] but we needed a man who would be very brave and very prudent at the same time. — Many prefer things that please [2] to things that are useful.[3] — The law commands that he that committed [3] such a crime should be put to death. — The sea which was called Pontus Euxinus [4] by the Greeks is now called the Black Sea. — Cease to consult always about the same things. — The general has [5] announced that the soldiers must march against the enemies as soon as the signal is given.[6] — Who happened to be present when the letter was read? — The parents continually [7] showed great affection [8] for their children. — Do not become tired bestowing benefits on your poor friends. — The citizens left the city before [9] the enemies. — Was [10] not this going on [11] while I was absent? — When they had seen them coming, the robbers [12] immediately gave up their booty and fled. — We are conscious of not knowing anything. — He learned [13] that the Chersonesus had eleven or twelve cities. — These children are sorry [14] for having told a lie. — It is proved [15] that Philip does everything for himself. — The traitor was convicted of having furnished the enemies with weapons and victuals. — Remember that you are mortal men.

---

[11] διαφθείρω.
[1] τυγχάνω. [2] Part. [3] δράω, part. [4] εὔξεινος. [5] ἔχω. [6] σαλπίζω.
[7] διατελέω. [8] εὔνοια. [9] φθάνω. [10] ἦν. [11] γίγνομαι. [12] λεηλατέω.
[13] καταμανθάνω. [14] μεταμέλει μοι. [15] ἐξελέγχω.

CHAPTER LI.

PARTICIPLE AND VERBAL ADJECTIVE.

(See Spies' Grammar, Ch. XLI., §§ 3-5.)

They sent Alkidas with[1] twenty vessels. — At last[2] Cyrus persuaded the Greek soldiers to march with him. — Do not seek the uncertain, giving up[3] the certain. — One cannot obtain a safe power by doing injury. — (The) Wise men will try to surpass all in doing good. — What is the reason[4] that you come to us and seek our aid? — Immediately after we had taken breakfast,[5] we saw the enemies approaching. — While Pericles ruled[6] them, the Athenians achieved[7] many great and famous deeds. — As[8] in dangers of war the whole state is intrusted[9] to the general, it is evident[10] that if he is successful[11] much good arises; if he fails,[12] great misfortune. — Cyrus, having conquered Croesus, made the Lydians subject to himself. — After these things had been determined[13] and completed,[14] the armies left. — The Greeks fought while marching. — The people interrupted the orator during[15] his speech. — He slept very long, as the nights were long. — They fear death as if they thought that it is the greatest of evils. — We all looked upon him, thinking that we should immediately hear some wonderful words. — Good parents keep their children from the company of bad men, being convinced that the company of good men is the practice[16] of virtue, that of the bad, its ruin.[17] — The state must be benefited by the citizens. — Peace must be kept.[18] — Virtues must be practised, but vice must be shunned. — Young men that do not work are not worthy to be praised. — You cannot become happy unless you toil.[19]

---

[1] ἔχω. [2] τελευτάω. [3] ἀφίημι, aor. [4] πάσχω. [5] ἀριστάω. [6] ἡγέομαι.
[7] ἀποδείκνυμι, aor. mid. [8] Part. [9] ἐπιτρέπομαι. [10] εἰκός. [11] κατορθόω.
[12] διαμαρτάνω. [13] δοκέω, acc. abs. [14] περαίνω. [15] μεταξύ. [16] ἄσκησις.
[17] κατάλυσις. [18] ἄγω. [19] κάμνω.

GREEK VOCABULARY.

Α.

ἀγαθός, 3, good, brave.
ἀγάλλομαι, I exult, am glad, am proud of, τινί.
ἄγαλμα, τό, ornament, statue.
ἄγαμαι, I admire.
Ἀγαμέμνων, ονος, ὁ, Agamemnon, *King of Mycenæ.*
ἄγαν, *adv.*, too much.
ἀγανακτέω, I am displeased.
ἀγαπάω, I love.
ἀγγελία, ἡ, message.
ἄγγελος, ὁ, messenger.
ἄγε, see ἄγω.
ἀγείρω, I assemble, collect.
ἀγέλη, ἡ, herd.
Ἀγήνωρ, ορος, Agenor, *King of Phœnicia.*
ἀ-γήρως, ων, not growing old.
Ἀγησίλαος, ου, ὁ, Agesilaus, *King of Sparta.*
Ἀγήτωρ, leader (*an epithet of Jupiter*).
Ἄγκος, ου, ὁ, Ancus, *a Roman king.*
ἀγκύριον, τό, anchor.
ἀ-γνοέω, I know not; οὐκ —, I know very well.
ἄ-γνοια, ἡ, ignorance, inadvertence.
ἀ-γνώμων, ονος, destitute of understanding.
ἀγορά, ἡ, market-place, market.
ἀγορὰν παρέχειν, to provide with a market.
ἄγρα, ἡ, a catching, hunting.
ἄγριος, 3, wild.
ἀγριότης, ητος, ἡ, wildness.
ἀγρός, ὁ, field.
ἄγχω, I strangle, choke.
ἄγω, I lead, drive; *imp.*, ἄγε, *also used as an adverb*: ἄγε ὅπως, come on, well!
ἀγών, ῶνος, ὁ, contest, trial.
ἀγωνία, ἡ, combat, contest.
ἀγωνίζομαι, I combat, contend for a prize.
ἀ-δάμας, αντος, ὁ, the hardest iron, steel.
ἀ-δεής, 2, fearless.
ἄ-δειπνος, 2, supperless.
ἀδελφή, ἡ, sister.
ἀδελφιδοῦς, οῦ, ὁ, nephew.
ἀδελφός, ὁ, brother.
ἀδεῶς, see ἀδεής.
Ἅιδης, ου, ὁ, Hades, *the infernal regions.*
ἀ-δικέω, I do wrong, insult.
ἀ-δίκημα, τό, an act of injustice, a wrong.
ἀ-δικία, ἡ, injustice.
ἄ-δικος, 2, unjust.
Ἄδμητος, ου, ὁ, Admetus, *King of Pheræ in Thessaly.*
ἀ-δόκητος, 2, unexpected.
Ἄδραστος, ὁ, Adrastus, *King of the Argives.*
ἀ-δύνατος, 2, impossible.
ᾄδω, I sing.
ἀεί, always.
ἀεί-μνηστος, 2, ever-memorable, everlasting.
ἀετός, οῦ, ὁ, eagle.
ἀηδών, όνος, ἡ, nightingale.

ἀ-ήθης, 2, unaccustomed.
ἀ-θανασία, ἡ, immortality.
ἀ-θάνατος, 2, immortal, lasting.
ἄ-θεος, 2, not believing in a god, impious.
Ἀθηνᾶ, ᾶς, ἡ, Athene, Minerva.
Ἀθήναζε, adv., towards or to Athens.
Ἀθῆναι, ῶν, αἱ, Athens.
Ἀθηναῖος, ὁ, an Athenian.
ἄθλιος, 8, afflicted, wretched.
ἆθλον, τό, prize, reward of a contest.
ἆθλος, ὁ, combat.
ἀθροίζω, I assemble, collect.
ἀθρόος, 3, collected together, crowded.
Ἄθως, ω, ὁ, Athos, a mountain of Macedonia.
Αἰακίδης, ου, ὁ, Æacides, a descendant of Æacus.
Αἰακός, οῦ, ὁ, Æacus, King of Ægina, one of the judges of Hell.
Αἴας, αντος, ὁ, Ajax.
Αἰγεύς, έως, ὁ, Ægeus, King of Athens, father of Theseus.
Αἴγινα, ἡ, Ægina, an island in the middle of the Saronic Gulf.
Αἰγινήτης, ου, ὁ, an inhabitant of Ægina.
Αἴγισθος, ὁ, Ægisthus.
Αἰγύπτιος, 8, Egyptian; ὁ —, the Egyptian.
Αἴγυπτος, ἡ, Egypt.
αἰδέομαι, I reverence, respect (w. acc.), stand in awe of.
αἰδήμων, 2, modest, bashful.
αἰδώς, οῦς, ἡ, shame, reverence, modesty.
Αἰήτης, ου, ὁ, Æetes, King of Colchis.
αἰθήρ, έρος, ὁ, ether, the upper region of the air.
Αἰθιοπία, ἡ, Ethiopia.

Αἰθίοψ, οπος, ὁ, an Ethiopian.
αἷμα, τό, blood.
αἱμορραγέω, I have a flowing of blood.
Αἰνείας, ου, ὁ, Æneas.
αἰνέω, I praise.
αἴξ, γός, ὁ, ἡ, goat.
Αἰολεύς, έως, ὁ, an Æolian.
Αἰολικός, 8, Æolic.
αἱρετός, 8, that can be taken, to be wished for.
αἱρέω, I take; mid., I choose.
αἴρω, I lift up, begin the march; mid., I pride myself; πόλεμον αἴρεσθαι, to undertake war; δίκας αἴρεσθαι, to punish, take vengeance (τινός).
αἰσθάνομαι, I perceive.
Αἰσχίνης, ὁ, Æschines, a Grecian orator.
αἰσχρός, 8, disgraceful.
αἰσχύνη, ἡ, disgrace, shame.
αἰσχύνω, I make ashamed; mid., I am ashamed (w. acc.).
Αἴσων, ονος, ὁ, Æson, the father of Jason.
αἰτέω, I ask, demand.
αἰτία, ἡ, cause, reason, fault.
αἰτιάομαι, I criminate, accuse.
αἴτιος, 3, the cause of anything, culpable.
Αἴτνη, ἡ, Ætna.
αἰχμάλωτος, ὁ, prisoner of war.
Ἀκαδήμεια, ἡ, the Academy, a place planted with trees, near Athens.
ἀκοή, ἡ, the sense of hearing; plur., the ears.
ἀκόλουθος, 2, following, analogous, corresponding.
ἀκοντίζω, I throw a dart.
ἀκόντιον, τό, a dart.
ἀ-κούσιος, 2, involuntary, compelled.

ἀκούω, I hear; ἀκούω καλῶς (κακῶς), I have a good (a bad) character or reputation.
ἀ-κρασία, ἡ, want of moderation, excess.
ἄ-κρατος, 2, unmixed, genuine, violent.
ἀκριβής, 2, correct, exact, careful.
ἀκροάομαι, I hear.
ἀκρό-πολις, εως, ἡ, the Acropolis, citadel.
ἄκρος, 3, extreme, highest.
ἀκρώρεια, ἡ, the top of a mountain.
Ἀκταίων, ωνος, ὁ, Actæon.
ἀλαζών, όνος, ὁ, a boaster.
ἀλγέω, I feel pain.
ἄλγος, ους, τό, pain.
ἀλείφω, I anoint.
ἀλεκτρυο-φωνία, ἡ, the crowing of a cock.
ἀλεκτρυών, όνος, ὁ, cock.
Ἀλέξανδρος, ὁ, Alexander.
ἀλήθεια, ἡ, truth.
ἀληθεύω, I speak the truth.
ἀληθής, ές, true.
ἀληθινός, 3, true, legitimate.
Ἀλθαιμένης, ους, ὁ, Althæmenes.
ἀλίσκομαι, I am taken.
Ἀλκάθοος, Ἀλκάθου, ὁ, Alcathous, a son of Pelops.
Ἀλκαῖος, ὁ, Alcæus.
ἀλκή, ῆς, strength, vigor.
Ἀλκιβιάδης, ου, ὁ, Alcibiades.
ἄλκιμος, 3, strong, brave, bold.
ἀλλά, but; ἀλλὰ γάρ, but, yes —, indeed —.
ἀλλαγή, ἡ, change, exchange.
ἀλλαχόθεν, from another place; ἄλλοι ἀλλαχόθεν, from all sides.
ἅλλομαι, I leap.
ἄλλος, η, ο, another, different; οἱ ἄλλοι, the others, the rest.

ἀλλότριος, 3, belonging to another, strange, alien.
ἄλλως, adv., otherwise; fruitlessly, in vain.
ἀλ-ουργής, 2, pure purple.
ἄλσος, ους, τό, a sacred grove.
ἄ-λυπος, 2, free from grief.
Ἅλυς, υος, ὁ, Halys, a river in Asia Minor (Kysyl-Irmak).
ἄλφιτον, τό (usually in the plur.), barley-meal.
ἀλώπηξ, εκος, ἡ, fox.
ἅμα, together with, at the same time, followed by the dat.
ἀ-μαθής, 2, illiterate, ignorant.
ἀ-μαθία, ἡ, ignorance.
ἅμαξα, ἡ, chariot, wagon.
ἁμαρτάνω, I err, am in fault.
ἁμάρτημα, τό, fault, delinquency.
Ἄμασις, ιος, ὁ, Amasis.
ἀμβροσία, ἡ, ambrosia, the food of the gods.
ἀ-μελετησία, ἡ, neglect, carelessness.
ἀ-μελέω, I have no care, neglect, τινός.
ἀ-μελής, 2, neglectful, careless, τινός.
ἀ-μηχανέω, I am in embarrassment, in want.
ἀ-μήχανος, 2, having no expedient, insuperable.
Ἄμμων, ωνος, ὁ, Ammon, name of Jupiter, worshipped in the deserts of Lybia, where a temple was erected to him, in which there was a famous oracle.
ἀμνός, ὁ, lamb; gen., ἀρνός, etc.
ἄ-μορφος, 2, shapeless, deformed.
ἀ-μουσία, ἡ, deficiency of good taste, ignorance.
ἄμπελος, ἡ, vine.
ἀμπ-έχω, I envelope, wrap; mid., I put on, wear; pass., I am clothed.

ἀμύνω, I aid (w. dat.); mid., I repulse, revenge myself, requite.
Ἀμφιάραος, ὁ, Amphiaraus, *King of Argos, and famous prophet.*
ἀμφι-έννυμι, I clothe; mid., I clothe myself.
ἀμφί-εσμα, τος, τό, dress.
Ἀμφί-πολις, εως, ἡ, Amphipolis, *a city of Macedonia.*
ἀμφότεροι, 3, both; ἐπ' ἀμφότερα, to both sides.
ἄμφω, οἴν, both.
ἄν = ἐάν.
ἄν, *a particle which, in most cases, can hardly be translated. It always implies a condition, either expressed or understood, and therefore expresses a possibility conditioned by circumstances.*
ἀνα-βαίνω, I ascend, go up, mount (a horse).
ἀνα-βάλλω, I throw upwards; — ἐπὶ τὸν ἵππον, I help one mount a horse.
ἀνά-βασις, εως, ἡ, a going up, an expedition; *the march of the 11,000 Greeks with the younger Cyrus from the sea-coast into the interior.*
ἀνα-βοάω, I cry out, call out to one.
ἀνα-γιγνώσκω, I read, read aloud.
ἀναγκάζω, I compel.
ἀναγκαῖος, 3, necessary.
ἀνάγκη, ἡ, necessity, adversity, death; ἀνάγκῃ, necessarily, by compulsion.
ἀν-αγορεύω, I proclaim.
ἀνα-γράφω, I register, inscribe.
ἀν-άγω, I lead *or* conduct up, bring back; *pass. and mid.*, I prepare myself, am carried, sail.
ἀνα-δέχομαι, I take up, receive.
ἀνα-δέω, I bind up; mid., I bind on myself, acquire.

ἀνα-ζεύγνυμι, I yoke again, decamp.
ἀνά-θημα, τό, a votive offering.
ἀν-αίδεια, ἡ, impudence.
ἀν-αιρέω, I take up, destroy, slay; I give an answer, *as the oracles.*
ἀνα-καίω, I set on fire.
ἀνα-κομίζω, I carry up *or* back.
ἀνα-κρίνω, I interrogate, examine.
ἀνα-κρούω, I push back.
ἀνα-λαμβάνω, I take up, take again, renew.
ἀν-άλγητος, 2, without pain.
ἀν-αλίσκω, I consume, expend.
ἀνά-λογος, 2, agreeing with; ἐξ ἀναλόγου, in proportion.
ἀνα-λύω, I unloose, disengage.
ἀνα-μιμνήσκω, I call to mind, remind.
ἀνα-μίξ, promiscuously.
ἀνα-νεόω, I renovate; mid., I remind myself, recollect.
Ἀναξαγόρας, ου, ὁ, Anaxagoras, *a Grecian philosopher.*
ἀν-άξιος, 2, unworthy, undeserving.
ἀνά-παυλα, ἡ, rest, relaxation.
ἀνα-πέτομαι, I fly up.
ἀνα-πλάσσω, I form again, shape.
ἀνα-πλέω, I sail back.
ἀνα-πνοή, ἡ, respiration, recovery.
ἀν-άπτω, I fasten, suspend; I set on fire.
ἀν-αρίθμητος, 2, innumerable.
ἀν-αρπάζω, I carry off, plunder.
ἀναῤ-ῥιπτέω, I throw upwards *or* on high.
ἀν-αρχία, ἡ, want of government, anarchy.
ἀνα-σπάω, I draw up.
ἀνά-στημα, τό, anything raised, an eminence.
ἀνα-στρέφω, I turn back; *mid. and pass.*, I retreat.

ἀνα-σχίζω, I split up.
ἀνα-τείνω, I extend *or* stretch upwards.
ἀνα-τέμνω, I cut up.
ἀνα-τίθημι, I put up, dedicate.
ἀνα-τολή, ἡ, the rising (*of the sun*), east.
Ἄναυρός, ὁ, Anaurus, *a river in Thessaly*.
ἀνα-φαίνω, I hold up to view, make conspicuous; *mid.*, I appear.
ἀνα-φέρω, I bring up, carry upwards.
ἀνα-χωρέω, I go back.
ἀνδρα-ποδίζω, I enslave; — πόλιν, the inhabitants of a city.
ἀνδράποδον, τό, slave.
ἀνδρεία, ἡ, bravery.
ἀνδρεῖος, 3, brave, manly.
Ἀνδρόγεως, ω, ὁ, Androgeos.
ἀν-έλπιστος, 2, unexpected.
ἄνεμος, ὁ, wind.
ἄνευ, without (*w. gen.*).
ἀνήρ, ἀνδρός, ὁ, man.
ἀνθέω, I grow up, bloom.
ἄνθος, ους, τό, flower, bloom.
ἀνθρώπινος, 3, human, belonging to man.
ἄνθρωπος, ὁ, man.
ἀνιάω, I afflict, annoy.
ἀν-ίημι, I send upwards, slacken, intermit, cease.
ἀν-ίστημι, I raise up, arouse, excite; *intrans.*, I arise.
Ἀννίβας, α, ὁ, Hannibal.
ἀ-νόητος, 2, without thought, imbecile.
ἄ-νοια, ἡ, want of intellect, imbecility.
ἀν-οίγω and ἀν-οίγνυμι, I open.
ἀ-νομία, ἡ, lawlessness, licentiousness.
ἄ-νους (ἄνοος), 2, destitute of mind.

ἀντ-αγωνιστής, οῦ, ὁ, antagonist, rival, adversary.
Ἀνταῖος, ὁ, Antæus, *a giant, son of Poseidon and Gaia*.
Ἀντιγόνη, ἡ, Antigone.
Ἀντίγονος, ὁ, Antigonus, *King of Macedonia*.
ἀντι-κατ-αλλάσσω, I exchange.
ἀντι-λέγω, I contradict.
Ἀντιόπη, ἡ, Antiope.
Ἀντίοχος, ὁ, Antiochus.
Ἀντισθένης, ους, ὁ, Antisthenes, *a Grecian philosopher*.
ἀντι-τάσσω (-ττω), I draw up against, oppose.
ἀντλέω, I draw water.
ἄντρον, τό, a cavern, grotto.
ἄν-υδρος, 2, destitute of water, dry.
ἀν-υπέρ-βλητος, 2, unsurpassed.
ἀν-υπο-δησία, ἡ, going without shoes *or* sandals.
ἀν-υπό-στατος, 2, unsubdued, invincible.
ἄνω, upward, aloft, above, *w. gen.; comp.* ἀνωτέρω, *superl.* ἀνωτάτω; ἀνώτατος, *adj.*, the highest, the most remote.
ἀξίνη, ἡ, an axe, hatchet.
ἄξιος, 3, worthy, deserving of.
ἀξιόω, I think worthy, think fit, entreat.
ἀξίωμα, τό, honor, dignity.
ἄξων, ονος, ὁ, the axle *of a wheel; plur.,* the wooden tables on which the ancient laws of Athens were graven.
ἀπ-αγγέλλω, I report.
ἀπ-αγορεύω, I am unable to speak, am tired, *w. part. or w. acc.*
ἀπ-άγω, I lead away.
ἀπ-αθανατίζω, I render immortal.
ἀ-παίδευτος, 2, uninstructed, ignorant.

ἀπ-αλλάσσω, I dismiss, withdraw; *mid.*, I free myself, go away.
ἀπαλύνω, I soften, effeminate.
ἅπας = πᾶς.
ἀπατάω, I deceive.
ἀπειθέω, I disobey.
ἀπειλέω, I threaten, menace.
ἄπ-ειμι (εἶμι), I go away.
ἄπ-ειμι (εἰμί), I am absent.
ἄ-πειρος, 2, unskilled, inexperienced.
ἀπ-ελαύνω, I drive away.
ἀπ-εργάζομαι, I form from, *as a model;* I make.
ἀπ-έρχομαι, I go away, depart.
ἀπ-έχω, I keep off, I am distant from; *mid.*, I restrain myself from, abstain from.
ἄ-πιστος, 2, distrustful, improbable.
ἁπλοῦς, ῆ, οῦν, simple, candid, honest.
ἀπο-βαίνω, I go from, disembark, alight from; ἀποβαίνει, it turns out, happens, results.
ἀπο-βάλλω, I cast off, lose.
ἀπο-βλέπω, I look from, look upon.
ἀπο-γιγνώσκω, I give up, despair of, *w. acc.*
ἀπό-γονος, 2, descended from; ὁ —, the descendant.
ἀπο-γράφω, I copy, transcribe; *mid.*, I give in my name.
ἀπο-δείκνυμι, I show forth, explain.
ἀπο-δέχομαι, I receive, approve.
ἀπο-δίδωμι, I surrender, make return of.
ἀπο-θεωρέω, I view from an elevated situation, contemplate.
ἀπο-θνήσκω, I die, fall in battle *or* by any unnatural death.

ἀπ-οικία, ἡ, emigration, colony.
ἀπο-καθ-ίστημι, I put back (*into a former situation*), re-establish.
ἀπο-καίω, I burn up, destroy (*either by fire or cold*).
ἀπο-καλέω, I call, name.
ἀπο-κείρω, I shear, cut off, despoil, diminish.
ἀπο-κινδυνεύω, I risk.
ἀπο-κινέω, I remove, displace.
ἀπο-κόπτω, I cut off.
ἀπο-κρίνω, I separate; *mid.*, I answer.
ἀπο-κρύπτω, I conceal.
ἀπο-κτείνω, I kill.
ἀπο-λαμβάνω, I take back, take from, receive from.
ἀπό-λαυσις, εως, ἡ, profit, enjoyment.
ἀπο-λαύω, I enjoy, derive advantage from (*w. gen.*).
ἀπο-λείπω, I leave, forsake, leave behind.
ἀπ-όλλυμι, I destroy, ruin, lose.
Ἀπόλλων, ωνος, ὁ, Apollo.
ἀπολογία, ἡ, apology, defence.
ἀπο-λύω, I loose, set free, acquit.
ἀπο-μιμέομαι, I imitate, copy after.
ἀπο-μίμημα, τό, image, imitation.
ἀπ-οξύνω, I sharpen.
ἀπο-ξύω, I shave off, plane.
ἀπο-πέμπω, I send away *or* back.
ἀ-πορέω, I hesitate, I am in want; *mid.*, I am perplexed, am hard pressed.
ἄ-πορος, 2, impassable, needy, difficult.
ἀποῤ-ῥοή, ἡ, a flowing from, emanation.
ἀποῤ-ῥώξ, ῶγος, abrupt, broken, rough.
ἀπο-σβέννυμι, I extinguish.

ἀπο-σείω, I shake off.
ἀπο-σήπομαι, I rot, wither; 2. perf., ἀπο-σέσηπα; ἀπο-σέσηπα τοὺς δακτύλους (τῶν ποδῶν), I have my toes frozen.
ἀπο-σπάω, I draw away.
ἀπο-στέλλω, I send away.
ἀπο-στεφανόω, I take off the crown *or* the wreath.
ἀπο-στρέφω, I turn away, avert, turn aside.
ἀπο-σώζω, I bring away *or* back safely.
ἀπο-τέμνω, I cut off.
ἀπο-τίθημι, I lay by, store up, relinquish.
ἀπο-τομάς, άδος, cut off, retrenched.
ἀπο-τρίβω, I rub off, wear out, abolish.
ἀπο-τυγχάνω, I fail to obtain, fall short of, τινός.
ἀπο-φαίνω, I make manifest, expose to view, declare; *mid.*, I declare my own opinion.
ἀπο-φέρω, I carry *or* take away, transport.
ἀ-πραγμόνως, *adv.*, without exertion.
ἄ-πτήν, ῆνος, ὁ, ἡ, not winged, wingless.
ἅπτω, I fasten, touch; *mid.*, I touch, seize upon, τινός.
ἀπ-ωθέω, I push *or* drive away.
ἆρα, *interrogative particle*, whether, pray.
ἄρα, therefore, then, indeed, certainly, now.
Ἀραβία, ἡ, Arabia.
ἀράχνιον, τό, a small spider.
Ἄραψ, βος, ὁ, an Arabian, Arab.
Ἀργεῖος, ὁ, an Argive (*belonging to Argos*).
Ἀργοναύτης, ου, ὁ, an Argonaut.

Ἄργος, ους, τό, Argos, *a city of Peloponnesus.*
ἀργυρεῖον, τό, silver ore; *plur.*, silver mines.
ἀργύριον, τό, silver, money.
ἄργυρος, ὁ, silver.
ἀργυροῦς, ᾶ, οῦν, made of silver.
ἀρδεύω, I irrigate, sprinkle.
Ἄρειος πάγος, ὁ, the hill of Ares (*Mars*); the Areopag, *the chief criminal court of the Athenians.*
ἀρετή, ἡ, bravery, valor, virtue.
Ἄρης, εως, ὁ, Ares (*Mars*).
Ἀριάδνη, ἡ, Ariadne.
Ἀριαῖος, ὁ, Ariæus.
ἀριθμέω, I number, count.
ἀριθμός, ὁ, number.
ἀριστάω, I breakfast.
Ἀριστείδης, ου, ὁ, Aristides.
ἀριστεῖον, τό, reward of valor.
ἀριστερός, 3, that is on the left side; ἡ ἀριστερά, the left hand.
Ἀρίστιππος, ὁ, Aristippus, *a philosopher of Cyrene.*
Ἀριστογείτων, ονος, ὁ, Aristogiton.
Ἀριστόδημος, ὁ, Aristodemus.
ἀριστο-κρατία, ἡ, the government of the nobles, aristocracy.
Ἀριστομένης, ους, ὁ, Aristomenes.
Ἀρίστων, ωνος, ὁ, Ariston.
Ἀρίων, ονος, ὁ, Arion.
Ἀρκάς, άδος, ὁ, an Arcadian.
ἀρκέω, I am able, suffice, am sufficient.
ἄρκτος, ὁ, ἡ, bear; *the northern constellation called the Great Bear;* ἡ ἄρκτος *and* αἱ ἄρκτοι, the north.
ἅρμα, τό, chariot.
Ἀρμένιος, 3, Armenian.
Ἁρμόδιος, ὁ, Harmodius.
ἁρμονία, ἡ, adaptation, joining together, a joint.

ἀρνέομαι, I deny, disown.
ἁρπάζω, I rob, plunder.
ἄρῥην, εν, male, masculine.
ἄῤ-ῥητος, 2, not spoken of; not to be named, unspeakable.
ἀῤ-ῥώστημα, τό, feebleness, illness.
Ἀρσάκης, ὁ, Arsaces.
Ἀρταγέρσης, ὁ, Artagerses, *a Persian general*.
Ἀρταξέρξης, ὁ, Artaxerxes, *a Persian king*.
Ἀρταφέρνης, ους, ὁ, Artaphernes.
Ἄρτεμις, ιδος, ἡ, Artemis (*Diana*), *sister of Apollo*.
ἄρτι, just now, lately.
ἄρτιος, 3, adapted, fitted, suitable.
ἀρχαῖος, 3, ancient.
ἀρχή, ἡ, a beginning; authority, government; *plur.*, magistrates; ἀρχήν, from the beginning.
Ἀρχίδαμος, ὁ, Archidamus.
Ἀρχιμήδης, ὁ, Archimedes, *a celebrated mathematician of Syracuse*.
ἀρχι-τέκτων, ονος, ὁ, architect.
ἄρχω, I command, rule; *mid.*, I commence.
ἄρχων, οντος, ὁ, leader, magistrate, the Archon.
Ἀσδρούβας, α, ὁ, Hasdrubal.
ἀ-σέβεια, ἡ, impiety.
ἄ-σηπτος, 2, not rotten, not subject to putrefaction.
ἀ-σθενέω, I am feeble, am sick.
ἀ-σθενής, ές, feeble, weak.
Ἀσία, ἡ, Asia.
ἄ-σιτος, 2, without food, fasting.
ἀσκέω, I exercise, take care of, arrange.
Ἀσκληπιός, ὁ, Asclepius.
ἀσπάζομαι, I embrace, salute, treat with affection.
ἀσπίς, ίδος, ἡ, shield.

Ἀσσύριος, ὁ, the Assyrian.
ἀστράγαλος, ὁ, vertebra; *plur.*, dice.
ἄστρον, τό, constellation.
ἀστρο-νομία, ἡ, astronomy.
ἄστυ, εος, τό, citadel, city.
Ἀστυάγης, ὁ, Astyages.
ἀ-συν-ήθης, 2, unaccustomed, unusual.
ἀ-σφάλεια, ἡ, security, safety.
ἀ-σφαλής, 2, firm, secure, safe.
ἀ-σφαλίζω, I strengthen, secure.
ἄσφαλτος, ἡ, bitumen, asphaltum.
ἄ-τακτος, 2, not arranged, disorderly.
ἀτάρ, but, but indeed.
ἀτάσθαλος, 2, wicked, arrogant.
ἅτε (*w. participle*), as, because.
ἀ-τελής, 2, not brought to an end, exempt from taxes, clear gain.
ἄτερ, without, besides, τινός.
ἄ-τιμος, 2, unhonored, despised.
ἄ-τολμος, 2, without courage, timid.
ἄ-τοπος, 2, out of place, strange; wicked, absurd.
Ἄτοσσα, ἡ, Atossa, *the mother of Xerxes*.
ἀτρεκέως, truly, certainly.
Ἀττική, ἡ, Attica.
Ἀττικός, 3, Attic.
ἀ-τυχέω, I am unhappy.
ἀ-τυχία, ἡ, misfortune.
αὖ, again, anew.
αὖθις, back, hereafter, again.
αὐλητής, ὁ, flute-player, piper.
αὐλός, ὁ, flute.
αὐξάνω, I cause to grow, augment; *pass.*, I grow, increase.
αὔριον, to-morrow.
αὐτόματος, 2 and 3, self-moving, self-acting, voluntary.
αὐτο-μολέω, I desert to the enemy.

αὐχέω, I boast, brag.
ἀφ-αιρέω, I take away, despoil.
ἀ-φανής, 2, obscure, unknown, ignoble.
ἀ-φανίζω, I cause to disappear, destroy.
ἀ-φελῶς, with simplicity, unaffectedly.
ἀφ-ηγέομαι, I lead forth, conduct, relate.
ἀφ-ηνιάζω, I shake off the reins, shake off restraint.
ἄ-φθονος, 2, free from envy; liberal, abounding.
ἀφ-ίημι, I dismiss, release, discharge; I throw.
ἀφ-ικνέομαι, I arrive at, reach.
ἀφ-ιππεύω, I ride away.
ἀφ-ίστημι, I put away, separate, instigate to rebellion; *intrans.*, I recede, leave, stop, revolt from.
ἀφ-ορμή, ἡ, a place to sally forth from; opportunity, means.
ἀφρός, ὁ, foam.
ἀ-φροσύνη, ἡ, want of understanding, foolishness.
ἄ-φρων, ον, destitute of understanding, foolish.
ἀ-φυής, 2, not adapted by nature, unskilled, indocile.
Ἀχαιός, ὁ, an Achaian.
ἀ-χείρωτος, 2, unsubdued.
ἄχθομαι, I am distressed, am dissatisfied, am angry.
Ἀχιλλεύς, έως, ὁ, Achilles.
ἀ-ψευδής, ές, not false, not deceitful.
Ἀψίνθιος, ὁ, an Absinthian (οἱ Ἀ., a *people of Thracia*).
Ἄψυρτος, ὁ, Absyrtus.

B.

Βαβυλών, ῶνος, ἡ, Babylon.
Βαβυλωνία, ἡ, Babylonia.
Βαβυλώνιος, 3, Babylonian.
Βαγίστανον, τό, Bagistanon, a *mountain of Media.*
βαδίζω, I step, walk.
βάθος, ους, τό, depth.
βαθύς, εῖα, ύ, deep.
βαίνω, I go; *perf.*, βέβηκα, I stand firm, am established.
βακτηρία, ἡ, staff, stick.
Βάκτρα, ων, τά, Bactra, *the capital of Bactriana.*
Βακτριανή, ἡ, Bactriana, *one of the eastern provinces of the Persian empire.*
Βάκχος, ὁ, Bacchus.
βαλανεῖον, τό, bath.
βάλλω, I throw, fling, cast.
βάπτω, I dip, dye, wash.
βαρβαρικός, 3, barbaric, pertaining to foreigners.
βάρβαρος, ὁ, a foreigner (a *Persian*).
Βάρκας, α, ὁ, Barcas.
βάρος, ους, τό, weight, burden, load; trouble.
βαρύνω, I load, weigh down; I trouble.
βαρύς, εῖα, ύ, heavy, strong, oppressive.
βασανίζω, I put to the touchstone; I try, examine.
βασίλεια, ἡ, queen.
βασιλεία, ἡ, kingdom.
βασίλειος, 3, kingly, royal; τ.; βασίλεια, the royal palace.
βασιλεύς, έως, ὁ, king.
βασιλεύω, I am a king; I rule, govern.
βασιλικός, 3, kingly, royal.
βασιλίς, ίδος, and βασίλισσα, ἡ, queen.
βαστάζω, I carry, bear.
βάτραχος, ὁ, frog.
βαφή, ἡ, a dipping, dyeing.

βέβαιος, 3, steady, sure, firm.
βεβαιόω, I strengthen, confirm.
Βελίττας, ὁ, Belittas (a Scythian).
Βελλεροφόντης, ου, ὁ, Bellerophon.
βέλος, ους, τό, dart, arrow.
Βῆλος, ὁ, Belus (Baal, the name of a Babylonian god).
βία, ἡ, violence.
βιάζομαι, I use violence, overpower, force a passage.
βίαιος, 3, violent.
Βίας, αντος, ὁ, Bias.
βίος, ὁ, life, livelihood.
βιόω, I live.
Βίων, ωνος, ὁ, Bion.
βλαβερός, 3, hurtful, injurious.
βλάβη, ἡ, damage, injury.
βλάπτω, I hurt, injure, w. acc.
βλασφημέω, I rail at, slander, blaspheme.
βλέπω, I look at, behold.
βοάω, I cry, call out, roar.
βοή, ἡ, a shout, roaring.
βοηθέω, I come to the assistance of, w. dat.
βοϊκός, 3, of or belonging to an ox or cow.
Βοιωτία, ἡ, Bœotia.
Βοιωτός, ὁ, a Bœotian.
βολή, ἡ, a throw, shot.
βορά, ἡ, food, fodder.
βορρᾶς, ᾶ (and βορέας), ὁ, north wind.
βότρυς, υος, ὁ, a bunch of grapes, a grape.
βούλευμα, τό, decree, design, consultation.
βουλεύω, I advise, plan, meditate; mid., I deliberate with others, resolve.
βουλή, ἡ, council; consultation, counsel.
βούλομαι, I am willing, I wish.

βοῦς, βοός, ὁ and ἡ, ox, cow.
βραδύς, εῖα, ύ, slow, dull.
Βρασίδας, ου, ὁ, Brasidas.
βραχίων, ονος, ὁ, the arm.
βραχύς, εῖα, ύ, short, small, little; ἐπὶ βραχύ, in a little while, in a little, not far.
βρέφος, ους, τό, infant, child.
βροτός, ὁ, a mortal, a man.
βυθός, ὁ, the bottom, abyss.
βύρσα, ἡ, hide, skin.
βωμός, ὁ, altar.

Γ.

Γάγγης, ὁ, Ganges, a large river of India.
γαῖα = γῆ.
Γάϊος, ὁ, Caius.
Γαλάτης, ὁ, a Galatian; a Celt, a Gaul.
γαμέω, τινά, I take a wife, marry; mid., τινί, I take a husband, marry.
γάμος, ὁ, marriage.
γάρ, for.
γαστήρ, ρός, ἡ, belly, stomach.
γέ, indeed, at least.
γείτων, ονος, ὁ, neighbor.
γελάω, I laugh.
Γέλων, ωνος, ὁ, Gelon.
γέλως, ωτος, ὁ, laughter.
γέμω, I am full, surfeited with, τινός.
γενεά, ἡ, generation, race, age of man.
γενναῖος, 3, noble by birth, noble-minded.
γεννάω, I beget, bring forth.
γένος, ους, τό, race, kind, family, tribe.
γεραιός, 3, aged, belonging to old age.
γέρας, ως, τό, reward of honor.
γέρων, οντος, ὁ, old man.

γεύω, I give to taste; *mid.*, I taste, τινός.
γέφυρα, ἡ, bridge.
γεωμετρία, ἡ, geometry.
γεωργέω, I cultivate the ground, practise agriculture.
γεωργία, ἡ, agriculture.
γεωργός, ὁ, husbandman, farmer.
γῆ, ἡ, the earth.
γῆρας, ως, τό, old age.
γίγας, αντος, ὁ, giant.
γίγνομαι, I become, am born, happen, arise, I arrive at; εὖ γεγονώς, of high birth, free-born; *also used as* εἰμί.
γιγνώσκω, I know, understand, resolve.
γλυκύς, εῖα, ύ, sweet.
γλῶσσα (-ττα), ἡ, tongue.
γνώμη, ἡ, opinion, intelligence, knowledge.
γνώριμος, 2, well-known, familiar.
γονεύς, έως, ὁ, father; *plur.*, parents.
γόνυ, ατος, τό, knee; knot of a reed *or* straw.
Γοργίας, ου, ὁ, Gorgias, *a famous orator*.
γοργός, 3, fierce, terrible.
Γοργώ, οῦς, ἡ, Gorgo, *the wife of Leonidas*.
Γόρδιον, τό, Gordium.
Γόρδιος, ὁ, Gordius.
Γόρτυν, υνος, ἡ, Gortyn, *a town of Crete*.
γοῦν, then, for example, at least.
γράμμα, τό, letter; *plur.*, letters, a writing, writings, literature, learning.
Γράνικος, ὁ, Granikus, *a river of Mysia*.
γραφεύς, έως, ὁ, writer; painter.
γραφή, ἡ, description, document.
γράφω, I write; *mid.*, I accuse.

γραῦς, αός, ἡ, old woman.
Γρύλλος, ὁ, Gryllus.
γυμνάζω, I exercise.
γυμνάσιον, τό, a place *or* school of exercise.
γυμνός, 3, naked; destitute of, τινός.
γυναικεῖος, 3, belonging to women; effeminate.
γυναικιστί, *adv.*, womanishly, effeminately.
γυνή, αικός, ἡ, woman.
γῦρος, ὁ, circle.
γύψ, γυπός, ὁ, vulture.
γύψος, ἡ, white lime, plaster, chalk.
γωνία, ἡ, corner, angle.

Δ.

Δαίδαλος, ὁ, Dædalus.
δαίμων, ονος, ὁ, a god *or* goddess; destiny, fate.
δάκρυον, τό, a tear.
δακρυ-χέω, I shed tears.
δακρύω, I weep.
δακτύλιος, ὁ, a ring.
δάκτυλος, ὁ, finger; ποδῶν δ., toe.
Δάμων, ωνος, ὁ, Damon.
Δαναός, ὁ, Danaus.
δανείζω, I lend on interest; *mid.*, I borrow on interest.
δαπάνη, ἡ, expense, cost.
δαρεικός, ὁ, a daric, *a golden coin of Persia, equal to about $3.20*.
Δαρεῖος, ὁ, Darius.
Δᾶτις, ιδος, ὁ, Datis.
δέ, but; and, moreover.
[δείδω] *perf.* δέδοικα, I fear.
δείκνυμι, I show, point out.
δείλαιος, 3, unhappy, miserable.
δειλός, 3, timid, cowardly.
δεινός, 3, terrible, dreadful, powerful, vehement.

δειπνέω, I sup, take a repast.
δεῖπνον, τό, meal, supper.
δειπνο-ποιέομαι, I sup.
δελφίς, ῖνος, ὁ, dolphin.
Δελφοί, ῶν, οἱ, Delphi.
δένδρον, τό, tree.
δεξαμένη, ἡ, receptacle, reservoir.
δεξιός, 3, right, on the right side; ἡ δεξιά, the right hand; δεξιῶς, dexterously, ingeniously; ἐπὶ δεξιά, on the right.
δέπας, αος, τό, a cup, goblet.
δέρμα, τό, skin, hide.
δέσμη, ἡ, bundle, bunch.
δεσμός, ὁ, bond, chain.
δεσμωτήριον, τό, prison, jail.
δέσποινα, ἡ, mistress, queen.
δεσπότης, ὁ, lord, master.
δεῦρο, hither, to this place.
δέχομαι, I receive; entertain; I follow after; I expect.
δέω, I bind.
δέω, I have need, lack; δεῖ, there is need *or* want of, τινός; it is necessary, it behooves; *mid.*, I need, require; I pray, entreat (τινός τι).
δή, indeed; forsooth; therefore; at length.
Δηϊάνειρα, ἡ, Dejanira.
δηλον-ότι, *adv.*, clearly, plainly, certainly.
δῆλος, 3, clear, visible, apparent.
Δῆλος, ἡ, Delus, *one of the Cyclades.*
δηλόω, I make evident, I make known, declare.
Δημάδης, ὁ, Demades, *an Athenian orator.*
Δημήτηρ, Δήμητρος, ἡ, Demeter (*Ceres*).
Δημήτριος, ὁ, Demetrius.
δημιουργός, ὁ, artist; mechanic, artificer.

δημο-κρατία, ἡ, sovereignty of the people, democracy.
δῆμος, ὁ, people; commonwealth.
Δημοσθένης, ους, ὁ, Demosthenes.
δημόσιος, 3, public, relating to the commonwealth; τὸ δημόσιον, the public treasury; δημοσίᾳ, at the public expense.
δημοτικός, 3, of *or* belonging to the people, courteous.
διά, Ch. XV., διὰ πολλοῦ χρόνου, after a long interval.
δια-βαίνω, I pass through, cross over; I stand astride; διαβεβηκὼς τοῖς ποσίν, with outstretched legs.
διά-βασις, εως, ἡ, a passing over, a ford, bridge.
δια-βατός, 3, that may be crossed, fordable.
δια-βολή, ἡ, slander, calumny.
δι-αγγέλλω, I tell publicly, publish abroad.
δια-γιγνώσκω, I know accurately.
διά-γνωσις, εως, ἡ, a judging, judgment.
δια-γράφω, I describe, delineate.
δι-άγω, I pass my time, live.
δια-δίδωμι, I divide; I disseminate.
δια-θρύπτω, I break in pieces; I make effeminate.
δι-αιρετός, 3, divided, separated; that may be separated.
δι-αιρέω, I divide, disjoin.
δίαιτα, ἡ, mode of life; dwelling.
δια-κελεύομαι, I exhort, order, τινί.
δια-κομίζω, I bring *or* carry over; I squander.
δια-κόπτω, I cut asunder, cleave.
δια-κοσμέω, I put in order, arrange.

διά-κρίνω, I separate thoroughly, distinguish.
διά-λαμβάνω, I take separately, divide into portions, distinguish by marks, enclose, comprehend.
διά-λάμπω, I shine through; I am illustrious.
διά-λέγω, I select; mid., I discourse, converse.
διά-λεκτικός, ὁ, expert in reasoning, a logician.
δι-αλλάσσω (-ττω), I exchange; mid., I become reconciled.
διά-λύω, I dissolve, unloose, liberate; I separate, break off; I put an end to.
δι-αμαρτάνω, I miss my aim, am disappointed.
διά-μένω, I remain through, continue.
διά-μετρέω, I measure off, measure out.
διά-νέμω, I divide, distribute.
διά-νοέομαι, I consider, ponder; I design.
διά-νοια, ἡ, thinking, intention, plan.
διά-πίπτω, I fall through, escape; I fail.
διά-πλέω, I sail through or across.
διά-πορεύομαι, I pass through, go over.
δι-απορέω, I am embarrassed, am quite at a loss.
διά-πορθμεύω, I carry over, ferry over.
διά-πράττω, I effect completely, accomplish.
διά-πρεπής, 2, excellent.
διαρ-ῥέω, I flow through.
διά-σκάπτω, I dig through, undermine.
διά-σπάω, I tear in pieces; I separate.

διά-σώζω, I save, preserve.
διά-στημα, τος, τό, interval, distance.
διά-τάσσω, I set in order, arrange.
διά-τείνω, I extend, reach to; I tend to, relate to.
διά-τελέω, I finish, complete; w. partic. it expresses the continuance of the action denoted by the partic., e.g., μαχόμενοι διετέλεσαν, they continued fighting; ἔχων διατελῶ, I constantly have.
διά-τίθημι, I dispose, place in order, arrange.
διά-τομή, ἡ, incision, dissection.
διά-τρέχω, I run through, escape.
διά-τριβή, ἡ, delay, amusement, occupation.
διά-τρίβω, I waste the time, loiter, remain; I apply myself to.
διά-τυπόω, I form, shape; I describe.
διά-φέρω, I carry through or over; I differ (τινός, from; τινί, in); I excel.
διά-φεύγω, I escape by flight.
διά-φθείρω, I destroy, ruin, spoil, corrupt.
διά-φορά, ἡ, difference, diversity.
διά-φορος, 2, different; excellent, eminent.
διά-φυλάττω, I preserve carefully, guard.
διά-φωνέω, I differ, disagree.
διά-ψεύδομαι, I am deceived, disappointed, τινός.
διδασκαλία, ἡ, doctrine, instruction.
διδάσκαλος, ὁ, teacher.
διδάσκω, I teach (τινά τι); mid., I cause to be taught.
διδαχή, ἡ, teaching, instruction.
δίδωμι, I give.

δι-ελαύνω, I ride through, pass through.
δι-έξ-ειμι (είμι), I pass through, state, enumerate.
δι-εξ-έρχομαι,) I pass through,
δι-έρχομαι,) go through; I relate, enumerate.
δι-έχω, I hold separate; I penetrate; I am distant, give way.
δι-ιχνέομαι, I penetrate, pervade.
δι-ίστημι, I part, set asunder; intrans., I stand separate, am divided.
δικάζω, I judge.
δίκαιος, 3, just.
δικαιοσύνη, ή, justice, righteousness.
δικαιότης, ή, justice.
δικαστής, ό, judge.
δίκη, ή, right, law, justice; lawsuit, punishment; δίκας αίρεσθαι, see αίρω; δίκας διδόναι or τίνειν, to give a compensation, suffer punishment; δίκην ειπείν, to plead one's right or one's cause.
Δίκη, ή, Dike, *the goddess of justice*.
διό, therefore, wherefore.
Διογένης, ους, ό, Diogenes.
Διόδωρος, ό, Diodorus.
δι-οικέω, I manage, conduct, regulate.
δι-οίκησις, εως, ή, management, administration.
Διονύσιος, ό, Dionysius.
Διόνυσος, ό, Dionysus (*Bacchus*).
διόπερ, wherefore.
διοσημία, ή, a sign from heaven.
Διόσκουροι, οί, sons of Jupiter, sc. Castor and Pollux.
δί-πηχυς, υ, of two cubits.
διπλάσιος, 3, double, twice as great, twice as much, *w. gen.*
δί-πλεθρος, 2, measuring two plethra (*200 paces*).

δι-πλοΰς, ή, οΰν, double, twice as much.
διστάζω, I doubt, waver, hesitate.
δισσός (-ττος), 3, double; two.
δίφρος, ό, seat (*in a chariot*), chariot; chair.
δίχα, *adv*., separately, apart; without, τινός.
δίψα, ή, thirst.
διψάω, I am thirsty.
δίψος, ους, τό, thirst.
διωγμός, ό, persecution; rapid flight.
διώκω, I pursue.
Δίων, ωνος, ό, Dion.
διώρυξ, υχος, ή, ditch.
δοκέω, I seem, believe: έδοξεν, it was decreed.
δοκός, ή, beam, rafter.
Δόλογκος, ό, *plur.*, the Doloncæ or Dolonci, *a people of Thrace*.
δόλος, ό, deceit, fraud, stratagem.
δόξα, ή, opinion, fame, reputation.
δοξό-σοφος, 2, seemingly wise, pretending to be wise.
δορά, ή, skin, hide.
δοράτιον, τό, a little pike, a dart.
Δορίσκος, ή, Doriscus, *a town of Thrace*.
δόρυ, ατος, τό, handle of a spear, a spear.
δορυ-φόρος, ό, spearman, lifeguardsman.
δουλεία, ή, servitude.
δουλεύω, I am a slave, serve as a slave.
δοΰλος, ό, slave.
δουλόω, I enslave, subjugate.
δράκων, οντος, ό, dragon, serpent.
Δράκων, οντος, ό, Draco, *a lawgiver of the Athenians*.
δράμα, τό, action; drama.
δραχμή, ή, a drachma, *name of a coin of the value of about 16 cts.*

δράω, I do, act.
δρομαῖος, 3, running, swift, quick.
δρόμος, ὁ, running, race, course.
δρῦς, δρυός. ἡ, oak.
δύναμαι, I am able, am worth; δύναται, (it) imports.
δύναμις, εως, ἡ, power, faculty, strength, influence; —, *sing. and plur.*, army.
δυνάστης, ου, ὁ, ruler, potentate.
δυνατός, 3, strong, able; possible.
δύσις, εως, ἡ, going down, setting (*of the sun*), the west.
δύσ-κολος. 2, discontented, ill-humored; troublesome.
δυσ-πραξία, ἡ, ill-fortune.
δυσ-τυχέω, I am unfortunate.
δυσ-τυχής, 2, unfortunate.
δωρέομαι, I give as a present; I remunerate.
Δωριεύς, έως, ὁ, a Dorian.
δῶρον, τό, gift, present.

E.

ἐάν (ἤν, ἄν), if, *w. subj.*
ἔαρ, ἔαρος, *or* ἦρος, τό, spring.
ἐάω, I suffer, permit.
ἐγγίζω, I approach; I bring near.
ἐγ-γυητής, οῦ, ὁ, one who gives security, bondsman.
ἔγ-γυος, 2, giving security.
ἐγγύς, near, *w. gen.;* almost.
ἐγείρω, I awaken.
ἐγ-καλέω, I prosecute, accuse; I blame.
ἔγ-κειμαι, I lie in *or* upon; I trouble, press.
ἐγ-κωμιάζω, I praise, laud.
ἐγ-χαράσσω, I engrave, carve.
ἐγ-χέω, I pour in.
ἐγ-χώριος, 2, of the same country; ὁ —, inhabitant.

ἔδαφος, ους, τό, the ground.
ἐδώδιμος, 2, eatable.
ἐθέλω (θέλω), I wish, am willing.
ἐθίζω, I accustom; *mid. and pass.*, I accustom myself.
ἔθνος, ους, τό, tribe, nation.
ἔθος, τό, custom, usage.
[ἔθω] *perf.* εἴωθα, I am accustomed.
εἰ, if; *in a question*, whether.
εἴγε, if indeed.
εἶδος, ους, τό, form, aspect, appearance.
εἴδωλον, τό, likeness, image.
εἴθε, I wish, O that!
εἰκάζω, I liken, compare.
εἴκω, I yield, retreat; I submit.
[εἴκω] *perf.* ἔοικα, I am like; *part.*, εἰκώς; ὡς εἰκός, as is probable; εἰκότως, *adv.*, probably, naturally.
εἰκών, όνος, ἡ, image; statue.
εἱμαρμένη, ἡ, fate, destiny.
εἰμί, I am; οὐκ ἔστιν, it is not possible, [I] cannot.
εἶμι, I shall go; I go.
εἶπον, I said.
Εἶρα, ἡ, Eira.
εἴργω, I shut up, imprison.
εἴργω, I hinder, keep from, prohibit.
εἰρήνη, ἡ, peace.
εἰρηνικός, 3, peaceable, friend of peace.
εἱρκτή, ἡ, prison.
εἰσ-ανα-βαίνω, I mount, ascend.
εἴσ-ειμι (εἶμι), I enter, come in.
εἰσ-ἔρχομαι, I come *or* go into.
εἴσ-οδος, ἡ, entrance.
εἰσ-πλέω, I sail in *or* to.
εἴσω, *adv.*, into, to; within.
εἶτα, then, thereupon.
εἴτε—εἴτε, whether—or, *sive—sive*.
ἐκ, ἐξ, out of, from, *w. gen.;* ἐκ παλαιτάτου, from the earliest time.

ἑκάτερος, 3, each one of the two, both.
ἑκατέρωσε, to either or both sides.
Ἑκάτη, ἡ, Hecate; Ἑκάτης δεῖπνον, *victuals offered to Hecate in a place where three roads met* (trivium), *which were then gathered up by the poor.*
ἑκατόμβη, ἡ, hecatomb; *a sacrifice of a hundred oxen or beasts of the same kind.*
ἐκ-βάλλω, I throw out; I burst forth, flow out.
Ἐκβάτανα, ων, τά, Ecbatana, *the capital of Media.*
ἔκ-γονος, 2, sprung from, descended from; offspring, descendant.
ἐκ-δέρω, I flay, skin.
ἐκ-δίδωμι, I give out; I let out for hire, lease out.
ἐκεῖ, there, in that place.
ἐκ-θρώσκω, I beat violently (*as the heart*); I spring from.
ἐκ-καλύπτω, I uncover, disclose.
ἐκ-κλέπτω, I steal, purloin.
ἐκ-λέγω, I choose from among, select.
ἐκ-λείπω, I leave out; I forsake, desert.
ἐκ-μισθόω, I let out for hire.
ἑκούσιος, 3, voluntary, free, spontaneous.
ἐκ-πέμπω, I send out or forth.
ἐκ-πετάννυμι, I expand, spread out.
ἐκ-πέτομαι, I fly out or off.
ἐκ-πηδάω, I leap out, sally forth.
ἐκ-πίπτω, I fall out or from, am expelled; I deviate from the course.
ἐκ-πλέω, I sail out, set sail.
ἐκ-πλήσσω (-ττω), I terrify; *pass.*, I am struck with consternation, τί.
ἔκ-πληξις, εως, ἡ, amazement, terror.
ἐκ-πνέω, I blow out from, exhale, expire.
ἐκ-ποδών, out of the way, out of sight.
ἐκ-πονέω, I work out, accomplish, practise.
ἐκ-πράττω (-σσω), I execute, consummate.
ἐκ-πρεπής, 2, distinguished above others.
ἐκ-τίθημι, I place or set out, cast out, expose (an infant).
ἐκτός, without, out of, *w. gen.*
ἐκ-τρέπω, I turn away from, avert; *mid.*, I turn aside, go out of one's way.
ἐκ-τρέχω, I run out, run away from.
ἐκ-τυφλόω, I make blind, deprive of sight.
Ἕκτωρ, ορος, ὁ, Hector.
ἐκ-φέρω, I bring or carry out, bring forward; I propose, lead astray; carry off.
ἐκ-φεύγω, I escape, *w. acc.*
ἐκ-χέω, I pour out.
ἐκ-χωρέω, I retire from, give place to.
ἑκών, οὖσα, όν, όντος, willing, voluntary, intentionally.
ἐλαία (ἐλάα), ἡ, olive tree.
ἔλαιον, τό, olive oil.
ἐλαύνω, I drive; ἅρμα ἐλαύνω, I drive a chariot.
ἔλαφος, ὁ, ἡ, stag, deer, hind.
ἐλαφρός, 3, light, quick, nimble.
ἐλέγχω, I confute, refute, convict, blame.
ἐλεέω, I pity, show mercy.
Ἑλένη, ἡ, Helen.
ἐλευθερία, ἡ, freedom.
ἐλευθέριος, 3, becoming a free man, generous.
ἐλεύθερος, 3, free.

ἐλευθερόω, I make free.
ἐλέφας, αντος, ὁ, elephant; ivory.
ἕλκω, I draw, pull; I weigh down.
Ἑλλάς, άδος, ἡ, Greece.
ἐλ-λείπω, I abandon, neglect, fail, am wanting.
Ἕλλη, ἡ, Helle.
Ἕλλην, ηνος, ὁ, a Greek.
Ἑλληνικός, 3, of Greece, Grecian, Greek.
Ἑλλησποντιακός, 3, of *or* relating to the Hellespont.
ἕλος, ους, τό, a marsh, morass.
ἐλπίζω, I hope.
ἐλπίς, ίδος, ἡ, hope.
ἐλώδης, 2, marshy, swampy.
ἐμ-βαίνω, I enter, go into; I march.
ἐμ-βάλλω, I throw into, break in, make an irruption into.
ἐμ-βιόω, I live in, take root in.
ἐμέω, I vomit.
ἐμ-μελής, 2, harmonious, adapted to, fit.
ἐμ-πειρία, ἡ, experience, practical knowledge.
ἔμ-πειρος, 2, experienced, skilled in.
ἐμ-πίμπρημι and ἐμ-πίπρημι, I set on fire.
ἐμ-πίπτω, I fall in *or* among.
ἐμ-πλέκω, I interweave, intermix, confound; I implicate, embarrass.
ἔμ-πλεως, ων, quite full.
ἔμ-πνους, 2, breathing, living, alive.
ἐμ-ποδίζω, I entangle the feet, impede.
ἐμ-ποιέω, I introduce, create, occasion.
ἐμ-πορικός, 3, belonging to trade, commercial.
ἐμ-πόριον, τό, market-place, emporium; depot.

ἐμ-φανίζω, I show plainly, declare.
ἔμ-φρων, ον, intelligent, prudent, wise.
ἐμ-φύω, I implant.
ἔμ-ψυχος, 2, animated, living.
ἐναντίος, 3, opposite to, contrary.
ἐν-αύω, I light up, set on fire.
ἐν-δεής, 2, needy, poor; *comp.*, inferior.
ἐν-δέω, I tie, involve.
ἐν-δίδωμι, I yield, give up; I relax.
ἔνδον, *adv.*, within, *w. gen.; comp.* ἐνδοτέρω.
ἔν-δοξος, 2, glorious, illustrious, renowned.
ἐν-δύνω and ἐν-δύω, I put on, clothe.
ἔν-ειμι, I am in *or* within.
ἕνεκα, because of, *w. gen.; it is placed after the word to which it belongs.*
ἔνθα, there, where.
ἐν-θάπτω, I bury in.
ἔν-θεος, 2, inspired by a divinity, inspired.
ἐνιαυτός, ὁ, year.
ἔνιοι, some.
ἐνίοτε, sometimes.
ἐν-ίστημι, I place in *or* among; *intrans.*, I am present, am at hand; τὰ ἐνεστῶτα, things present.
ἔν-νυχος, 2, in the night, by night.
ἐν-οχλέω, I disturb, annoy, molest.
ἐνταῦθα, there, to that place.
ἐν-τέλλω, *usually mid.*, I give orders, command.
ἐντεῦθεν, hence, from hence.
ἐν-τήκω, I melt into, infuse into.
ἐντός, in, within, *w. gen.*
ἐν-τυγχάνω, I meet, encounter, τινί.

ἐν-υφαίνω, I weave in, interweave.
ἐξ-αιρέω, I take from or out, select, set apart; I expel.
ἐξ-αίφνης, suddenly, unexpectedly.
ἐξ-άλλομαι, I spring up, leap from.
ἐξ-αμαρτάνω, I err, sin, make a mistake.
ἐξ-ανδραποδίζω, I reduce to slavery.
ἐξ-ανθέω, I sprout or bud out, break out.
ἐξ-αν-ίστημι, I cause to rise up from; intrans., I rise up from, proceed.
ἐξ-απατάω, I deceive completely.
ἐξ-αρκέω, I suffice, am sufficient.
ἔξ-ειμι (εἰμί), impers. ἔξεστι, it is lawful, in one's power.
ἔξ-ειμι (εἶμι), I go out, go away.
ἐξ-ερεύγομαι, I belch out; flow out, burst out.
ἐξ-έρχομαι, I go out or away, depart.
ἐξ-ετάζω, I examine carefully, review troops, make inquiry into.
ἐξ-έτασις, εως, ἡ, examination, inquest.
ἐξ-ευρίσκω, I find out, discover, invent.
ἐξ-ικνέομαι, I come to, arrive at, reach.
ἐξ-ισόω, I make equal; mid., I am equal to.
ἔξ-οδος, ἡ, going out, departure from, conclusion.
ἐξ-ομαλίζω, I make smooth or even.
ἐξ-ορκίζω, I bind by oath.
ἐξ-οστρακίζω, I banish by the ostracism (by votes which were inscribed upon shells).
ἐξ-ουσία, ἡ, power, liberty, faculty.

ἔξω, out of, outside, without, w. gen.
ἔξωθεν, from without.
ἐξ-ωθέω, I push out, drive out.
ἑορτή, ἡ, festival, solemn feast.
ἐπ-άγω, I lead to, bring on, lead against, strike against.
ἐπ-αινέω, I praise, approve.
ἔπ-αινος, ὁ, praise.
ἐπ-αίρω, I raise up, exalt, elate, puff up.
ἐπ-ακολουθέω, I follow after.
ἔπ-αλξις, εως, ἡ, battlement, parapet of a wall.
Ἐπαμεινώνδας, ου, ὁ, Epaminondas.
ἐπ-αν-έρχομαι, I return, go up again.
ἐπ-αν-ορθόω, I set upright again, re-establish, ameliorate.
ἐπ-άντλησις, εως, ἡ, drawing up of water.
ἐπ-άνω, above, upon, higher up.
ἐπ-αρτάω, I hang over, suspend over, impend over.
ἔπ-αρχος, ὁ, prefect, governor of a province.
ἐπ-άρχω, I command, rule over.
ἔπ-αυλις, εως, ἡ, country-seat, cottage.
ἐπεί, after, since, because.
ἐπείγομαι, I am pressed, make haste.
ἐπειδάν, after, when, w. subj.
ἐπειδή = ἐπεί.
ἔπ-ειμι (εἶμι), I go forth, come upon, invade, attack.
ἔπ-ειμι (εἰμί), I am upon.
ἔπειτα, afterwards, thereupon.
ἐπ-εξ-έρχομαι, I go out against, invade.
ἐπ-έρχομαι, I come upon, go through, travel over.
ἐπ-ερωτάω, I ask, question.

ἐπί, Ch. XV.; w. gen. it denotes also motion; e. g., ἐπὶ Κύπρον, towards Cyprus; with numerals it denotes "deep"; e. g., ἐφ' ἑκκαίδεκα, sixteen men deep; cf. also ἐπὶ πλίνθους εἴκοσιν; ἐπὶ πολὺ τῆς χώρας, to a distance in the country.

ἔπι = ἔπεστι.

ἐπι-βαίνω, I go up, mount, come upon, τινός.

ἐπι-βάτης, ὁ, mariner, soldier on board a vessel; passenger.

ἐπι-βάλλω, I throw upon; mid., I undertake, attempt.

ἐπι-βιβάζω, I place or seat upon, put on board.

ἐπι-βοάω, I cry out aloud, call upon; mid., I call aloud for one's aid.

ἐπι-βολή, ἡ, a layer or course (of bricks).

ἐπι-βουλεύω, I plot against, lay a snare for.

ἐπι-βουλή, ἡ, plot, snare.

ἐπί-βουλος, 2, insidious, treacherous, cunning.

ἐπι-γράφω, I write or inscribe upon.

ἐπι-δείκνυμι, I exhibit, make manifest; mid., I give a proof of, make an ostentatious display.

ἐπι-δέχομαι, I receive, accept.

ἐπι-δια-κρίνω, I give a final decision.

ἐπι-δίδωμι, I give besides, add to.

ἐπι-διώκω, I pursue closely.

ἐπι-εικής, 2, becoming, just, fair; respectable.

ἐπι-θυμέω, I desire, long for.

ἐπι-θυμία, ἡ, desire, longing after.

ἐπί-καιρος, 2, fit (as to time or place), seasonable, advantageous.

ἐπι-καλέω, I call for, impose a surname.

ἐπί-κειμαι, I lie upon, press upon, urge.

ἐπι-λαμβάνω, I take besides.

ἐπι-λανθάνομαι, I forget, τινός.

ἐπι-λέγω, I choose, pick out.

ἐπί-λεκτος, 2, chosen, selected.

ἐπι-μαρτύρομαι, I call witnesses, call to witness.

ἐπι-μέλεια, ἡ, care.

ἐπι-μελέομαι, I bestow care upon.

ἐπι-μελητής, ὁ, superintendent; guardian.

ἐπι-μελῶς, carefully.

ἐπι-νοέω, I have in the mind, meditate or intend something.

ἐπι-πέτομαι, I fly towards, fly upon.

ἐπί-πονος, 2, laborious, difficult, toilsome.

ἐπί-προσθεν, before; ἐπίπροσθεν γίγνεσθαι, to obstruct.

ἐπίῤ-ῥυτος, 2, irrigated.

ἐπι-σημασία, ἡ, distinction (eminence).

ἐπί-σημος, 2, distinguished, illustrious.

ἐπι-σκοπέω, I observe attentively, inspect closely.

ἐπι-σκώπτω, I rally, jest at.

ἐπίσταμαι, I know, understand.

ἐπι-στήμη, ἡ, knowledge, science.

ἐπι-στήμων, ον, knowing, understanding.

ἐπι-στολή, ἡ, a letter.

ἐπι-στρέφω, I turn; mid. and pass., I turn myself.

ἐπι-τάσσω (-ττω), I order, command.

ἐπι-τελέω, I accomplish.

ἐπι-τήδειος, 2, fitting, convenient; τὰ ἐπιτήδεια, necessaries of life; supplies.

ἐπί-τηδες, adv., purposely.
ἐπι-τίθημι, I put or place upon; mid., I make an attack upon, τινί.
ἐπι-τρέπω, I entrust to, give up to, permit.
ἐπι-φαίνω, I show; pass., I appear.
ἐπι-φάνεια, ἡ, surface; splendor.
ἐπι-φέρω, I bring upon, bring to; — πόλεμόν τινι, I wage war against somebody.
ἐπι-χειρέω, I put hands to, make an attack; τινί, I undertake, attempt.
ἐπι-χέω, I pour out, pour upon.
ἕπομαι, I follow.
ἔπος, ους, τό, word; plur. also, an epic poem.
ἐράω, I love, τινός.
ἐργάζομαι, I labor, work; I fabricate, make; I gain, earn; I perpetrate; perf. has also passive signification, to be wrought, done, performed.
ἐργασία, ἡ, work, occupation, employment.
ἔργον, τό, work.
Ἐρέτρια, ἡ, Eretria, a city of Eubœa.
Ἐρεχθεύς, έως, ὁ, Erechtheus, King of Attica.
ἔρημος, 3 and 2, desert, uninhabited, empty, destitute, bereft.
ἐρίζω, I strive, contend with, τινί.
ἑρμηνεύς, έως, ὁ, interpreter.
Ἑρμῆς, οῦ, ὁ, Hermes (Mercury); plur., οἱ —, the Hermæ, statues of Hermes, having the head on a square pillar.
[ἔρομαι], aor. ἠρόμην, I ask, inquire.
ἑρπετόν, τό, a creeping thing, reptile.
ἐρρωμένος, strong; part. perf. pass. of ῥώννυμι.

ἐρυθρός, 3, red, ruddy.
ἔρχομαι, I come, go.
ἔρως, ωτος, ὁ, love, desire.
ἐρωτάω, I ask.
ἐσθής, ῆτος, ἡ, garment, clothing.
ἐσθίω, I eat.
ἐσθλός, 3, excellent, noble, virtuous, brave.
ἑσπέρα, ἡ, evening.
Ἑσπερίδες, αἱ, the Hesperides, daughters of Hesperus.
ἑστιάω, I entertain (as a guest); γάμους —, I give a nuptial feast; pass., I feast, banquet.
ἔσχατος, 3, last, extreme, utmost.
ἔσωθεν, from within, within.
ἑταῖρος, ὁ, companion, comrade.
ἕτερος, 3, the other (of two); ὁ ἕτερος—ὁ ἕτερος, the one—the other.
ἔτι, yet, still.
ἑτοιμάζω, I make ready, prepare.
ἕτοιμος, 3, ready, prepared.
ἔτος, ους, τό, year.
εὖ, well, rightly, happily.
εὐ-άλωτος, 2, easily captured, easy to conquer.
εὐ-γένεια, ἡ, dignity of birth, magnanimity.
εὐ-γενής, 2, of noble birth, noble, generous.
εὐ-δαιμονία, ἡ, happiness.
εὐ-δαίμων, 2, having good fortune, happy.
εὐ-δοκιμέω, I enjoy a good name, am celebrated.
εὐ-εξία, ἡ, good state of health.
εὐ-εργετέω, I do good, benefit.
εὐ-εργέτης, ὁ, benefactor.
εὐ-θαρσής, 2, bold, daring.
εὐ-θύνω, I make straight, guide, direct.
εὐθύς, 3, straight; εὐθύς, adv., immediately; εὐθύ, adv., straightforward.

εὐ-κλεής, ές, renowned, glorious.
εὔκλεια, ἡ, fame, glory.
εὐ-κρασία, ἡ, goodness of climate.
εὔ-λογος, 2, plausible, well-founded.
εὐ-μεγέθης, ες, very great, very large.
εὐ-μενής, ές, kind, propitious.
εὔ-νοια, ἡ, kindness, benevolence.
εὐ-νομέομαι, I am governed by good laws.
Εὔξεινος πόντος, ὁ, the Euxine or Black Sea.
εὔ-οσμος, 2, odorous, fragrant.
εὐ-πορέω, I have in abundance.
εὔ-πορος, 2, that may be easily passed through; rich, abounding.
εὐ-πρεπής, 2, becoming, beautifully adorned, of a noble appearance.
εὐ-πραγία, ἡ, success.
εὑρετής, οῦ, ὁ, inventor.
εὕρημα, τό, invention, discovery.
Εὐριπίδης, ου, ὁ, Euripides.
εὑρίσκω, I find, find out, invent.
εὖρος, ους, τό, breadth, width.
Εὐρυβιάδης, ου, ὁ, Eurybiades.
Εὐρυμέδων, οντος, ὁ, Eurymedon, *a river in Pamphylia.*
εὐρύς, 3, broad, wide.
Εὐρυσθεύς, έως, ὁ, Eurystheus.
Εὐρώπη, ἡ, Europa, *daughter of Agenor;* Europe.
εὔ-ρωστος, 2, strong, vigorous, hardy.
Εὐρώτας, α, ὁ, Eurotas, *a river of Laconia.*
εὐ-σέβεια, ἡ, piety.
εὐ-τυχέω, I am fortunate, succeed.
εὐ-τυχής, ές, fortunate, successful.
εὐ-φραίνω, I delight, cheer.
Εὐφράτης, ου, ὁ, Euphrates.
εὐ-φροσύνη, ἡ, cheerfulness, gladness, gaiety.

εὐ-φυής, 2, well made, having a good natural disposition.
εὔχομαι, I pray, wish.
εὐωχέω, I entertain *or* feast well; *pass.,* I am well entertained.
ἐφ-έπομαι, I follow after, follow.
Ἔφεσος, ἡ, Ephesus, *a city of Ionia.*
Ἐφέσιος, 3, Ephesian.
ἐφ-ήδομαι, I rejoice, am glad at.
ἐφ-ίημι, I send to; I give way to, permit.
ἐφ-ίστημι, I place *or* set upon *or* over; I place *or* set to; *intrans.,* I am standing over; I preside.
ἔφ-οδος, ἡ, passage, access to; approach, invasion.
ἐφ-ορεία, ἡ, inspection, *the office of the Ephori.*
ἔφ-ορος, ὁ, overseer, *a certain magistrate at Sparta.*
ἐχθαίρω, I hate.
ἔχθρα, ἡ, enmity, hatred.
ἐχθρός, 3, odious, hated; hostile.
ἔχω, I have, hold; οὐκ ἔχω, *w. infin.,* I cannot; *w. adv. it is translated like* εἶναι *w. an adj.; e. g.,* εὖ ἔχω, I am well.
ἕψω, I boil, cook.
ἕως, ω, ἡ, morning, dawn; πρὸς τὴν ἕω, towards the east.
ἕως, until, so long as, whilst, until then, in the mean time.

Z.

Ζάλευκος, ὁ, Zaleucus, *a lawgiver of the Locrians.*
ζάω, I live.
ζεῦγμα, τό, yoke, bridge.
ζεύγνυμι, I join, yoke, join by a bridge.
ζεῦγος, ους, τό, a yoke, a pair (*of horses or oxen*).
Ζεύς, Διός, ὁ, Zeus (*Jupiter*).
ζηλόω, I emulate, admire.

ζηλωτός, 3, enviable, an object of envy.
ζημία, ἡ, damage, penalty, punishment.
ζημιόω, I damage, punish, fine.
Ζήνων, ωνος, ὁ, Zeno, *a famous philosopher.*
ζητέω, I seek, inquire.
ζοφερός, 3, dark, gloomy.
ζωή, ἡ, life, substance, wealth.
ζώνη, ἡ, belt, girdle.
ζῶον (ζῷον), τό, a living creature, animal.
Ζώπυρος, ὁ, Zopyrus.

H.

ἤ, than; ἤ—ἤ, either—or.
ἦ, truly, indeed.
ἡβάω, I am in the prime of life.
ἥβη, ἡ, youth, manhood.
Ἥβη, ἡ, Hebe, *the goddess of youth.*
ἡβητικός, 3, relating to youth, juvenile.
ἡγεμονία, ἡ, government, chief command, supremacy (*over confederate states*).
ἡγεμών, όνος, ὁ, leader, governor, commander.
ἡγέομαι, I lead; I think, believe.
ἤδη, already.
ἥδομαι, I am delighted, rejoice.
ἡδονή, ἡ, pleasure, delight.
ἡδύς, 3, sweet, pleasant, agreeable.
ἦθος, ους, τό, custom; the (*moral*) character, temper.
ἥκιστα, very little, not at all.
ἥκω, I am come, am here; *imperf.*, I arrived.
Ἠλεῖος, ὁ, an Elean, *inhabitant of Elis.*
Ἠλέκτρα, ἡ, Electra.
ἡλικία, ἡ, age, time *or* period of life.

ἡλικιώτης, ὁ, of the same age, a contemporary, playmate.
ἥλιος, ὁ, sun; Ἥλιος, the god of the sun.
ἡμέρα, ἡ, day.
ἡμιθανής, 2, half dead.
ἥν, see ἐάν.
ἡνίοχος, ὁ, charioteer.
ἧπαρ, ατος, τό, liver.
ἤπειρος, ἡ, mainland, continent.
Ἥρα, ἡ, Hera (*Juno*).
Ἡράκλειτος, ὁ, Heraclitus (*Grecian philosopher*).
Ἡρακλῆς, έους, ὁ, Heracles (*Hercules*).
ἠρέμα, gently; by degrees.
ἥρως, ωος, ὁ, hero, demi-god.
Ἡσίοδος, ὁ, Hesiod.
ἡσυχία, ἡ, quiet, stillness; ἡσυχίαν ἄγειν, to keep quiet.
ἦτρον, τό, the lower belly.
ἡττάομαι (-σσ-), I am overcome, am inferior, τινός.
Ἥφαιστος, ὁ, Hephæstus (*Vulcan*).
ἠχέω, I sound, resound.

Θ.

θάλαμος, ὁ, bed-chamber; inner room.
θάλασσα (-ττα), ἡ, sea.
Θαλῆς, οῦ, ὁ, Thales, *a philosopher of Miletus.*
Θαμοῦς, οῦ, ὁ, Thamus, *King of Thebes in Egypt.*
θάνατος, ὁ, death.
θανατόω, I kill, put to death.
θάπτω, I bury.
θαῤῥέω (θαρσέω), I am bold, am confident.
Θάσος, ἡ, Thasus, *an island near Thrace.*
Θάσιος, ὁ, a Thasian, *inhabitant of Thasus.*

θάτερον = τὸ ἕτερον.
θαυμάζω, I wonder, admire.
θαυμαστός, 3, wonderful, astonishing.
θέα, ἡ, view, sight, spectacle.
θεά, ἡ, goddess.
θέαμα, τος, τό, sight, spectacle, a show.
θεάομαι, I look at, see; I consider.
θεατρο-ειδής, 2, having the form of a theatre.
θέατρον, τό, theatre.
θεῖος, 3, divine, god-like; τὸ θεῖον, divinity, deity.
θέλω, see ἐθέλω.
θεμέλιον, τό, foundation, base; usually οἱ θεμέλιοι.
θέμις, ιτος, ἡ, justice, right, law.
Θεμιστοκλῆς, έους, ὁ, Themistocles.
θεός, ὁ, god.
θεράπαινα, ἡ, } maid-servant.
θεραπαινίς, ίδος, ἡ, }
θεραπεύω, I serve, wait upon; I worship.
θεράπων, οντος, ὁ, attendant, servant.
θερμαίνω, I heat, warm.
Θερμόπυλαι, ῶν, αἱ, Thermopylae, a narrow pass between Thessaly and Locris.
θέρμος, ὁ, a kind of pulse, lupine.
θερμός, 3, warm, hot.
Θεσσαλία (-ττ-), ἡ, Thessaly.
Θεσσαλός (-ττ-), ὁ, a Thessalian.
Θευθ, ὁ, Theuth, an Egyptian deity.
θεωρέω, I view, see, contemplate.
Θῆβαι, αἱ, Thebes, a city of Egypt; Thebes, a city of Bœotia.
Θηβαῖος, ὁ, a Theban.
θῆλυς, εια, υ, female, feminine.
θήρα, ἡ, hunting, chase.

Θηραμένης, ους, ὁ, Theramenes, one of the thirty tyrants.
θηράω, I hunt after, pursue.
θηρεύω, I hunt (wild animals), pursue.
θηρίον, τό, wild animal.
θησαυρός, ὁ, treasure.
Θησεύς, έως, ὁ, Theseus.
θητεύω, I serve for hire.
Θίβρων, ὁ, Thibron (Thimbron), a Spartan general.
θνήσκω, I die.
θνητός, 3, mortal.
θοίνη, ἡ, feast, banquet.
θολόω, I make muddy, stain; I trouble.
Θρᾷξ, ᾳκός, ὁ, a Thracian.
θράσος, ους, τό, boldness.
Θρασύβουλος, ὁ, Thrasybulus.
Θράσυλλος, ὁ, Thrasyllus.
θρασύς, 3, bold, daring.
θρῆνος, ὁ, lamentation, grief.
θρίξ, τριχός, ἡ, hair.
θυγάτηρ, τρός, ἡ, daughter.
θυγατριδοῦς, οῦ, ὁ, a daughter's son, grandson.
θυμιατήριον, τό, a censer.
θυμιάω, I burn incense.
θυμός, ὁ, mind, desire, courage, resentment.
Θυνοί, οἱ, the Thyni, a people in the northern part of Asia Minor.
θύρα, ἡ, door, opening; plur., courtyard.
θυσία, ἡ, sacrifice; victim.
θύω, I sacrifice, immolate.
θωράκιον, τό, coat of mail; also, the tower borne by an elephant.
θώραξ, ακος, ὁ, breastplate, cuirass.

I.

ἰάομαι, I heal, cure.
Ἰάσων, ονος, ὁ, Jason.

ἰατρός, ὁ, physician, surgeon.
ἶβις, ιδος, ἡ, the ibis, *a bird held sacred by the Egyptians.*
ἴδιος, 3, proper, peculiar; ἰδίᾳ, privately, separately; by one's self.
ἰδιώτης, ὁ, private person.
Ἰδριεύς, έως, ὁ, Idrieus.
ἰδρύω, I place, establish, build; *pass.*, I am seated.
ἱέραξ, ακος, ὁ, hawk.
ἱερεύς, έως, ὁ, priest.
ἱερόν, τό, temple; *plur. also*, sacrifice, victims.
ἱερός, 3, holy, sacred.
ἱερο-συλέω, I plunder a temple.
Ἱέρων, ωνος, ὁ, Hiero.
ἵημι, I send, throw, shoot; *mid.*, I hasten.
Ἰθάκη, ἡ, Ithaca.
Ἰθακήσιος, ὁ, an inhabitant of Ithaca.
ἱκανός, 3, suitable, fit, sufficient.
ἱκέτης, ὁ, a suppliant.
ἱκετεύω, I come as a suppliant, supplicate, implore.
ἱλαρός, 3, cheerful, gay, merry.
Ἴλιον, τό, Ilium (*Troy*).
ἱμάτιον, τό, garment, mantle, cloak.
ἵνα,
ἵναπερ, } in order that.
ἴνδαλμα, τό, image, appearance.
Ἰνδικός, 3, Indian; ἡ Ἰνδική (χώρα), India.
Ἰνδός, ὁ, an Indian; *also*, the river Indus.
Ἰοβάτης, ὁ, Iobates.
Ἰούλιος, ὁ, Julius.
Ἵππαρχος, ὁ, Hipparchus.
ἱππάσιμος, 2, where one may ride on horseback.
ἱππεύς, έως, ὁ, horseman
Ἱππίας, ὁ, Hippias.

ἱππικός, 3, of *or* belonging to a horse; of *or* belonging to riding, to a horseman; ἱππικὴ τάξις, a division *or* troop of horsemen (*about 100 men*).
Ἱππόλυτος, ὁ, Hippolytus.
ἵππος, ὁ, horse.
Ἶσις, ιδος, ἡ, Isis, *an Egyptian goddess.*
Ἴσθμιος, 3, belonging to the Isthmus, dwelling in the Isthmus; τὰ Ἴσθμια, the Isthmian games.
Ἰσοκράτης, ους, ὁ, Isocrates.
ἴσος, 3, equal, like; just; ἐπ' ἴσης, equally; in like manner.
ἰσο-χειλής, ές, even to the edge, full to the brim.
Ἰσσός, ἡ, and Ἰσσοί, Issus, *a city of Cilicia.*
ἵστημι, I set *or* place, erect; *intrans.*, I am standing.
ἰσχυρός, 3, strong, firm, valid, brave.
ἰσχύς, ύος, ἡ, strength.
Ἰταλία, ἡ, Italy.
Ἰταλικός, 3, Italian.
ἰχθύς, ύος, ὁ, fish.
Ἰωλκός, ἡ, Iolcus, *a city of Thessaly.*
Ἰωνία, ἡ, Ionia.
Ἰωνικός, 3, Ionian.

K.

κἀγαθός = καὶ ἀγαθός.
Κάδμος, ὁ, Cadmus.
Καδμεία, ἡ, Cadmea, *the citadel of Thebes.*
καθαίρω, I purify, cleanse.
καθ-άλλομαι, I leap down *or* into.
καθ-άπερ, } in like manner,
καθ-απερ-εί, } just as.
καθαρός, 3, clean, pure.

καθ-εύδω, I sleep.
καθ-ήκω, I reach, extend to, am near, pertain to.
κάθ-ημαι, I am seated.
καθ-ίζω, I cause to sit down; I seat myself, sit down.
καθ-ικνέομαι, I arrive at; I touch, strike, w. gen.
καθ-ίστημι, I set *or* put down, place; I appoint, arrange; I effect, render; *intrans.*, I become, am appointed, am instituted; I am; καθιστάναι εἰς ἀγῶνα, to draw into a contest, into a lawsuit; καταστῆναι εἰς κινδύνους, to expose one's self to danger.
καθ-οδηγός, ὁ, one who leads *or* shows the way.
καθ-ότι, according as; since, because.
καθ-υλακτέω, I bark at.
καί, and; καὶ γάρ, for then; καὶ δή, and now, and indeed; καὶ—καί, both—and; καί, before adverbs, even, very, yes; καὶ μάλα, very certainly, yes truly.
Καιάδας, ου, ὁ, the Cæadas, *a deep pit near Sparta*.
καινός, 3, new.
καίπερ, although.
καίριος, 3, timely, seasonable, opportune.
καιρός, ὁ, occasion, fit *or* proper time; time.
Καῖσαρ, αρος, ὁ, Cæsar.
καίτοι, and yet.
καίω, I set on fire, burn.
κἀκεῖ = καὶ ἐκεῖ.
κἀκεῖνος = καὶ ἐκεῖνος.
κακία, ἡ, wickedness, malice.
κακο-δαίμων, 2, unlucky, unfortunate.
κακο-πάθεια, ἡ, vexation; suffering of evil, calamity.

κακός, 3, bad, evil, base, wicked; cowardly.
κακότης, ἡ, wickedness.
κάλαμος, ὁ, reed, cane.
καλέω, I call *or* send for; I call by name.
κάλλος, ους, τό, beauty.
καλός, 8, beautiful; honest, noble, good; ἐν καλῷ (τόπῳ), in a secure *or* convenient place; ἐν καλῷ (χρόνῳ), at a fitting time; *hence* ἐν καλῷ ἐστιν, it is secure, fit, opportune; it is becoming.
Καλυδών, ῶνος, ὁ, Calydon.
καμάρα, ἡ, a vaulted chamber.
Καμβύσης, ου, ὁ, Cambyses.
κάμηλος, ὁ, ἡ, camel.
κάμνω, I toil, labor, am fatigued.
κάμπτω, I bend, curve.
κἄν = καὶ ἐάν.
κάπρος, ὁ, a wild boar.
Κάρ, Κᾶρός, ὁ, a Carian.
καρα-δοκέω, I look about for; I watch with the head erect.
καρδία, ἡ, heart; mind.
Καρδοῦχοι, οἱ, the Carduchi, *a people living in the country east of the river Tigris*.
καρπός, ὁ, fruit; profit.
καρτερέω, I persevere, endure, bear patiently.
Καρχηδόνιος, ὁ, a Carthaginian.
Καρχηδών, όνος, ἡ, Carthage; ἡ νέα Κ., New Carthage, *a city of Spain (Carthagena)*.
καρχήσιον, τό, cup, goblet.
Κάστωρ, ορος, ὁ, Castor.
κατά, *prep., w. gen.,* down from; against; at, *e. g.,* τοξεύειν κατὰ σκοποῦ, to shoot at a mark; by, *e. g.,* καθ' ἱερῶν τελείων ὀμόσαι, to swear by a victim (*putting the hand on it*); —*w. acc.,* near; during; according to; καθ' ἓν ἕκα-

στον, one by one, one after the other; κατὰ πολύ, considerably, to a great extent; κατὰ χρόνον ἕκαστος, everybody in his turn; κατὰ πᾶν, totally, in every respect.
κατα-βαίνω, I go or come down.
κατα-βάλλω, I throw down, cast down.
κατά-βασις, εως, ἡ, coming down, descent.
κατα-βιβρώσκω, I eat, consume.
κατά-γειος, 2, subterraneous.
κατα-γελάω, I laugh at, τινός.
κατα-γιγνώσκω, I observe closely, form an opinion; I decide against, judge, condemn, τί τινος.
κατ-άγνυμι, I break in pieces.
κατα-γράφω, I write down, register.
κατ-άγω, I lead down, bring back (esp. exiles to their country).
κατα-δεής, 2, deficient in anything, inferior.
κατα-δικάζω, I pass sentence against, condemn.
κατα-δύω, I plunge in or under; 2. aor. and pass., I dive, sink, go down, set.
κατα-θοινάω, I consume in feasting, consume.
κατ-αίρω, I take down, carry down; intrans., I arrive, arrive in harbor, land (said of ships).
κατ-αισχύνω, I put to shame, disgrace; mid., w. pass. aor., I feel quite ashamed.
κατα-καίω, I set on fire, burn up.
κατα-κερτομέω, I scold; I deride.
κατα-κλάω, I break in pieces.
κατα-κλείω, I shut up, imprison.
κατα-κλίνω, I cause to lie down, bend down; pass., I recline, lie on a couch or bed.
κατα-κομίζω, I bring or carry down.
κατα-κόπτω, I cut in pieces, wound, kill.
κατα-κρύπτω, I hide, conceal.
κατα-λαμβάνω, I seize, grasp, occupy.
κατα-λείπω, I leave behind.
κατα-λύω, I dissolve, destroy.
κατ-αναγκάζω, I force, constrain.
κατα-νέμω, I distribute, divide.
Κατάνη, ἡ, Catana, a city of Sicily.
κατα-νοέω, I perceive, observe.
κατ-αντάω, I come down to, arrive at.
κατα-παλαίω, I overcome in wrestling, vanquish.
κατα-πατέω, I tread on, trample on.
κατα-παύω, I cause to cease, put an end to, put down.
κατα-πέμπω, I send down.
κατα-πέτομαι, I fly down.
κατα-πίνω, I drink up, swallow down.
κατα-πίπτω, I fall down.
κατα-πληκτικός, 3, causing terror or astonishment.
κατα-πλήξ, ῆγος, ὁ, ἡ, amazed, appalled, timid.
κατα-πλήσσω (-ττω), I amaze, frighten; pass., I fear, am struck with terror; τί.
κατα-πολεμέω, I reduce by war.
κατ-άρατος, 2, accursed, wretched.
κατ-αριθμέω, I number, enumerate.
κατάῤ-ῥυτος, 2, watered, overflowed.
κατ-αρτίζω, I put in order, put in readiness, prepare.
κατα-σβέννυμι, I quench; I calm, appease.

κατα-σκάπτω, I undermine, demolish.
κατα-σκευάζω, I build, make, establish.
κατα-σκεύασμα, τος, τό, building, edifice.
κατα-σκευή, ή, building, structure.
κατα-σκοπή, ή, inspection, observation.
κατά-σκοπος, ὁ, spy, scout.
κατα-σπάω, I draw or pull down, draw out.
κατα-σπείρω, I scatter abroad, sow, plant.
κατα-στεγάζω, I cover over.
κατα-στρατοπεδεύω, I encamp.
κατα-στρέφω, I turn about, overthrow; mid., I subjugate.
κατα-τέμνω, I cut in pieces, mutilate; 2. aor., κατέτεμον.
κατα-τίθημι, I put down, deposit; mid., I get, obtain; I lay out, spend.
κατα-τοξεύω, I pierce with an arrow or dart, transfix.
κατα-φαίνω, I show clearly; mid., I appear conspicuous.
κατα-φέρω, I bring or carry down; pass., I fall into; I am carried down.
κατα-φορά, ή, a falling down, blow; destruction; invective.
κατα-φρονέω, I despise, τινός.
κατα-χέω, I pour out, spread, τινός, before or over.
κατα-χρίω, I anoint, besmear.
κάτ-ειμι (εἶμι), I come down, descend.
κατ-εσθίω, I eat up, consume.
κατ-έχω, I keep, hold fast, occupy; I check, restrain; — τῆς κεφαλῆς, I hold, take by the head.
κατ-ήκοος, 2, obedient, τινός.

κατ-οικίζω, I place in a habitation, build, colonize.
κατ-ονομάζω, I name.
κατ-όπισθε(ν), from behind, after, hereafter.
κατ-οπτεύω, I look at, observe.
κάτ-οπτρον, τό, mirror.
κατ-ορθόω, I erect, set up; I succeed.
κάτω and κάτωθεν, from below, below, under.
Κάτων, ωνος, ὁ, Cato.
Καύκασος, ὁ, the Caucasus.
κέδρινος, 8, made of cedar.
κεῖμαι, I lie.
Κεῖος, ὁ, an inhabitant of the island Ceos.
Κέκροψ, οπος, ὁ, Cecrops.
Κελαιναί, ῶν, αἱ, Celænæ, a city of Phrygia.
κελεύω, I command, order, bid, w. acc. and inf.
Κέλται, ῶν, οἱ, the Celts.
κενός, 8, void, empty; vain, fruitless.
κενο-τάφιον, τό, empty sepulchre, cenotaph.
κεράννυμι, I mix.
κέρας, ατος, τό, horn; the wing of an army.
Κέρβερος, ὁ, Cerberus, the infernal dog.
κερδαίνω, I gain, earn.
κέρδος, τό, gain, profit.
Κέρκυρα, ή, Corcyra.
κεφάλαιον, τό, the leading point, main subject.
κεφαλή, ή, head; top.
Κέφαλος, ὁ, Cephalus.
κῆπος, ὁ, garden.
κηρίον, τό, honeycomb.
κήρυξ, κος, ὁ, public crier, herald.
κηρύσσω, I publish, proclaim.
κιθάρα, ή, lyre, harp.

κιθαρ-ῳδός, ὁ, one who plays the lyre; harper.
Κιλικία, ἡ, Cilicia.
Κίλιξ, κος, ὁ, a Cilician.
Κίμων, ωνος, ὁ, Cimon.
κινδυνεύω, I incur danger, run a risk.
κίνδυνος, ὁ, danger.
κινέω, I move, set in motion.
κίων, ονος, ὁ, column, pillar.
κλάδος, ὁ, a twig.
κλαίω, I weep.
Κλεάνθης, ους, ὁ, Cleanthes.
Κλέαρχος, ὁ, Clearchus.
κλείς, δός, ἡ, key.
Κλείταρχος, ὁ, Clitarchus.
Κλεῖτος, ὁ, Clitus.
Κλεομένης, ους, ὁ, Cleomenes.
κλέος, ους, τό, glory, fame.
κλέπτης, ου, ὁ, thief.
κλέπτω, I steal.
Κλεώνυμος, ὁ, Cleonymus.
κληρόω, I cast lots, appoint by lot, choose or take by lot; *mid.*, I obtain by lot.
κλῖμαξ, ακος, ἡ, stair, ladder.
κλίνη, ἡ, bed, couch.
κλίνω, I bend; *pass.*, I lie down.
Κλυταιμνήστρα, ἡ, Clytemnestra.
Κλωθώ, οῦς, ἡ, Clotho, *one of the three Parcæ or Fates.*
κνημίς, ίδος, ἡ, a covering for the legs, greaves of brass.
Κνίδιος, ὁ, an inhabitant of Cnidus.
Κνίδος, ἡ, Cnidus, *a city of Caria.*
Κνωσός, ἡ, Cnosus, *a city of Crete.*
κόγχη, ἡ, a mussel (*shell-fish*).
κοῖλος, 3, hollow, concave.
κοιμάω, I cause to sleep, put to rest; *pass.*, I sleep.
κοινός, 3, common; public.

κολάζω, I punish.
κολακεία, ἡ, flattery.
κολακεύω, I flatter.
κόλαξ, ακος, ὁ, flatterer.
κόλασις, εως, ἡ, chastisement.
κολαστής, ὁ, one who punishes.
Κολοφώνιος, ὁ, a Colophonian, *inhabitant of Colophon.*
Κολχίς, ίδος, ἡ, Colchis, *a region in Asia, on the eastern shore of the Euxine.*
Κόλχος, ὁ, a Colchian.
Κολωνός, ὁ, Colonos, *an Athenian demos on a hill near Athens.*
κομάω, I let the hair grow long.
κόμη, ἡ, the hair.
κομίζω, I bring, carry.
Κόνων, ωνος, ὁ, Conon.
κόπος, ὁ, fatigue, weakness.
κόπτω, I strike, beat, cut.
κόραξ, ακος, ὁ, a raven, crow.
Κορίνθιος, ὁ, a Corinthian.
Κόρινθος, ἡ, Corinth.
κόρος, ὁ, satiety, loathing; haughtiness.
Κορύβας, αντος, ὁ, *priest of Cybele.*
Κορωνίς, ίδος, ἡ, Coronis, *sister of Ixion.*
κοσμέω, I adorn; I am a magistrate, govern; I arrange.
κόσμιος, 3, well arranged, orderly, modest.
κόσμος, ὁ, order; ornament; the world.
κοῦφος, 3, light, not heavy.
κράζω, I scream, cry aloud.
κρανίον, τό, skull.
κράνος, ους, τό, helmet.
κρατέω, I rule over, *w. gen.;* I conquer, *w. acc.*
κρατήρ, ῆρος, ὁ, a bowl (*in which the wine and water is mixed*); a crater.

κράτος, ους, τό, strength; command; victory.
κρατύνω, I make strong, strengthen.
κρέας, κρέως, τό, flesh.
κρεμάννυμι, I suspend, hang; pass., κρέμαμαι, I am hanging, suspended.
κρεμαστός, 3, verb. adj., suspended, hanging.
κρημνός, ό, precipice.
κρηπίς, ίδος, ή, foundation, an elevated shore or bank.
κρήνη, ή, spring, fountain.
Κρής, Κρητός, ό, a Cretan.
Κρήτη, ή, Crete.
κριθή, ή, barley (generally used in the plur.).
κρίθινος, 3, made of barley.
κρίνω, I distinguish, judge, decide; κρίνω τινά τινος, I charge somebody with something, try for.
κριός, ό, ram.
κρίσις, εως, ή, judgment, trial; decision.
κριτής, ό, judge.
Κροῖσος, ό, Crœsus.
κροκόδειλος, ό, crocodile.
Κρόνος, ό, Cronos (Saturn), father of Zeus (Jupiter).
Κροτωνιάτης, ό, an inhabitant of Croton.
κρούω, I strike, knock.
κρύπτω, I conceal.
κρύφα, secretly, without the knowledge of, w. gen.
κτάομαι, I gain, earn, acquire; perf., I possess, have.
κτείνω, I kill.
κτῆμα, τό, possession, property.
κτῆνος, ους, τό, property, esp. cattle.
Κτησίας, ου, ό, Ctesias, a historian.

κτῆσις, εως, ή, possession.
κτίζω, I build, found.
κτίσις, εως, ή, founding; creation, formation.
κτίσμα, τό, establishment, colony.
κυβεία, ή, playing at dice.
Κυδωνία, ή, Cydonia, a city of Crete.
κύκλος, ό, circle.
κυκλοτερής, 2, round.
Κύκλωψ, ωπος, ό, a Cyclops.
Κύλων, ωνος, ό, Cylon.
κῦμα, τό, a wave, surge.
κυνηγέσιον, τό (plur.), hunting; hunting apparatus.
κυνήγιον, τό, chase.
κυπαρίττινος, 3, made of cypress.
Κύπριος, ό, a Cyprian.
Κύπρος, ου, ή, the island of Cyprus.
κύπτω, I stoop down.
κυριεύω, I am master of; ἐκυρίευσα, I became master of, τινός.
κύριος, 3, having authority, being master of; valid; ὁ κύριος, master.
Κῦρος, ό, Cyrus.
Κύψελος, ό, Cypselus.
κύων, κυνός, ό, ή, dog.
κωλύω, I hinder, obstruct.
κωμάζω, I revel.
κωμ-άρχης, ου, ό, chief magistrate of a village.
κώμη, ή, village, small town.
κωμ-ῳδία, ή, comedy.
κώνειον, τό, hemlock, poison.
κώπη, ή, oar.

Λ.

λαβύρινθος, ό, labyrinth.
λαγώς, ώ, ό, hare.
Λακεδαιμόνιος, ό, a Lacedæmonian.

VOCABULARY.

Λακεδαίμων, ονος, ἡ, Lacedæmon.
Λακωνικός, 3, Lacedæmonian; laconic.
λαλέω, I talk much, prate.
λαμβάνω, I take, seize, obtain.
λαμπάς, άδος, ἡ, torch.
λαμπρός, 3, brilliant, luminous, shining.
Λάμψακος, ἡ, Lampsacus, *a city near the Hellespont.*
λανθάνω, I am concealed; *w. a participle*, I do something secretly or privately; λανθάνω τινὰ ποιήσας, I do something without somebody's noticing it; *mid.*, I forget.
Λαομέδων, οντος, ὁ, Laomedon, *a King of Troy.*
Λαύριον, τό, *a mountain in Attica.*
λάφυρον, τό, spoil, booty.
λέγω, I say, call; I collect, gather.
λεία, ἡ, prey, booty.
λειμών, ῶνος, ὁ, meadow.
λείπω, I leave, quit, abandon; λείπομαί τινος, I am left behind by, am inferior to; — τινί, I am wanting.
λεοντῆ, ἡ, a lion's skin.
λεπτός, 3, thin, slender.
Λέσβιος, ὁ, a Lesbian.
Λέσβος, ἡ, Lesbos.
λεσχάζω, I prate, babble.
λευκός, 3, white; shining, clear.
Λεῦκτρα, ων, τά, Leuctra.
λέων, οντος, ὁ, lion.
Λεωνίδας, ου, ὁ, Leonidas.
λήγω, I cease, leave off.
Λήδα, ἡ, Leda.
λήθη, ἡ, forgetfulness, loss of memory.
ληΐζομαι, I obtain booty, plunder.
λῃστής, οῦ, ὁ, robber.
Λητώ, οῦς, ἡ, Leto (*Latona*).

λίαν, very much, greatly; vehemently.
Λιβύη, ἡ, Libya; Africa.
Λίβυς, υος, ὁ, a Libyan, African.
λιγυρός, 3, shrill, sharp.
λίθινος, 3, of stone, made of stone.
λιθο-κόλλητος, 2, inlaid *or* set with stones.
λίθος, ὁ, stone, rock.
λιμήν, ένος, ὁ, harbor.
λίμνη, ἡ, pond, lake.
λιμός, ὁ, hunger, famine.
λιμώττω (-σσω), I am hungry.
Λίνος, ὁ, Linus, *a poet and singer of Thebes.*
λινοῦς, ῆ, οῦν, made of flax, linen.
λιπαρής, 2, assiduous, persevering; urgently praying.
λογίζομαι, I reckon, make a charge; I reason, argue.
λόγιον, τό, oracle.
λογισμός, ὁ, reckoning; reasoning, reflection.
λόγος, ὁ, speech, word; reason.
λόγχη, ἡ, the head of a lance; lance, spear.
λοιδορέω, I abuse, rail at, insult; *mid.*, τινί.
λοιμός, ὁ, plague, pestilence.
λοιπός, 3, remaining, the rest; τοῦ λοιποῦ (χρόνου), henceforth, for the future.
Λοκροί, ῶν, οἱ, the Locri *or* Locrians; Locri, *a town of Italy.*
λούω, I wash; *mid.*, I bathe (myself.)
Λυδία, ἡ, Lydia.
Λυδός, ὁ, a Lydian.
Λύκιος, ὁ, a Lycian.
λύκος, ὁ, wolf.
Λυκοῦργος, ὁ, Lycurgus.
λυμαίνομαι, I lay waste, injure, corrupt.
λύπη, ἡ, grief, sorrow.
λυπηρός, 3, troublesome.

λύρα, ἡ, lyre.
Λύσανδρος, ὁ, Lysander.
Λυσιτανός, ὁ, a Lusitanian.
λυσιτελέω, I am useful, am profitable.
λυσιτελής, 2, useful, profitable.
λύω, I loose, set free.

M.

Μαγνησία, ἡ, Magnesia, a city of Caria.
μαθητής, ὁ, scholar, pupil.
μάθημα, τό, knowledge; instruction; science.
μάθησις, εως, ἡ, learning, study; knowledge.
Μαίανδρος, ὁ, Mæander, a river of Phrygia.
μαινάς, άδος, ἡ, a furious or frantic woman.
μαίνομαι, I am furious, am mad.
μάκαρ, ρος, blessed, happy.
μακαρίζω, I declare happy.
Μακεδονία, ἡ, Macedonia.
Μακεδονικός, 3, Macedonian.
Μακεδών, όνος, ὁ, a Macedonian.
μακρός, 3, long, of great extent.
Μάκρωνες, οἱ, the Macrones, a people living near Trapezus.
μάλα, μᾶλλον, μάλιστα, greatly, much; more, rather; very greatly, to the highest degree; ἐν τοῖς μάλιστα, among the first or most.
μανθάνω, I learn.
μανία, ἡ, madness.
μαντεῖον, τό, oracle.
μαντικός, 3, prophetical; ἡ μαντική (τέχνη), divination, the art of soothsaying.
Μαντίνεια, ἡ, Mantinea, a city of Arcadia.
μάντις, εως, ὁ, prophet, soothsayer.

Μαραθών, ῶνος, ὁ and ἡ, Marathon.
μαραίνω, I destroy; I obliterate.
Μαρδόνιος, ὁ, Mardonius.
Μάρκιος, ὁ, Marcius.
Μαρσύας, ου, ὁ, Marsyas, a fluteplayer; Marsyas, a river in Phrygia.
μαρτυρέω, I am a witness, bear witness.
μάρτυς, υρος, ὁ, witness.
μαστιγο-φόρος, ὁ, one who carries the lash.
μαστιγόω, I scourge, chastise.
μάτην, in vain, uselessly; rashly.
μάχαιρα, ἡ, knife, dagger.
μαχαίριον, τό, knife, poniard.
Μαχάων, ὁ, Machaon, the son of Asclepius, a skillful physician at the time of the siege of Troy.
μάχη, ἡ, battle.
μάχιμος, 8, fit for the combat, brave.
μάχομαι, I fight, contend with.
μεγαλ-επί-βολος, 2, undertaking or prosecuting great enterprises.
μεγαλο-πρεπής, 2, magnificent, liberal.
μέγας, -άλη, μέγα, great, large.
μέγεθος, ους, τό, greatness, magnitude.
μέθη, ἡ, intoxication, drunkenness.
μεθ-ίημι, I let go, release, dismiss.
μεθ-ίστημι, I transfer, transpose, change; intrans., I change place, remove.
μεθύσκω, I intoxicate, make drunk.
μεθύω, I am drunk.
μελαγ-χολάω, I am mad.
Μελάνιππος, ὁ, Melanippus.
Μελέαγρος, ὁ, Meleager.

μέλει, it concerns, is the care of, τινί τινος.
μελετάω, I take care of; I practise (*arts, etc.*).
μελετή, ή, care; diligence; practice.
μέλλω, I am about to do, intend, w. inf. (*esp. of the fut.*); τὰ μέλλοντα, the future.
μέν, indeed, truly.
Μενέδημος, ὁ, Menedemus.
Μενεκράτης, ους, ὁ, Menecrates.
Μενέλαος, ὁ, Menelaus.
Μένιππος, ὁ, Menippus.
μέντοι, however, yet.
μένω, I remain; I wait for.
μέρος, ους, τό, part, portion.
μεσ-ημβρία, ή, noon, mid-day; south.
Μεσο-ποταμία, ή, Mesopotamia.
μέσος, 3, middle, in the middle.
Μεσσήνη, ή, Messene.
Μεσσηνία, ή, Messenia.
Μεσσήνιος, ὁ, a Messenian.
μετα-βάλλω, I alter, change; mid., I become changed.
μετα-βολή, ή, change.
μετ-άγω, I transport, carry; I convey after.
μετα-λαμβάνω, I share, participate, τινός.
μετ-αλλάσσω, I exchange; I die (βίον *understood*).
μεταξύ, among, between; while, w. gen.; w. part., while; *e. g.*, μεταξὺ δειπνοῦντα, — him while supping.
μετα-πέμπομαι, I send for, summon.
μετα-στρέφω, I turn back, turn to another side.
μετα-τίθημι, I transpose, remove, change.
μετα-φέρω, I transfer, transpose, change.
μετ-έωρος, 2, high, aloft, elevated.
μετρέω, I measure.
μέτρον, τό, a measure.
μέχρι(ς), until, as long as; as far as; μέχρις ὅτου, οὗ, until.
μή, not, *adv.*; lest, = *ne*; *in prohibitions* μή *is used instead of* οὐ (μηδείς *instead of* οὐδείς, *etc.*), *and is construed w. the pres. imp. or w. the aor. subj.*
μηδαμοῦ, nowhere.
μηδαμῶς, in no manner, in no respect.
μηδέ, and not, nor, nor indeed; not at all.
Μήδεια, ή, Medea.
μηδείς, μηδεμία, μηδέν, no one; nobody; nothing.
μηδέποτε, at no time.
μηδέπω, not as yet.
Μηδία, ή, Media.
Μηδικός, 8, Median; τὰ Μηδικά, the Persian wars.
Μῆδος, ὁ, a Mede.
Μηθυμναῖος, ὁ, a Methymnean, *inhabitant of Methymna* (*a city of the island of Lesbos*).
μηκέτι, no longer, no more.
μῆκος, ους, τό, length, extension.
μῆλον, τό, apple.
μήν, yes certainly, truly; yet; οὐ μήν, no certainly, no indeed.
μήν, νός, ὁ, month.
μηνύω, I indicate, point out.
μήποτε, never.
[μηρίον] μηρία, τά, the thigh bone.
μήτε—μήτε, neither—nor.
μήτηρ, τρός, ή, mother.
μητρῷος, 8, maternal, motherly.
μηχανάομαι, I effect by skill, machinate, plan.

μηχανή, ἡ, machine, apparatus; engine; plot, stratagem.
μιαίνω, I stain.
μιαρός, 8, stained, abominable.
μίγνυμι, I mix.
μικρός, 3, little, small, trifling.
μικρό-ψυχος, 2, pusillanimous, mean-spirited.
Μίλητος, ἡ, Miletus.
Μιλήσιος, 3, Milesian, of Miletus; ὁ —, inhabitant of Miletus.
Μιλτιάδης, ov, ὁ, Miltiades.
Μίλων, ωνος, ὁ, Milo.
μιμέομαι, I imitate.
μιμνήσκω, I remind; μέμνημαι, I am mindful of.
Μίνως, ωος and ω, ὁ, Minos, King of Crete.
Μινώ-ταυρος, ὁ, Minotaurus.
μισέω, I hate.
μισθός, ὁ, reward; pay, wages, salary.
μισθο-φορία, ἡ, service for hire.
μισθο-φόρος, ὁ, one that does anything for hire, a mercenary.
μισθόω, I let out for hire; mid., I hire for myself.
Μίτρα, ἡ, Mitra, a surname of Aphrodite.
μνᾶ, ᾶς, ἡ, a mina, a coin equivalent to a hundred drachmæ; originally the mina was worth about $20, afterwards less.
μνῆμα, τό, memorial, monument.
μνημεῖον, τό, memorial.
μνήμη, ἡ, memory, remembrance.
μνημονικός, 8, having a good memory.
μνηστήρ, ῆρος, ὁ, suitor, wooer.
μοῖρα, ἡ, part, share, portion.
μολύβδινος, 8, made of lead, leaden.
μολυβδίς, ίδος, ἡ, a ball of lead.
μόλυβδος, ὁ, lead.

μόνος, 3, alone; adv., μόνον, yet; only; but.
Μοσσύνοικοι, οἱ, the Mossynœci, a people living in the northern region of Asia Minor.
Μοῦσα, ἡ, Muse.
μουσική, ἡ, music.
μοχθέω, I labor, toil.
μοχλός, ὁ, bar; lever; bolt.
μύζω, I suck.
μυθο-λογέω, I relate fictions; I relate, describe.
μῦθος, ὁ, speech, word, discourse.
Μυκάλη, ἡ, Mycale, a promontory and town of Ionia.
Μύλιττα, ἡ, Mylitta (generally not declined, as it is a barbarous word), surname of Aphrodite.
Μυοῦς, οῦντος, ἡ, Myus, a city of Caria.
μυριάς, άδος, ἡ, a myriad (10,000).
μύριοι, ten thousand.
μυρίος, 8, infinite, numberless.
Μύρων, ωνος, ὁ, Myron, a sculptor.
Μυτιληναῖος, ὁ, an inhabitant of Mytilene.
Μυτιλήνη, ἡ, Mytilene, a city of the island of Lesbos.
μωρός, 8, foolish, stupid.

N.

ναί, yes, truly.
νᾶμα, τό, stream, spring, fountain.
Νάξιος, ὁ, inhabitant of Naxos.
Νάξος, ἡ, the island of Naxos, one of the Cyclades, in the Ægean Sea.
Ναύκρατις, εως, ἡ, Naucratis, a city of Egypt.
ναυμαχία, ἡ, sea-fight, naval battle.
ναυ-πηγός, ὁ, shipwright.
ναῦς, νεώς, ἡ, ship.
ναύτης, ov, ὁ, mariner, sailor.

ναυτικός, 3, relating to the fleet.
ναυτικόν, τό, fleet.
ναυτίλλομαι, I go *or* sail in a ship.
νεανίας, ὁ, a youth.
νεανίσκος, ὁ, a youth, young man.
Νεῖλος, ὁ, Nile.
νεκρός, ὁ, a dead person.
νέκταρ, αρος, τό, nectar.
Νεμέα, ἡ, Nemea, *a town of Argolis*.
νέμω, I distribute; I pasture.
νέος, 3, young.
νεότης, ητος, ἡ, youth.
νεοττός (-σσος), ὁ, the young of any animal.
Νέσσος, ὁ, Nessus, *a Centaur*.
Νέστωρ, ορος, ὁ, Nestor.
νευρά, ἡ, *also* νεῦρον, τό, sinew, string.
νεύω, I nod; I incline towards.
νεφέλη, ἡ, cloud.
νεωλκέω, I haul up a vessel on shore.
νεώς, ώ, ὁ, temple.
νεωστί, newly, recently.
νή, *a particle denoting swearing or asseveration;* νὴ τὸν Πλούτωνα, yes, by Pluto.
νῆσος, ἡ, island.
νικάω, I conquer.
νίκη, ἡ, victory.
Νικίας, ου, ὁ, Nicias.
Νίνος, ου, ὁ, Ninus; ἡ —, Ninive, *the city of Ninus, and capital of Assyria.*
Νινύας, ου, ὁ, Ninyas.
νοέω, I perceive, conceive; I mean *or* signify.
νομάς, άδος, ὁ, ἡ, living in pastures, wandering; οἱ Νομάδες, the Nomads.
νομή, ἡ, pasture.
νομίζω, I think, deem.
νόμιμος, 3, conformable to the laws, legal, just.

νόμισμα, τό, coined money.
νομοθέτης, ου, ὁ, legislator, lawgiver.
νόμος, ὁ, law; custom.
νοσέω, I am sick.
νόσος, ἡ, disease.
νοτίς, ίδος, ἡ, moisture.
νουθετέω, I admonish.
Νουμᾶς, ᾶ, ὁ, Numa.
νοῦς (νόος), ὁ, understanding, mind.
νύκτωρ, *adv.*, by night.
νύμφιος, ὁ, bridegroom, husband.
νῦν, now; μέχρι τοῦ νῦν, until the present time.
νύξ, νυκτός, ἡ, night.
νῶτος, ὁ, *and* νῶτον, τό, the back.

Ξ.

ξένιος, 3, hospitable; τὰ ξένια, a present made to a guest.
ξενιτεύω, I dwell *or* travel abroad.
ξένος, 3, foreign, strange; ἐπὶ ξένης (χώρας), in a foreign country; ὁ ξένος, stranger, guest, host.
Ξενοφῶν, ῶντος, ὁ, Xenophon, *a well-known Greek philosopher and historian.*
Ξέρξης, ου, ὁ, Xerxes.
ξηρός, 3, dry.
ξίφος, ους, τό, sword.
ξυλεύομαι, I provide *or* get wood.
ξύλινος, 3, wooden, made of wood.
ξύλον, τό, wood.
ξύμμαχος, ὁ, = σύμμαχος.
ξύν = σύν.

Ο.

ὁ, ἡ, τό, article; ὁ μέν—ὁ δέ, the one—the other.
ὀβελίσκος, ὁ, obelisk.
ὀβολός, ὁ, obolus (*about 3 cts.*).
ὁδεύω, I make a journey, travel.
ὁδοι-πόρος, ὁ, traveler.

ὁδός, ἡ, way.
ὀδούς, όντος, ὁ, tooth.
ὀδύρομαι, I lament bitterly, wail.
Ὀδυσσεύς, έως, ὁ, Odysseus (*Ulysses*).
ὅθεν, whence.
οἶδα, I know.
Οἰδίπους, οδος, ὁ, Œdipus.
οἴκαδε, to the house, homeward.
οἰκεῖος, 3, belonging to the house; belonging to, own; peculiar; suitable.
οἰκέτης, ὁ, domestic, servant, slave.
οἰκέτις, ιδος, ἡ, female servant *or* slave.
οἰκέω, I dwell; I manage, administer.
οἴκησις, εως, ἡ, dwelling, habitation.
οἰκία, ἡ, house.
οἰκίζω, I build, found, establish.
οἰκο-δομέω, I build a house.
οἰκο-δόμημα, τος, τό, edifice, building.
οἰκο-δομία, ἡ, building of houses; a building.
οἴκοθεν, from a house, from home.
οἶκος, ὁ, house.
οἰκουμένη (γῆ), the habitable earth.
οἰκτείρω, I pity, commiserate.
οἰκτρός, 3, wretched, pitiable.
οἶμαι, *see* οἴομαι.
οἰμώζω, I lament, bewail.
οἶνος, ὁ, wine.
οἴομαι (οἶμαι), I think, believe.
οἷος, 3, such as; οἷόν τέ ἐστιν, it is possible; οἷός τ' εἰμί, I am able.
οἷός περ, such as, just such as.
οἶς, οἰός, ὁ, ἡ, sheep.
ὀϊστός, ὁ, arrow, dart.
Οἴτη, ἡ, Œta, *a range of mountains in Thessaly.*

οἴχομαι, I depart; I am gone.
ὀκέλλω, I sail to; I run upon shoals.
Ὀκταβιανός, ὁ, Octavianus.
ὄλβιος, 3, happy; rich.
ὄλβος, ὁ, wealth; happiness.
ὀλιγ-αρχία, ἡ, the government of few, oligarchy.
ὀλίγος, 3, little, few; κατ' ὀλίγον, gradually, little by little; μετ' ὀλίγον, in *or* after a short time, soon after.
ὄλλυμι, I ruin, destroy, lose; *mid.* and *2. perf.* (ὄλωλα), I perish.
ὅλος, 3, whole, entire; τοῖς ὅλοις (*supply* πράγμασιν), wholly, totally, entirely; τὸ ὅλον, throughout, in general.
ὁλοσχερῶς, altogether, wholly.
Ὀλυμπία, ἡ, Olympia.
Ὀλυμπιακός, 3, Olympian, Olympic.
ὀλυμπιάς, άδος, ἡ, an Olympiad (*a period of four years*).
Ὀλύμπιος, 3, Olympic; Ὀλύμπια νικᾶν, I obtain a victory in the Olympic games (Ὀλύμπια δραμεῖν στάδιον); τὰ Ὀλύμπια, the Olympic games.
Ὄλυμπος, ὁ, Olympus.
Ὀλύνθιος, ὁ, an Olynthian, *inhabitant of Olynthus, a city of Macedonia.*
Ὅμηρος, ὁ, Homer.
ὁμιλητής, οῦ, ὁ, companion, disciple.
ὁμιλία, ἡ, intercourse, familiar conversation.
ὀμματόω, I furnish eyes.
ὄμνυμι, I swear, take an oath.
ὅμοιος, 3, like, similar.
ὁμολογέω, I acknowledge, confess; I am of the same opinion with.

ὁμοφρονέω, I have the same intentions or opinions, agree with.
ὄμφαξ, κος, ἡ, an unripe grape.
ὁμώνυμος, 2, having the same name.
ὅμως, notwithstanding, nevertheless; however.
ὄναρ, τό, indecl., dream; ὄναρ, adv., in a dream; ὄναρ εἶδε, he dreamed.
ὀνειδίζω, I reproach, blame, reprove.
ὄνειδος, ους, τό, reproach; disgrace.
ὀνίνημι, I aid, benefit; mid., I derive advantage.
ὄνομα, τό, name; acc., by name.
ὀνομάζω, I name, call by name.
ὀνομαστός, 3, celebrated, renowned.
Ὀξυδράκαι, οἱ, the Oxydracæ, a people of India.
ὀξύς, 3, sharp; bitter; acute; irascible.
ὀξύτης, ητος, ἡ, sharpness; point, edge; celerity.
ὅπῃ, whither; in which manner.
ὀπίσω, backwards, behind.
ὁπλίτης, ὁ, a heavy-armed soldier.
ὁπλιτικός, 3, heavy-armed.
ὅπλον, τό, weapon; plur., arms.
ὅποι, whither.
ὁποῖος, 3, of what sort (qualis).
ὁπόσος, 3, how great, how much (quantus).
ὁπότε, when; whenever; while.
ὁπότερος, 3, which of the two.
ὅπου, where.
ὀπτός, 3, roasted, broiled; ὀπτὴ πλίνθος, a baked brick.
ὀπώρα, ἡ, autumn; autumnal fruits.
ὅπως, in order that.
ὁράω, I see.

ὄργανον, τό, instrument, engine, tool.
ὀργή, ἡ, anger.
ὀργίζομαι, I am angry.
ὀργυιά, ᾶς, ἡ, fathom; cubit.
ὀρεινός, 3, mountainous.
Ὀρέστης, ου, ὁ, Orestes.
ὀρθός, 3, upright; straight; right, just.
ὀρθόω, I set upright, elevate.
ὁρίζω, I separate by a boundary line, define, determine; στήλας ὡρίσαντο, they marked their boundary by pillars.
ὀρικός, 3, relating to mules, drawn by mules.
ὅρκος, ὁ, oath.
ὁρμάω, I set in motion; intrans. and mid., I set out, depart.
ὁρμή, ἡ, impulse; impetuosity; attack.
ὁρμίζω, I bring ships to anchor.
ὄρνεον, τό, bird.
ὄρνις, θος, ὁ, ἡ, bird; cock, hen.
ὄρος, ους, τό, mountain.
ὅρος, ὁ, boundary, limit.
ὀροφή, ἡ, top.
ὀρόφωμα, τό, roof, ceiling.
ὀρυκτός, 3, dug, dug up.
Ὀρφεύς, έως, ὁ, Orpheus.
ὀρχέομαι, I dance.
ὅσιος, 3, holy, just, pious.
ὁσιότης, ἡ, holiness, purity.
ὀσμή, ἡ, smell; scent.
ὅσος, 3, as much as, as great as.
ὅσοσπερ, as much (indeed) as.
ὁστισοῦν, whosoever.
ὅταν, when; whenever, w. subj.
ὅτε, when.
ὅτι, because, wherefore; that; at the beginning of a direct discourse, sometimes it cannot be translated.
οὐ, οὐκ, οὐχ, not.
οὗ, where.

οὐδαμοῦ, nowhere.
οὐδαμῶς, in no manner, not at all.
οὐδέ, and not, not even, nor.
οὐδείς, εμία, έν, no one, nothing.
οὐδέποτε, never, at no time.
οὐδέπω, not yet.
οὐκέτι, no more, no longer; not again.
οὔκουν, not certainly, no indeed.
οὐκοῦν, therefore, wherefore.
οὖν, therefore, then.
οὔποτε, never.
Οὐρανία, ἡ, Urania, *one of the Muses.*
οὐράνιος, 3, heavenly, celestial.
οὐρανός, ὁ, heaven; the sky.
οὖς, ὠτός, τό, ear.
οὔτε—οὔτε, neither—nor.
οὔτις, nobody; Οὖτις, *a feigned name assumed by Ulysses.*
οὔτοι, certainly not, no indeed.
οὕτω(ς), so, thus.
οὐχί, not.
ὄφελος, τό, utility, use.
ὀφθαλμός, ὁ, eye.
ὄφις, εως, ὁ, serpent.
ὀχέω, I carry; *mid.*, I am carried, ride, am conveyed in a carriage, etc.
ὄχθη, ἡ, a rising bank, bank of a river.
ὄχλος, ὁ, mob, crowd; the common people.
ὀχυρότης, ητος, ἡ, fortified state, fastness.
ὀχυρόω, I fortify, make strong.
ὀψέ, late.
ὄψιος, 3, late.
ὄψις, εως, ἡ, sight, face; aspect, view.
ὄψον, τό, *anything eaten with bread, as fish, vegetables, fruit, etc.*

Π.

πάθος, ους, τό, suffering, calamity; passion.
παιάν, ᾶνος, ὁ, the pæan, war-song.
παιδ-αγωγός, ὁ, schoolmaster, pedagogue; tutor.
παιδάριον, τό, little boy.
παιδεία, ἡ, education, erudition, learning.
παιδεύω, I educate, instruct.
παιδίον, τό, infant, young child.
παιδο-νόμος, ὁ, a magistrate who superintends the education of youth.
παίζω, I play, jest.
παῖς, παιδός, ὁ, child, son; a slave; ἡ παῖς, girl.
παίω, I smite, strike, wound.
πάλαι, formerly, long ago.
παλαιός, 3, ancient.
παλαίστρα, ἡ, a place for wrestling, palæstra.
Παλαμήδης, ους, ὁ, Palamedes.
πάλιν, again.
παμ-μεγέθης, 2, very great, huge.
πάμ-πολυς, παμπόλλη, πάμπολυ, very many, a great many; ἐπὶ πάμπολυ, to a very wide extent.
Πάν, νός, ὁ, Pan, *the god of shepherds.*
Παν-αθηναϊκός, 3, pertaining to *or* customary at the Panathenean festival at Athens.
πανήγυρις, εως, ἡ, assembly for a festive purpose, a festive meeting.
Παν-ιώνιον, τό, the Panionium, *a sacred grove near Mycale;* τὰ Πανιώνια, *a festival celebrated in the Panionium, by all the Ionians.*

παν-οπλία, ή, complete armor.
παν-οῦργος, 2, capable of doing everything, cunning, villainous; ὁ —, villain, knave.
παντά-πασιν, altogether, entirely.
πανταχῇ, } everywhere, in all
πανταχοῦ, } places.
πανταχόθεν, from all sides, from every part.
πάντῃ, everywhere.
παντοδαπός, 3, of every sort, of all kinds.
παντοῖος, 3, of every sort, of every kind.
πάντως, wholly, entirely.
πάνυ, altogether, quite.
παρα-βαίνω, I pass over, transgress.
παρα-βάλλω, I throw or cast to the side, throw before.
παρα-γίγνομαι, I arrive, approach, come into.
παρ-άγω, I conduct; mislead.
παρά-δειγμα, τος, τό, example, model, pattern.
παράδεισος, ὁ, pleasure-garden; a park in which wild animals are kept.
παρα-δίδωμι, I give over to, commit.
παρά-δοξος, 2, unexpected, astonishing.
παρα-θαλάττιος (-σσ-), 2, maritime, near the sea.
παρ-αινέω, I advise; I exhort.
Παραιτακηνή, ή, Paraetacene, a region in the northern part of Persia.
παρ-αιτέομαι, I ask from, entreat for.
παρα-καλέω, I call to, invoke, ask, entreat.
παρά-κειμαι, I am adjacent, lie near.

παρα-κλίνω, I place beside, bend aside; pass., I lie by or next to.
παρα-κομίζω, I carry beyond, transport.
παρα-λαμβάνω, I receive from another, succeed to.
παρα-μένω, I remain beside; I persevere.
παρα-μυθέομαι, I console, soothe.
παρα-μυθία, ή, solace, consolation.
παρα-πλέω, I sail by or beyond, w. acc.
παρα-πλήσιος, 3, akin to, similar.
παρα-ποτάμιος, 2 and 3, situated near the banks of a river.
παραρ-ρέω, I flow by.
παρά-σιτος, ὁ, parasite, flatterer.
παρα-σκευάζω, I prepare, make ready, arrange.
παρα-σκευή, ή, preparation; armament.
παρα-σοφίζομαι, I impose on, outwit.
παρα-στάτις, ιδος, ή, assistant, helpmate.
παρά-ταξις, εως, ή, the arranging of an army; an army in battle array.
παρα-τείνω, I stretch out, extend.
παρα-τήρησις, εως, ή, observation.
παρα-τίθημι, I put beside, set before, provide.
παρα-τρέχω, I run by or past, τινά.
παρ-αυτίκα, immediately, forthwith.
παρα-χρῆμα, immediately, at the present moment.
πάρδαλις, εως, ή, panther.
πάρ-ειμι (εἰμί), I am present; τὰ παρόντα, present circumstances, the present.

πάρ-ειμι (εἶμι), I go by *or* near.
παρ-εκ-τείνω, I extend alongside.
παρ-εμ-βάλλω, I throw in beside, intermix; I interpolate; I encamp.
παρ-εμ-βολή, ἡ, interpolation; a camp.
παρ-έρχομαι, I come to; I go by; I come forward *as a speaker*, speak in public.
παρ-έχω, I offer, grant, exhibit, render, produce.
παρ-ήκω, I reach, extend to.
παρθένος, ου, ἡ, virgin, maiden.
παρ-ίημι, I let pass, loosen, relax; *mid. and pass.*, I am languid, enfeebled.
Πάρις, ιδος, ὁ, Paris, *the son of Priamus.*
παρ-ίστημι, I place beside, demonstrate, prove; *intrans.*, I stand by, assist; I am near.
Παρμενίδης, ου, ὁ, Parmenides, *a philosopher.*
Παρμενίων, ωνος, ὁ, Parmenio, *one of Alexander's generals.*
πάρ-οδος, ἡ, passing by; the entrance *of the chorus in a tragedy.*
παρ-οινέω, I speak *or* act under the influence of wine; I riot.
παρ-οράω, I overlook, neglect.
πᾶς, πᾶσα, πᾶν, every, the whole, all.
Πασαργάδαι, αἱ, Pasargadæ, *a city of Persia.*
πάσχω, I suffer, feel.
πατάσσω, I strike, wound.
πατέω, I trample upon; I tread.
πατήρ, τρός, ὁ, father.
πάτριος, 3, national, transmitted from a father *or* from ancestors; hereditary.
πατρίς, ίδος, ἡ, country, native land.

πατρῷος, 3, paternal, hereditary.
Παυσανίας, ου, ὁ, Pausanias, *a Spartan.*
παύω, I cause to cease; *pass. and mid.*, I cease, desist, *w. gen. or w. part.*; πόλιν δυστυχοῦσαν παῦσαι, to put an end to the misfortunes of the city.
Παφλαγονία, ἡ, Paphlagonia, *a country of Asia Minor.*
πάχος, ους, τό, thickness, breadth.
πέδη, ἡ, fetter.
πεδίον, τό, a plain, open country.
πεζός, 3, traveling on foot; ὁ —, foot-soldier.
πεζῇ, on foot.
πείθω, I convince; I persuade; *pass.*, I yield to, obey; πέποιθα, I trust to, confide in; πείθεσθαί τι, I am convinced of, believe.
πειθώ, οῦς, ἡ, persuasion, obedience.
Πειραιεύς, έως, ὁ, Piræus, *a harbor near Athens.*
πειράω (commonly *mid.*), I try, make trial of, attempt, attempt to seduce, τινός.
Πεισίστρατος, ὁ, Pisistratus.
πέλαγος, ους, τό, sea.
πέλας, near, *w. gen.*
πέλεκυς, εως, ὁ, an axe.
Πελίας, ου, ὁ, Pelias, *King of Thessaly.*
Πελοποννησιακός, 3, of *or* belonging to the Peloponnesus.
Πελοποννήσιος, ὁ, a Peloponnesian.
Πελοπόννησος, ου, ἡ, Peloponnesus.
Πέλοψ, οπος, ὁ, Pelops.
πέμπω, I send.
πένης, ητος, poor.
πενία, ἡ, poverty.
πέπειρος, 3, ripe, mellow.

πέραν and πέρα, beyond, w. gen.
πέρας, τος, τό, the end, limit.
περάω, I pass or cross over.
Περδίκκας, ου, ὁ, Perdiccas.
Περίανδρος, ὁ, Periander, a tyrant (King) of Corinth.
περι-βάλλω, I throw round, surround, enclose (τεῖχος); mid., I suround myself with (τάφρον); I put on.
περί-βλεπτος, 2, conspicuous; illustrious.
περι-βλέπω, I look around; I admire.
Περίβοια, ἡ, Peribœa.
περί-βολος, ὁ, circuit, circuit of a wall.
περι-γίγνομαι, I remain over and above; I am superior to, overcome, τινός.
περι-ειλέω, I wind or wrap about.
περί-ειμι (εἶμι), I go round, go about.
περι-έρχομαι, I go round, come to.
περι-έχω, I surround, enclose.
περι-ίστημι, I place round, surround; intrans., to stand round.
Περικλῆς, έους, ὁ, Pericles.
περι-κόπτω, I cut off, mutilate.
περι-λαμβάνω, I embrace, encircle, comprehend.
περι-μένω, I wait for, await.
περί-μετρος, ἡ, circumference, circuit.
περί-οδος, ἡ, a round, circuit, circumference.
περι-οικοδομέω, I build round, enclose.
περι-οσφραίνομαι, I smell round about.
περι-πείρω, I pierce on all sides, transfix.
περι-πίπτω, I fall into or among; I meet.

περί-πλους, ὁ, sailing or voyage round.
περιρ-ρέω, I flow round; I flow or trickle down, slide down.
περισσός (-ττός), 3, exceeding in number or magnitude, redundant, superfluous.
περι-σταυρόω, I surround with palisades.
περιστερά, ἡ, dove, pigeon.
περι-σώζω, I save.
περι-τίθημι, I place round.
περι-τυγχάνω, I fall in with; I meet accidentally, τινί.
περι-φανῶς, openly, publicly, plainly.
περι-φέρεια, ἡ, circumference, roundness.
περι-φερής, 2, round, circular.
περι-φέρω, I carry round about; pass., I am carried about.
Περσεφόνη, ἡ, Persephone (Proserpina).
Πέρσης, ου, ὁ, a Persian.
Περσίς, ίδος, ἡ, Persis, a province of Persia.
πέρυσι(ν), last year.
πέτρα, ἡ, rock.
πεττεία (-σσ-), ἡ, a game played on a table or board.
πηγή, ἡ, spring, fountain.
πήγνυμι, I fasten; I cause to freeze, congeal.
Πηλεύς, έως, ὁ, Peleus.
Πηνειός, ὁ, Peneios, a river of Thessaly.
πήρα, ἡ, wallet, bag.
πηρόω, I mutilate; I blind.
πήρωσις, εως, ἡ, deprivation of a limb, loss of a sense.
πῆχυς, εως, ὁ, elbow; cubit.
πιέζω, I press hard; I distress.
Πιερία, ἡ, Pieria, a region of Thessaly.

πίθος, ὁ, cask, a large earthen vessel for holding wine.
πικρός, 3, sharp, bitter.
Πίνδαρος, ὁ, Pindar.
πίνω, I drink.
πίπτω, I fall.
Πῖσα, ἡ, Pisa, *a city of Elis.*
Πισάτης, ου, ὁ, an inhabitant of Pisa.
πιστεύω, I believe, trust, confide in; *pass.*, I am trusted, confided in.
πίστις, εως, ἡ, belief, confidence.
πιστός, 3, worthy of belief, faithful; τὰ πιστά, pledges.
Πιττακός, ὁ, Pittacus, *tyrant (King) of Mytilene.*
πίων, πῖον, fat; fertile.
πλάγιος, 3, oblique, transverse.
πλανάομαι, I wander about, go astray.
πλάνη, ἡ, wandering about; error.
πλάσσω (-ττω), I form, make.
πλάστης, ὁ, sculptor.
Πλαταιαί, ῶν, αἱ, Plataeæ.
πλάτος, ους, τό, breadth, width.
Πλάτων, ωνος, ὁ, Plato.
πλέθρον, τό, a plethrum *(100 feet).*
πλεονεκτέω, I have more; I am covetous, avaricious.
πλευρά, ἡ, side.
πλέω, I sail.
πληγή, ἡ, blow, wound.
πλῆθος, ους, τό, multitude, great number; populace; ὡς ἐπὶ τὸ πλῆθος, as for the most part.
πλήν, besides; except, *w. gen.;* πλὴν ἀλλά, but however; πλὴν ὅτι, except that, except so far as.
πλήρης, 2, ους, full, satisfied with.
πληρόω, I fill, fill up.
πλησίον, *adv.*, near; ὁ πλησίον, *subst. and adj.*, neighbor, the nearest.
πλησμονή, ἡ, satiety, surfeit.

πλήσσω (-ττω), I strike, wound; 2. *perf.,* πέπληγα, occurs also in a *pass. signif.*
πλίνθος, ἡ, brick, tile.
πλοῖον, τό, vessel, boat.
πλοῦς (πλόος), οῦ, ὁ, navigation, voyage.
πλούσιος, 3, rich.
πλοῦτος, ὁ, riches.
Πλούτων, ωνος, ὁ, Pluto, *the King of the lower world.*
πνεῦμα, τό, breath, blast of wind, wind.
πνέω, I breathe, blow.
πνίγω, I suffocate, choke.
Ποδαλείριος, ὁ, Podaleirius, *the brother of Machaon.*
ποδώκης, 2, swift of foot, rapid.
πόθεν, whence?
ποθέω, I desire, long for.
ποῖ, whither?
ποιέω, I make, do; εὖ ποιῶ, I treat well, do good; περὶ πολλοῦ ποιοῦμαι, I esteem of great importance.
ποίημα, τό, work; poem.
ποίησις, εως, ἡ, poesy, the poetic art.
ποιητής, ὁ, poet.
ποικιλία, ἡ, variety; embroidery.
ποικίλος, 3, of various colors, variegated.
ποίμνιον, τό, herd.
πολεμέω, I wage war.
πολεμικός, 3, warlike, military.
πολέμιος, 3, hostile; ὁ —, the enemy.
πόλεμος, ὁ, war.
πολιορκέω, I besiege a city.
πολιός, 3, hoary, grey.
πόλις, εως, ἡ, city.
πολιτεία, ἡ, state; form of government.
πολίτης, ὁ, citizen.

πολιτικός, 3, relating to the city or state; political, civil.
πολλάκις, often.
πολλα-πλασιάζω, I render manifold, multiply.
πολλαχοῦ, in many places, frequently.
πολυ-γνώμων, ονος, knowing much, very intelligent.
Πολύγνωτος, ὁ, Polygnotus, a famous painter.
πολυ-δάκρυτος, 2, much lamented, very deplorable.
Πολυδεύκης, ov, ὁ, Polydeukes (Pollux).
πολυ-ήκοος, 2, who has heard much, acquainted with much.
Πολύκλειτος, ὁ, Polycletus, a sculptor.
πολυ-μαθής, 2, very learned.
πολυ-πράγμων, 2, very busy.
πολύς, πολλή, πολύ, much, many.
πολυ-τέλεια, ἡ, wealth, pomp, magnificence.
πολυ-τελής, 2, lavish, costly; magnificent.
Πολύφημος, ὁ, Polyphemus.
πολυ-χρόνιος, 2, of long continuance, lasting.
πόμα, τό, drink, draught.
πομπή, ἡ, procession, triumphal parade.
πονέω, I labor, toil; I am sick.
πονηρία, ἡ, baseness, wickedness, malice.
πονηρός, 3, wicked.
πόνος, ὁ, work, labor; pain, trouble.
πόντος, ὁ, sea.
πορεία, ἡ, journey, march, route.
πορεύομαι, I travel, journey.
πορθμεῖον, τό, ferry-boat.
πορθμίον, τό, fare, price (of a passage).

πορίζω, I provide for, furnish; mid., I obtain, acquire.
πόρος, ὁ, passage, ford.
πόρρω, farther on, forwards, w. gen.; πόρρω τῆς ἡμέρας, well advanced in the day.
πόρρωθεν, from afar.
πορφυροῦς (-εος), 3, purple.
ποταμός, ὁ, river.
ποτάμιος, 3, of or belonging to a river.
ποτέ, once, formerly; ποτὲ μέν— ποτὲ δέ, at one time—at another.
πότερος, 3, which of two; πότερον, interrogative particle, whether; in double questions πότερον— ἤ = utrum—an.
Ποτίδαια, ἡ, Potidæa, a city of Macedonia.
ποῦ, where?
πούς, ποδός, ὁ, foot; ἔξω τινὸς τὸν πόδα ἔχω, I am free from something, have escaped something.
πρᾶγμα, τό, thing, affair, business; πράγματα ἔχω, I have business or trouble; πράγματα παρέχω, I give business or trouble.
πρᾶος, αεῖα, ᾶον, mild, gentle.
πρᾶξις, εως, ἡ, action, deed.
πράττω (-σσω), I do, act; καλῶς π., I am prosperous, am in flourishing circumstances; κακῶς π., I am unfortunate.
πραΰνω, I soften, appease, calm.
πρέπει, it is becoming.
πρεσβεῖον, τό, an honorary present.
πρέσβυς, old; οἱ πρέσβεις, ambassadors.
πρίν, before, before that.
προ-άγω, I lead forward, impel; intrans., I go before; I advance.
προ-αδικέω, I do an injury first.

προ-απο-στέλλω, I send forward before.
πρόβατον, τό, sheep.
προ-βοσκίς, ίδος, ὁ, trunk or proboscis (*of an elephant or of insects*).
προ-γίγνομαι, I am before, precede.
προ-δίδωμι, I betray.
προ-δι-έρχομαι, I go through before.
Πρόδικος, ὁ, Prodicus, *a sophist*.
προδοσία, ἡ, treachery, treason.
προδότης, ὁ, betrayer, traitor.
πρό-ειμι (εἶμι), I precede, go before.
προ-εῖπον, I told *or* announced beforehand.
προ-έρχομαι, I go forward, advance; I come forth, proceed, τινός.
προ-έχω, I have before *or* first; I have the advantage of; I project; I excel, τινός.
προ-ηγέομαι, I go before, lead the way.
προ-θέω, I run before.
πρό-θυμος, 2, willing, desirous; well-inclined.
προῖκα, *adv*., gratis, gratuitously.
προ-ίστημι, I place *or* set before; *intrans*., I stand before, am at the head of.
προ-καλέω, I call forth; *mid*., I challenge, summon to trial.
προ-καλύπτω, I conceal, mask.
προ-κατ-άρχομαι, I begin before; I anticipate.
προ-κατα-σκευάζω, I prepare beforehand.
Προκλῆς, έους, ὁ, Procles.
προ-κρίνω, I prefer, τινός.
πρό-μαντις, εως, ἡ, prophetess.
Προμηθεύς, έως, ὁ, Prometheus.

πρό-νοια, ἡ, provident care, providence.
πρό-ξενος, ὁ, a person appointed by the state to perform the duties of hospitality towards ambassadors.
προ-οῖδα, I know beforehand.
προ-πέτεια, ἡ, petulance, rashness.
προσ-αγορεύω, I accost; I call, surname.
προσ-άγω, I bring to, bring forward.
προσ-ανα-βαίνω, I ascend towards.
προσ-αναλίσκω, I spend besides.
προσ-βαίνω, I go to *or* towards.
προσ-βάλλω, I throw to, add to, attack, rush upon.
πρόσ-βασις, εως, ἡ, entrance, approach.
προσ-βοηθέω, I run to afford assistance.
προσ-γίγνομαι, I come to, approach; I grow to.
προσ-δέομαι, I need besides; I ask, require, τινός.
προσ-εθίζω, I accustom a person to something.
πρόσ-ειμι (εἶμι), I go near, approach.
προσ-έρχομαι, I come to, approach; I go to (*so as to address or to have communication with*).
προσ-έτι, besides, moreover.
προσ-ευρίσκω, I find out besides.
προσ-έχω, I hold to, apply; προσέχω τὸν νοῦν τινι, I apply my mind *or* attention to something.
προσ-ηγορία, ἡ, an addressing, salutation, appellation.
προσ-ήκει, it becomes.
προσ-ηλόω, I nail to, fasten with a nail.

πρόσθεν, before, formerly.
προσ-ίημι, I send to; *mid.*, I admit.
προσ-ιππεύω, I ride to *or* towards.
προσ-καλέω, I call upon; *mid.*, I send for, summon.
προσ-καρτερέω, I persist in, persevere.
πρόσ-κειμαι, I am situated near; I solicit earnestly.
προσ-κυνέω, I salute (*by prostration*), adore.
προσ-λαμβάνω, I take *or* receive besides.
προσ-μένω, I continue with, persevere.
προσ-οράω, I behold, look at.
πρόσ-οψις, εως, ἡ, view of, sight, appearance.
προσ-πίπτω, I fall upon, happen, occur.
προσ-ποιέω, I add to, annex; *mid.*, I pretend, feign.
πρόσ-ταγμα, τος, τό, command.
προ-στασία, ἡ, authority, prefecture.
προσ-τάσσω (-ττω), I command, give directions.
προσ-τίθημι, I place *or* put to, add, subjoin; *mid.*, I join myself to.
προσ-τρέχω, I run to *or* towards.
προσ-φέρω, I bring *or* carry to; I produce, yield fruit; — βίαν, I use violence.
πρόσω, forwards, beyond, far, *w. gen.*
πρόσ-ωπον, τό, face, countenance.
προ-τελευτάω, I die before.
προτέρημα, τος, τό, precedency; privilege, advantage.
πρότερος, 3, the first, he who is before, prior.

πρότερον, *adv.*, before; rather.
προ-τίθημι, I set *or* place before.
προ-τιμάω, I prefer; I honor, esteem.
προ-τρέπω, I impel, urge, exhort.
προ-τρέχω, I run before, precede, *w. gen.*
προ-ϋπ-άρχω, I exist before.
πρό-φασις, εως, ἡ, pretence, pretext.
πρωΐος, 3, early, early in the morning.
Πρωταγόρας, ου, ὁ, Protagoras.
πρῶτος, 3, the first, principal; πρῶτον and τὰ πρῶτα, first, at first.
πτέρυξ, γος, ἡ, wing; *also*, the lower part of the cuirass *or* corslet (*ala loricæ*).
Πτολεμαῖος, ὁ, Ptolemæus.
πτύρω, I terrify, scare; *pass.*, I am in terror, am scared.
πυγμή, ἡ, fist; boxing, pugilism.
Πυθαγόρας, ὁ, Pythagoras.
Πυθαγόρειος, ὁ, Pythagorean, a disciple of Pythagoras.
πυκνός, 3, dense, close, crowded; frequent.
πύκτης, ου, ὁ, pugilist, boxer.
πύλη, ἡ, gate, door.
Πύλιος, ὁ, an inhabitant of Pylos.
Πύλος, ἡ, Pylos, *a town in Peloponnesus.*
πυνθάνομαι, I inquire; I ascertain, learn.
πῦρ, πυρός, τό, fire.
πυρά, ἡ, fireplace; funeral pile.
πύργος, ὁ, tower; turret.
πυρόω, I burn.
Πύῤῥος, ὁ, Pyrrhus.
πῶμα, τό, cover, lid.
πώποτε, at any time, ever.
πῶς, how?

πῶς (enclitic), in some way, in a certain degree; *generally joined with other adverbs*; *e. g.*, τεχνικῶς πως, quite elaborately.

P.

ῥάβδος, ἡ, staff, rod.
Ῥαδάμανθυς, υος, ὁ, Rhadamanthus, *one of the judges of Hell.*
ῥᾴδιος, 3, easy; prompt, ready.
ῥᾳδιουργέω, I act heedlessly or foolishly.
ῥᾳ-θυμέω, I am indolent, am careless.
ῥαίνω, I sprinkle.
ῥάξ, ῥαγός, ἡ, berry, grape.
Ῥέα, ἡ, Rhea, *the mother of Jupiter.*
ῥεῖθρον, τό, stream, current.
ῥεῦμα, τό, stream, torrent.
ῥέω, I flow.
Ῥήγιον, τό, Rhegium, *a city of Bruttium.*
ῥήτωρ, ορος, ὁ, orator.
ῥίζα, ἡ, root.
ῥίπτω, I throw.
Ῥόδιος, ὁ, a Rhodian, *inhabitant of the island of Rhodes.*
Ῥόδος, ἡ, Rhodes.
ῥόπαλον, τό, club.
ῥοπή, ἡ, an inclination, the sinking of one side of a balance, the case on which an event depends.
ῥύγχος, ους, τό, beak; snout.
ῥύσις, εως, ἡ, flowing, current.
Ῥωμαῖος, ὁ, a Roman.
ῥώμη, ἡ, strength, vigor.
Ῥώμη, ἡ, the city of Rome.
Ῥωμύλος, ὁ, Romulus.
ῥώννυμι, I strengthen; *pass.*, I am strong.

Σ.

Σαβῖνος, ὁ, a Sabine.
σάγμα, τό, harness, pack-saddle.

σακκίον, τό, sack, bag.
σαλαμάνδρα, ἡ, salamander.
Σαλαμίς, ῖνος, ἡ, Salamis.
Σαλμωνεύς, έως, ὁ, Salmoneus, *King of Elis.*
σάλπιγξ, ιγγος, ἡ, trumpet.
Σάμιος, ὁ, a Samian, *inhabitant of the island of Samos.*
Σάμος, ἡ, Samos.
σανίς, ίδος, ἡ, plank, board.
Σαπφώ, οῦς, ἡ, Sappho.
Σαρδανάπαλος, ὁ, Sardanapalus.
Σάρδεις, εων, αἱ, Sardes, *the capital of Lydia.*
Σαρδώ, οῦς, ἡ, the island of Sardinia.
σάρξ, κός, ἡ, flesh.
Σαρπηδών, όνος, ὁ, Sarpedon.
σατραπεία, ἡ, the office of a satrap or governor of a province.
σατράπης, ου, ὁ, satrap, *governor of a province in Persia.*
Σάτυρος, ὁ, satyr.
σέβομαι, I worship, revere.
Σειρήν, ῆνος, ἡ, siren.
σελήνη, ἡ, moon.
Σελινοῦς, οῦντος, ὁ, Selinus, *the name of several rivers and towns.*
Σεμίραμις, ιδος, ἡ, Semiramis.
σεμνός, 3, venerable; solemn, pompous; haughty.
σεμνύνω (*esp. mid.*), I give myself airs of importance, am proud.
Σέσωστρις, ιδος, ὁ, Sesostris.
Σεύθης, ὁ, Seuthes.
σημαίνω, I give a sign, indicate; I order.
σημασία, ἡ, signal; command.
σήμερον, to-day.
σήπω, I cause to rot *or* decay; *pass.* and 2. *perf.*, I become putrid, rot, decay.
Σηστός, ἡ, Sestus, *a town of Thrace, on the Hellespont.*

Σθένελος, ὁ, Sthenclus.
σιγάω, I am silent, keep silence.
σιγή, ἡ, silence, quiet.
σίδηρος, ὁ, iron.
σιδηροῦς (-εος), 3, of iron.
Σικανοί, οἱ, the Sicanians, *a people who emigrated from Spain and settled in Sicily before the Trojan war.*
Σικελία, ἡ, Sicily.
Σικελιώτης, ου, ὁ, a Sicilian (*Sicilian Greek*).
Σικελός, ὁ, a Sicilian (*Siculus*), native S.
Σινώπη, ἡ, Sinope, *a town of Paphlagonia, on the Black Sea.*
Σινωπεύς, ὁ, an inhabitant of Sinope.
Σιτάλκης, ὁ, Sitalces, *King of Thrace;* ᾁδων τ. Σ., singing a hymn in honor of Sitalces.
σιτο-δεία, ἡ, scarcity of provisions, famine.
σῖτος, ὁ, corn, bread; flour, meal.
σιωπάω, I am silent.
σιωπή, ἡ, silence, taciturnity.
Σκάμανδρος, ὁ, Scamander, *a river in Troas.*
σκάφος, ους, τό, skiff, canoe.
σκευή, ἡ, preparation, equipment, armor, dress.
σκηνή, ἡ, tent, pavilion; stage.
σκῆπτρον, τό, sceptre, staff.
σκιά, ἡ, shade, shadow.
σκληρός, 3, hard, rough.
σκοπέω, I behold, observe, examine; I consider.
σκοπός, ὁ, a spy, scout; a mark or aim.
Σκύθης, ὁ, a Scythian.
Σκύλαξ, ὁ, Scylax, *a geographer.*
σκυλεύω, I strip, plunder.
σκύτινος, 3, made of leather, leathern.

σμῆνος, τό, a swarm of bees.
σμικρός = μικρός.
Σόλων, ωνος, ὁ, Solon.
σοφία, ἡ, wisdom; art.
σοφιστής, ὁ, one who teaches wisdom; a sophist.
Σοφοκλῆς, έους, ὁ, Sophocles.
σοφός, 3, wise.
σπάνις, εως, ἡ, need, scarcity.
Σπάρτη, ἡ, Sparta.
Σπαρτιάτης, ὁ, a Spartan.
σπάρτον, τό, rope, cable.
σπείρω, I scatter, sow; I disseminate.
σπεύδω, I hasten; I use diligence.
σπήλαιον, τό, cave, grotto.
σπουδάζω, I hasten, am zealous; I strive earnestly.
σπουδαῖος, 3, zealous, diligent.
σπουδή, ἡ, zeal, diligence, study.
Σταβροβάτης, ὁ, Stabrobates.
στάδιον, τό, race-ground; *a measure of ground containing 165 paces, or 625 feet; about 7¼ made a Roman mile;* plur. also, οἱ στάδιοι.
σταθμός, ὁ, stall; balance; weight.
στασιάζω, I revolt, am at variance.
στάσις, εως, ἡ, discord, faction, sedition.
σταυρός, ὁ, palisade.
σταφυλή, ἡ, grape.
στέγη, ἡ, roof, covering.
στέλεχος, ους, τό, trunk (*of a tree*), stem.
στέλλω, I send.
στενάζω, I sigh.
στενός, 3, narrow.
στενωπός, ὁ, a narrow passage or road; strait.
στέφανος, ὁ, crown, wreath.
στεφανόω, I crown.

στέφω, I crown; I adorn with a wreath.
στῆθος, ους, τό, breast.
στήλη, ἡ, column, pillar.
στολή, ἡ, robe, vestment.
στόλος, ὁ, equipment; expedition; fleet.
στόμα, τό, mouth; entrance; mouth of a river.
στρατεία, ἡ, warfare, military expedition.
στράτευμα, τό, army.
στρατεύω, I make an expedition; mid., I march out to war, serve as a soldier.
στρατηγός, ὁ, general.
στρατία, ἡ, army.
στρατιώτης, ὁ, soldier.
στρατο-πεδεία, ἡ, encampment; camp.
στρατο-πεδεύω, I make an encampment.
στρατό-πεδον, τό, camp; army.
στρέφω, I turn.
Στρυμών, όνος, ὁ, Strymon, a river in Thrace.
στυγέω, I hate.
συγ-γενής, 2, kindred; allied.
συγ-γίγνομαι, I am together, come together.
συγ-γραφεύς, έως, ὁ, historian.
συγ-γυμναστής, ὁ, companion in gymnastic exercises.
συγ-καλέω, I call together.
συγ-κατα-σκευάζω, I co-operate with, assist in preparing.
συγ-κλείω, I shut up, close; τῆς ὥρας συγκλειούσης, as the time was drawing to a close.
συγ-κρίνω, I compare.
συγ-χέω, I pour together, mix together, throw into confusion.
συγ-χωρέω, I concede, agree upon.

Συέννεσις, ὁ, Syennesis, name of the Kings of Cilicia.
σῦκον, τό, fig.
συλάω, I rob, plunder.
συλ-λαμβάνω, I take or seize with the hands.
συλ-λέγω, I summon or assemble.
συμ-βαίνω, I come together, agree together; συμβαίνει, it happens, turns out (w. acc. and inf.).
συμ-βάλλω, I throw together, join or mix; I fight, engage with, τινί.
συμ-βουλεύω, I advise.
σύμ-βουλος, ὁ, adviser.
συμ-μανθάνω, I learn with another; I become accustomed to.
συμ-μαχία, ἡ, alliance, aid.
σύμ-μαχος, ὁ, ally; fellow combatant.
συμ-μίγνυμι, I mix together, intermingle.
συμ-πάρ-ειμι (εἰμί), I am present at with.
συμ-πατέω, I trample under foot, stamp on with both feet.
συμ-πόσιον, τό, banquet.
συμ-πράσσω, I co-operate with, assist; κακῶς —, I am in a bad condition with.
συμ-φέρω, I carry along with; I bring together; I contribute; I am useful; συμφέρει, it is useful, profitable.
συμ-φεύγω, I accompany in flight.
συμ-φιλο-τιμέομαι, I vie with some one in seeking honor.
συμ-φορά, ἡ, accident, casualty.
σύμ-φορος, 2, useful, expedient.
συμ-φρονέω, I am of the same opinion.
συν-αγείρω, I collect or assemble.

συν-άγω, I collect, bring together.
συν-αθροίζω, I assemble or collect.
συν-ακολουθέω, I follow together, accompany.
συν-ακούω, I hear or listen with another, w. gen.
συν-άρχων, ὁ, colleague in command.
συν-δέω, I tie together.
συν-δι-ημερεύω, I spend the day with another.
σύν-εγγυς, adv., near together; quite near.
συν-είκω, I yield.
σύν-ειμι (εἰμί), I am with, live with.
συν-εκ-πέμπω, I send out with.
συν-έξ-ειμι (εἶμι), I go out with, accompany.
συν-εξ-ισόω, I make equal.
συν-επι-λαμβάνομαι, I aid, contribute my aid.
συν-ερείδω, I press against, compress strongly.
συν-εστιάομαι, I feast with another.
συν-ετός, 2, sensible, intelligent.
συν-εχής, 2, continual, connected, without interruption.
συν-έχω, I hold together, hold fast; pass., δίψει συνέχομαι, I am seized with (tormented with) thirst.
συν-ήδομαι, I rejoice with some one.
συν-ήθης, 2, accustomed to.
συν-ίημι, I perceive, understand, know.
συν-ίστημι, I place or bring together; I institute, establish; intrans., to stand together (for aid); I am, exist.

συν-οδοιπορέω, I travel or journey with another.
σύν-οιδα, I know with; σύνοιδα ἐμοί τι, I am conscious of.
συν-οικέω, I live with; νόσῳ συνοικέω, I am suffering from disease.
συν-οικίζω, I cause to live together, settle a colony, found.
συν-οικο-δομέω, I build with.
συν-οράω, I perceive.
σύν-ολος, 2, the whole, entire; τὸ σύνολον, wholly, entirely.
συν-ουσία, ἡ, society, intercourse.
σύν-ταξις, εως, ἡ, arranging, order of battle.
συν-ταράσσω (-ττω), I disturb, put into disorder.
συν-τείνω, I draw tight, strain; pass., I tend to an object; pertain to, regard.
συν-τέλεια, ἡ, end, consummation.
συν-τίθημι, I put together, join, unite; τοὺς μύθους —, I compose, invent.
σύν-τομος, 2, brief, concise, short.
συν-τρέφω, I bring up together.
συν-τρέχω, I run with, run to the same point.
συν-τυγχάνω, I meet with; I happen.
συν-τυχία, ἡ, meeting, encounter, event.
Συρακοῦσαι, αἱ, Syracuse.
Συρακούσιος, ὁ, inhabitant of Syracuse.
Συρία, ἡ, Syria.
σῦριγξ, ιγγος, ἡ, pipe, reed; nave; cave.
Σύριος, 3, Syrian.
Σύρος, ὁ, a Syrian.
συῤ-ῥάπτω, I sew together.
συῤ-ῥέω, I flow together.

σύρω, I drag *or* draw along.
σύ-σκηνος, ὁ, one who lodges in the same tent, comrade.
συ-σκηνόω, I lodge in the same tent with.
συχνός, 3, dense, crowded, numerous.
σφαγιάζω, I sacrifice victims.
σφαιρο-ειδής, 2, like a ball, globular, spherical.
σφάλλω, I cause to fall; I deceive, injure; *pass.*, I am injured, fail of my object, am unfortunate; I am deceived, fail, τινός.
σφάττω, I kill, slay, slaughter.
σφενδονάω, I sling, whirl.
σφενδόνη, ἡ, sling (*for throwing stones*).
σφόδρα, very, exceedingly, vehemently.
Σφοδρίας, ου, ὁ, Sphodrias.
σφοδρότης, ητος, ἡ, vehemence, impetuousness.
σφυρ-ήλατος, 2, wrought *or* beat out with the hammer; solid, massive.
σχεδία, ἡ, raft.
σχεδόν, nearly, almost.
σχῆμα, τος, τό, figure, form; deportment, external appearance; dignity.
σχολή, ἡ, leisure; idleness.
σώζω, I save, preserve.
Σωκράτης, ους, ὁ, Socrates.
σῶμα, τό, body.
σωρεύω, I heap together, pile up.
σωτήρ, ῆρος, ὁ, preserver.
σωτηρία, ἡ, preservation.
σωφρονέω, I am of a sound mind, am chaste.
σωφροσύνη, ἡ, modesty, continence, soundness of mind.
σώφρων, ον, of sound mind *or* judgment.

T.

Ταίναρον, τό, Tænarum.
ταλαι-πωρέω (-ομαι), I suffer from toil, undergo suffering.
τάλαντον, τό, talent (*as a denomination of money, a talent consisted of 60 minæ, $1200*); a weight (*the Attic talent weighed about 56 lbs.; the Alexandrian, 125 lbs.*).
ταμιεῖον, τό, treasury, magazine.
Τάναγρα, ἡ, Tanagra, *a city of Bœotia, on the Asopus*.
τάξις, εως, ἡ, order, rank; battle array.
ταπεινός, 3, low; humble.
Τάρας, αντος, ὁ, Tarentum.
ταράσσω (-ττω), I trouble, disturb, put in disorder.
ταραχώδης, 2, full of disorder, tumultuous.
Τάρταρος, ὁ, Tartarus, *the lowest part of the infernal regions*.
τάσσω (-ττω), I put in order, arrange, appoint.
ταῦρος, ὁ, bull.
ταύτῃ (*dat. sing. f. g. of* οὗτος), in this way, on this side, here.
ταφή, ἡ, burial; grave.
τάφος, ὁ, tomb, sepulchre.
τάφρος, ἡ, ditch, trench.
τάχος, ους, τό, quickness.
ταχύς, 3, quick, swift.
ταώς, ώ, ὁ, peacock.
τέ, and; τέ—καί, both—and.
τειχίζω, I build a wall, enclose with a wall.
τεῖχος, ους, τό, wall.
τεκμήριον, τό, mark, sign; proof, evidence.
τέκνον, τό, child.
Τελαμών, ῶνος, ὁ, Telamon, *father of Aiax*.

τελευταῖος, 3, last; τὸ τελευταῖον, finally, lastly.
τελευτάω, I finish; I die.
τελευτή, ἡ, end, death.
τελέω, I finish, accomplish.
τέλος, ους, τό, end; *acc.*, lastly, finally.
τέμνω, I cut.
Τέμπη, ῶν, τά, Tempe, *a valley in Thessaly, situated between Mount Olympus and Ossa.*
τέναγος, ους, τό, a wet place, shallow.
τέρας, ατος, τό, wonder.
Τέρπανδρος, ὁ, Terpander.
τέρψις, εως, ἡ, delight, pleasure.
τετράγωνος, 2, quadrangular, square.
τετρά-πηχυς, υ, εος, four cubits long *or* high.
τέχνη, ἡ, art.
τεχνικός, 3, artificial; artful; ingenious.
τεχνίτης, ὁ, artist.
Τεῦκρος, ὁ, Teucer.
τέως, as long as; in the mean time.
Τήλεκλος, ὁ, Teleclus, *King of Sparta.*
τηλικοῦτος, 3, of such an age, of such size, so large, so great.
τηνίκα, then, at that time.
τηνικαῦτα, then, at that time.
τηρέω, I watch over, preserve.
Τηρίβαζος, ὁ, Teribazus.
Τιβέριος, ὁ, Tiberius.
Τίγρης, ητος, *and* Τίγρις, ιδος, ὁ, the river Tigris.
τίθημι, I put, place; μέτρον τίθεμαι (*mid.*), I prescribe to myself (*a measure*), assume as a measure; I define for *or* determine with myself; I limit myself.
τίκτω, I bring forth, produce; I beget.

τιμάω, I honor.
τιμή, ἡ, honor; dignity, station.
τίμιος, 3, honored, honorable.
Τιμόθεος, ὁ, Timotheus.
τιμωρέω, I help, assist, *w. dat.;* *mid.*, I avenge myself, punish, *w. acc.*
τιμωρία, ἡ, punishment, vengeance.
τίνω, I pay; δίκην τίνω, I give a compensation, suffer punishment.
τίσις, εως, ἡ, revenge, retribution.
Τισσαφέρνης, ους, ὁ, Tissaphernes.
τιτρώσκω, I wound, hurt.
τοί, truly, indeed.
τοίνυν, hence, therefore.
τοιόσδε, 3, of such a kind, such.
τοιοῦτος, αὕτη, οῦτο, such, of this kind.
τοῖχος, ὁ, wall.
τόλμα, ἡ, boldness, courage.
τολμάω, I dare, undertake.
τόξευμα, τό, arrow, dart.
τοξεύω, I shoot with a bow, throw.
τόξον, τό, bow; arrow.
τοξότης, ὁ, archer.
τόπος, ὁ, place; space, room.
τόρμος, ὁ, nave; pivot.
τοσόσδε, 3, so much, to such an extent.
τοσοῦτος, αὕτη, οῦτο, so great, so many, so much.
τότε, then, at that time.
τοὐναντίον = τὸ ἐναντίον, the contrary; on the contrary, on the other hand.
τράπεζα, ἡ, table.
Τραπεζοῦς, οῦντος, ὁ *and* ἡ, Trapezus, *a city in Pontus.*
Τραπεζούντιοι, the inhabitants of Trapezus.
τραῦμα, τό, wound.
τραχύς, 3, rough; harsh; fierce.

τραχύτης, ητος, ἡ, roughness; rudeness.
τρέπω, I turn, cause to turn; mid., I put to flight.
τρέφω, I nourish, bring up.
τρέχω, I run.
τρίβων, ωνος, ὁ, a worn-out cloak.
τριήρης, ους, ἡ, trireme.
τρί-οδος, ἡ, a place where three roads meet.
τρί-πηχυς, υ, εος, three cubits long or high.
Τριπτόλεμος, ὁ, Triptolemus.
τρισσός, 3, threefold, triple.
Τροία, ἡ, Troy.
Τροιζήν, ῆνος, ἡ, Trœzen, a city in Argolis.
Τροιζήνιος, ὁ, inhabitant of Trœzen.
τρόπαιον, τό, a monument consisting of arms found on the battle-field, trophy.
τρόπος, ὁ, way, manner, custom.
τροφή, ἡ, nourishment; education.
τρυφή, ἡ, luxury.
Τρωάς, άδος, ἡ, Troas, a territory of Asia Minor.
Τρωϊκός, 3, Trojan; τὰ Τρωϊκά, the Trojan war.
Τρώς, ωός, ὁ, a Trojan.
τυγχάνω, I obtain; I hit, τινός; I happen; it is often construed with the part. of another verb, agreeing with the subject; e. g., τυγχάνω ἔχων, I happen to have.
Τυδεύς, έως, ὁ, Tydeus, the father of Diomedes.
Τυνδάρεως, ω, ὁ, Tyndareos.
τύπος, ὁ, model; figure, form.
τύπτω, I beat, pound.
τυραννίς, ίδος, ἡ, tyranny, supreme power.
τύραννος, ὁ, an absolute sovereign (tyrant).

τυφλός, 3, blind.
τυφλόω, I make blind.
τύφος, ὁ, vanity, arrogance, ostentation.
Τυφῶν, ῶνος, ὁ, Typhon, a giant.
τύχη, ἡ, fortune, chance; plur., calamities, misfortunes.
τυχικῶς, fortuitously, fortunately.

Υ.

ὑβρίζω, I am haughty, maltreat, insult.
ὕβρις, εως, ἡ, insolence, haughtiness.
ὑβριστής, οῦ, ὁ, an insolent man; rake.
ὑγίεια, ἡ, health.
ὑγιεινός, 3, healthy, salubrious.
ὑγιής, 2, healthy, sound; prudent.
ὑγρός, 3, moist, wet.
ὕδωρ, ὕδατος, τό, water.
υἱός, ὁ, son.
Ὕλας, α, ὁ, Hylas.
ὕλη, ἡ, wood, forest, timber.
ὑλώδης, 2, having trees or woods, woody.
ὑμνέω, I celebrate (in verse), praise.
ὑπ-αίθριος, 2 and 3, in the open air.
ὑπ-αν-ίστημι, mid., I rise from respect to one, τινί.
ὕπ-αρχος, ὁ, prefect, governor.
ὑπ-άρχω, I am at hand; I am; mid., I commence.
ὑπ-εκ-τίθημι, I put forth or remove privately, convey away in safety.
ὑπ-εναντίος, 2, opposed to, contrary, opposing.
ὑπ-εξ-έρχομαι, I go out privately.
ὑπερ-αίρω, I surpass, excel.
ὑπερ-απο-θνήσκω, I die for or in behalf of, τινός.

ὑπερ-ασπάζομαι, I love tenderly.
ὑπερ-βαίνω, I go over, cross over.
ὑπερ-βάλλω, I excel, surpass, exceed.
ὑπερ-βολή, ἡ, excess; exaggeration; καθ᾿ ὑπερβολήν, to a very great extent, excessively.
ὑπερ-εκ-πλήσσω (-ττω), I astonish beyond measure.
ὑπερ-εκ-τίνω, I pay or suffer for another.
ὑπερ-έχω, I am superior to, excel, τινός.
ὑπερ-ήδομαι, I am greatly delighted.
ὑπερ-μεγέθης, 2, very large, immense, enormous.
ὑπερ-οράω, I look over; overlook, despise, neglect, w. acc. and w. gen.
ὑπερ-οχή, ἡ, prominence, elevation, summit.
ὑπερ-τίθημι, I set or place over; mid., I surpass.
ὑπέρ-φρων, 2, high-minded; haughty.
ὑπερ-χαίρω, I rejoice greatly.
ὑπ-ήκοος, 2, subject, obedient.
ὑπ-ηρεσία, ἡ, service of rowers, personal service.
ὑπ-ηρετέω, I serve, minister.
ὕπνος, ὁ, sleep.
ὑπο-δέχομαι, I receive; I accept.
ὑπό-δημα, τό, sandal; slipper.
ὑπο-ζύγιον, τό, beast of burden.
ὑπο-θήκη, ἡ, principle, instruction; security, mortgage.
ὑπο-λαμβάνω, I take up; I believe; I answer.
ὑπο-λείπω, I leave behind; pass., I am left behind or I remain behind.
ὑπο-μειδιάω, I smile gently.
ὑπο-μένω, I await, endure, τί.
ὑπο-μιμνήσκω, I remind.

ὑπό-μνημα, τό, reminding of, monument.
ὑπό-μνησις, εως, ἡ, the act of reminding, admonition.
ὑπο-πίπτω, I fall under.
ὑπ-οπτεύω, I suspect; I conjecture.
ὑπό-σπονδος, 2, under a treaty or agreement; ὑπόσπονδον ἀφιέναι τινά, to let go, to discharge, to release as by treaty or agreement.
ὑπο-στρώννυμι, I strew or spread under or below.
ὑπο-τίθημι, I put under, place underneath; I supply.
ὑπο-χείριος, 2, in one's power, liable to, subject to.
ὑπ-όψιος, 2, suspected, suspicious.
ὗς, ὑός, ὁ and ἡ, boar, sow.
ὕστερος, 3, later; inferior (*in point of rank*).
ὕστερον, adv., after, afterwards.
ὕφασμα, τό, woven work; a web.
ὑφ-ίστημι, I place below or under; I oppose; intrans., I await an attack, receive the onset or shock, do not give way.
ὑψηλός, 3, high; lofty.
ὕψος, ους, τό, height.

Φ.

Φαέθων, οντος, ὁ, Phaethon, *the son of Helios*.
φαίνω, I show; pass., I am shown, am brought or presented to view; mid., I show myself; intrans., I appear; φαίνομαι, w. a part., I appear evidently to be or to do.
φάλαγξ, γγος, ἡ, phalanx, the line of an army *in battle array*.
φανερός, 3, apparent, clear, conspicuous, illustrious; ἐν τῷ φανερῷ, publicly, in public.

φαντασία, ἡ, appearance; imagination.
φάραγξ, γγος, ἡ, chasm, ravine, narrow defile.
φάρμακον, τό, remedy, poison, drug.
Φαρνάβαζος, ὁ, Pharnabazus.
Φᾶσις, ιδος, ὁ, Phasis, *a river in Colchis.*
φαῦλος, 3, bad, evil.
Φειδίας, ου, ὁ, Phidias, *a famous sculptor.*
φείδομαι, I spare, τινός.
φέρω, I carry, bear, bring; I bear, endure; ἡ ὁδὸς φέρει εἰς, the road leads to; I tend towards; *pass.*, I am borne; I am hurried along or towards, rush; εὖ φέρεσθαι, to do well, to be fortunate.
φεῦ, alas! ah!
φεύγω, I flee, go into exile, am banished.
φευκτός, 3, to be avoided or shunned.
φήμη, ἡ, fame, renown; report, rumor.
φημί, I say, assert, assure; οὔ φημι, I deny.
φθάνω, I anticipate, get the start of; *with the part. of a verb, it must often be rendered by* I am prior *or* sooner; *about* οὐ φθάνω, *see p.* 65, *Rem.* 2.
φθαρτός, 3, perishable, mortal.
φθείρω, I destroy; I corrupt.
φθονερός, 3, envious, grudging.
φθονέω, I envy, *w. dat. of the person and gen. of the thing.*
φθόνος, ὁ, envy.
φθορά, ἡ, corruption, destruction, ruin.
φιλ-εργός, 2, diligent, industrious.
φιλέω, I love; I am accustomed, am wont.

φιλία, ἡ, friendship.
φίλιος, 3, friendly, benevolent.
Φίλιπποι, οἱ, Philippi, *a city of Macedonia.*
Φίλιππος, ὁ, Philippus.
φιλο-μαθής, 2, desirous to learn, studious.
φιλο-πάτωρ, ορος, loving his father; Philopator.
φιλο-πονία, ἡ, industry, diligence.
φιλό-πονος, 2, industrious, diligent.
φίλος, 3, dear, beloved; ὁ —, friend.
φιλο-σοφέω, I discuss or treat on philosophical subjects.
φιλο-σοφία, ἡ, philosophy.
φιλό-σοφος, ὁ, philosopher.
φιλο-τεχνέω, I work or perform with art; I apply art to.
φιλο-τεχνία, ἡ, love of art; work of art, art.
φιλό-τεχνος, 2, loving art; skillful, artful.
φιλο-τιμέομαι, I am ambitious, strive ambitiously.
φιλο-τιμία, ἡ, ambition, emulation; rivalry.
φιλό-τιμος, 2, ambitious, eagerly desirous of.
φιλό-φρων, 2, friendly, polite, kind.
Φιντίας, ου, ὁ, Phintias.
φοβερός, 3, terrible, dreadful.
φοβέω, I terrify; *pass.*, I am afraid, dread.
φόβος, ὁ, fear.
Φοῖβος, ὁ, Phœbus.
Φοινίκη, ἡ, Phœnicia.
φοινικίς, ίδος, ἡ, a red garment or uniform (*worn by the Spartan soldiers*).
φοινικοῦς (-εος), 3, purple.
Φοῖνιξ, κος, ὁ, Phœnician.

φοίνιξ, ὁ, palm-tree, purple color.
φοιτάω, I go and come frequently.
φονεύς, έως, ὁ, murderer.
φονεύω, I kill, slay.
φονικός, 3, relating to murder.
φόνος, ὁ, murder, homicide.
φορέω, I carry.
φόρος, ὁ, tribute.
φορτίον, τό, burden, load, merchandise.
φραγμός, ὁ, hedge, fence.
φράζω, I say, relate; I advise.
φράσσω, I hedge in; I fortify.
φρέαρ, φρέατος, τό, well; cistern.
Φρίξος, ὁ, Phrixus.
φρήν, ενός, ἡ, mind, sense, heart.
φρίσσω, I bristle up; 2. perf. also, I shudder at, have a horror of.
φρονέω, I think, meditate.
φρόνημα, τό, sense, intelligence, thought.
φρόνησις, εως, ἡ, prudence, good sense.
φρόνιμος, 3, prudent.
φροντίζω, I meditate, care for, take care of.
φροντίς, ίδος, ἡ, thought, care.
φρουρά, ἡ, guard; garrison.
φρουρέω, I guard; I watch.
Φρυγία, ἡ, Phrygia.
Φρύξ, ὑγός, ὁ, a Phrygian.
φυγαδεύω, I banish, drive into exile.
φυγάς, άδος, ὁ, fugitive, exile.
φυγή, ἡ, flight; banishment or exile.
φυλακή, ἡ, guard, watch, garrison; prison.
φύλαξ, ακος, ὁ, guard.
φυλάσσω, I guard, preserve, keep.
φῦλον, τό, tribe, race.
φύρω, I mix or confound.

φύσις, εως, ἡ, nature; stature, appearance, figure; παρὰ φύσιν, contrary to nature.
φυτεύω, I plant.
φυτούργιον, τό, garden.
φύω, I bring forth; perf. act., I am so constituted by nature.
Φωκεύς, έως, ὁ, a Phocian.
Φωκίς, ίδος, ἡ, Phocis.
φωνή, ἡ, voice, sound; barking.
φῶς, φωτός, τό, light.

X.

χαίρω, I rejoice.
Χαιρώνεια, ἡ, Chæronea, a city of Bæotia.
Χαλδαῖος, ὁ, a Chaldean; οἱ Χαλδαῖοι, the Babylonian priests, who were noted for their skill in astronomy and astrology.
χαλεπός, 3, troublesome; difficult.
χαλινός, ὁ, bridle.
Χαλκίς, ίδος, ἡ, Chalcis, a city of Eubœa.
χαλκός, ὁ, brass.
χαλκοῦς (-εος), 3, brazen.
Χάλος, ὁ, Chalus, the name of a river.
Χάλυβες, οἱ, Chalybes, a people of Armenia.
Χάρης, ητος, ὁ, Chares.
χαρίεις, ίεσσα, ίεν, graceful.
χαρίζομαι, I gratify, reward, bestow.
χάρις, ιτος, ἡ, gratitude, thanks; favor, kindness; joy, delight; χάριν, on account of, for the sake of.
Χάρων, ωνος, ὁ, Charon.
Χαρώνδας, ου, ὁ, Charondas, the name of a lawgiver.
Χαύων, ονος, ἡ, Chauon, a city of Media.
χεῖλος, ους, τό, lip; margin, brim.
χειμών, ῶνος, ὁ, winter; storm.

χείρ, ρός, ἡ, hand; ἐκ χειρός, near, closely, in fight.
χειρο-πληθής, 2, filling the hand.
χειρόω, I handle roughly; *mid.*, I conquer, subjugate.
Χείρων, ωνος, ὁ, Chiron.
χελιδών, όνος, ἡ, swallow.
Χερρονησίτης, ου, ὁ, an inhabitant of the Thracian Chersonesus.
Χερρόνησος, ἡ, the (*Thracian*) Chersonesus.
χερσεύω, I am uncultivated.
χήρα, ἡ, widow.
χθές, yesterday.
χθών, ονός, ἡ, earth; ground.
χιλός, ὁ, fodder, green provender.
Χίλων, ωνος, ὁ, Chilon.
Χίμαιρα, ἡ, the Chimæra, *a monster*.
χιτών, ῶνος, ὁ, woolen shirt *or* jacket, tunic; coat of mail.
χιών, όνος, ἡ, snow.
χλιαίνω, I warm, make tepid; I melt.
Χοάσπης, ου, ὁ, the Choaspes, *a river of Susiana*.
χορεύω, I dance.
χορηγία, ἡ, the defraying of the necessary expenses of a company of singers *or* dancers; expense *of any kind for the support of the government*.
χόρτος, ὁ, hay, grass.
χράω, I give an oracle; *mid.*, I consult an oracle; I use, have; I am intimate with some one, τινί.
χρεία, ἡ, need; use, utility, enjoyment, occupation.
χρεών, necessary; *participle of*
χρή, it is necessary.
χρῆμα, τό, thing, property; *plur.*, money.
χρηματίζομαι, I do business; I make money.

χρήσιμος, 3, useful.
χρῆσις, εως, ἡ, the use *or* enjoying of something.
χρησμός, ὁ, response of an oracle.
χρηστήριον, τό, the place where oracles were delivered; oracle.
χρηστός, 3, useful, worthy, good, honest.
χρηστότης, ητος, ἡ, usefulness.
χρίσμα, τό, ointment; unction.
χρίω, I anoint, besmear.
χροιά, ἡ, color.
χρόνος, ὁ, time; χρόνῳ, at length, finally.
χρυσίον, τό, piece of gold, money; *plur.*, golden ornaments.
χρυσό-μαλλος, 2, having a golden fleece.
χρυσός, ὁ, gold.
χρυσοῦς (-εος), 3, golden, made of gold.
χρῶμα, τό, color.
χωλός, 3, lame.
χῶμα, τό, anything heaped up; mound, tomb.
χώννυμι, I heap up, raise a mound.
χώρα, ἡ, country, region, district.
χωρέω, I give place; I go.
χωρίζω, I separate; *pass.*, I am different, τινός.
χωρίον, τό, place, region, farm, dwelling-place.
χωρίς, apart from; besides; except, *w. gen.*; apart, separately; singly.
χῶρος, ὁ, place, district.

Ψ.

ψαλίς, ίδος, ἡ, a pair of shears *or* pincers; vault, arch.
ψαύω, I touch.
ψέγω, I blame.
ψευδής, 2, false, lying, deceitful.

ψεύδομαι, I deceive, tell a lie; I am mistaken.
ψεῦδος, ους, τό, lie.
ψηφίζομαι, I vote, decree by vote.
ψῆφος, ἡ, a little stone; a pebble used in voting; the vote.
ψιλός, 3, naked, not covered; οἱ ψιλοί, the light-armed troops.
ψόγος, ὁ, blame, reproach.
ψυχ-αγωγέω, I attract the mind, entertain, delight.
ψυχ-αγωγία, the delighting, charming, pleasing of the mind.
ψυχή, ἡ, soul, the principle of life, life.
ψῦχος, ους, τό, cold, cold weather.
ψυχρός, 3, cold.

Ω.

ὧδε, thus, so, in this way or manner.
ᾠδή, ἡ, song.
ὦμος, ὁ, shoulder.
ὠμός, 3, crude, raw; rude, savage, cruel.
ᾠόν, τό, egg.
ὥρα, ἡ, a space of time, period of time; season (as spring, etc.).
ὡς, adv., as, in the same manner as; before a superlative it expresses the highest degree possible; e. g., ὡς τάχιστα, as quickly as possible; before numerals it denotes about; e. g., ὡς δώδεκα; before participles it expresses as, since, because, inasmuch as, for—as if, as though; before a fut. part., in order that; as a conj. it denotes as, when, after, that, since, in order that; before an inf., so that.
ὠσμός, ὁ, a pushing, a push.
ὥσπερ, as, just as.
ὥστε, so that.
ὠφέλεια, ἡ, advantage.
ὠφελέω, I benefit, am useful to.
ὠφέλιμος, 3, useful.

www.ingramcontent.com/pod-product-compliance
Lightning Source LLC
Chambersburg PA
CBHW020912230426
43666CB00008B/1426